【全彩圖解】

股友族 MUST BUY 薪水就

股票買賣

初學入門

深入淺出的	隨時補充	趨勢圖分析	表格化重點
理財小花絮	**投資常識**	**一看就懂**	**一目了然**

初學者請先拋開「上班賺小錢、股市賺大錢」 的心態，先向成功者都有的特質開始學習吧！

投資股票行為相當簡單，只有「買和賣」，連小學生都會；但是要成為一個成功的投資人，卻是相當困難。當你買了第一張股票之後，第一次賺到錢，你會發現投資的世界樂趣還真多，一方面賺錢可以不必求人，另一方面，書中自有黃金屋，知識可以創造財富，只要你參與了投資活動，你對全世界任何趨勢與變化都會感到興趣，生活也變得豐富。但是當你賠錢時，你開始討厭股票，覺得你跟股票無緣，說什麼靠股票理財致富都是騙人的，最痛苦的是當你下定決心進場買股票，結果一買就跌；當你勇敢的停損出場，結果砍在最低點，好像市場永遠和你作對。

其實在股市中投資，就像漁船到大海捕魚，一半靠技術經驗，一半靠運氣。運氣是無法掌握的，但是經驗和技術可以靠不斷的學習和實做，來累積自己的能量。漁船出海有時抓到大魚、滿船豐收，有時候抓不到魚、白忙一場，有時可能翻船人財兩失；投資股票也是一樣，抓對時機賺到錢，要心懷感恩，不要過度自信；看錯行情賠錢出場，也不要太自責，投資股票誰沒賠過錢，連投資大師索羅斯、巴菲特、羅傑斯都會看錯。

漁民是看天吃飯的，出海打魚要先看天氣，風和日麗的天氣出海捕魚或多或少會有收穫，如果颱風天就留在港口等時機，千萬不可冒險出海，萬一「船毀人亡」那可就麻煩大了。投資股票也要看景氣面，景氣回升，股價長多走勢，投資人進入股市投資，只有大賺和小賺之分；一旦景氣反轉向下，股價開始走空頭，千萬別想要搶反彈，或想要賺點蠅頭小利，快快收起你的資金，回到港口避風頭，多少人因為沒做好風險控管而在股海中滅頂。

投資股票首要的工作是先判定大盤的方向，也就是掌握趨勢和轉折點，趨勢分為

上漲、下跌和盤整，轉折點可分為由上漲變下跌或由下跌變上漲。如果是上漲格局投資人可增加持股金額，挑選好股票進場；如果是下跌格局投資人必須降低持股金額，保留現金度過景氣衰退期；如果是盤整格局，投資人宜低檔買進、高檔賣出，賺點蠅頭小利；如果是上漲變下跌的轉折點，要順勢減少持股部位，獲利了結；如果是由下跌變上漲的轉折點，投資人要開始慢慢布局價格低估的績優股。

掌握大盤的趨勢後，接下來是選股，選擇績優股、有題材或是有成長爆發力的股票，此時可以用基本面來加以篩選，例如每月營收、每股獲利、每股淨值等。最後是買賣時點的掌握，此時可用技術分析或是籌碼分析，甚至消息面來加以判定。

在投資的道路上是相當辛苦和孤獨的，如果你只看到投資成功的人，敲敲鍵盤、點點滑鼠就能賺錢，那就太膚淺了。投資成功的人都是很專心、很用功，遵守紀律和基本原則，不因為賺錢賠錢而影響自己的情緒和生活。**一個成功投資者的特質有：大量閱讀；勤作筆記；關心總體經濟數據；對財務報表用心；累積實戰經驗。**

投資股市必須遵循的原則：遵守紀律，愉快的心情，果斷的決斷，謙遜、不自負，獨立的分析能力。此外投資股市常犯的錯誤：把股市當成賭場，盲目聽信明牌，太過貪心，猶豫不決，鴕鳥心態，這些都要盡量避免。

對於一個剛離開學校的社會新鮮人而言，多方了解各種理財工具是必需的，雖然手頭上的資金並不充裕，但藉由理財書籍上得到的知識，同時以小額的資金練習理財，並不斷的加以檢討，經年累月下來就會練就一身理財的好功夫。本書主要是提供股市初學者，或對於股市有興趣的在校學生一本股市入門書籍，藉由問答了解到股市的基本運作與操作模式，進而為自己在股票買賣觀念上建立正確的基礎。希望藉由本書的出版，能幫助股市初學者找到投資致富的途徑。而書中內容若有不盡周延之處，也期望讀者不吝指正。

張真卿

第1站 基地營

進入任何名山大澤，事先都要在基地營做好充足的整備，了解環境。進入股票山也是一樣，在基地營中，你有兩個任務：

首先你要對股票有基本的認識，你要知道股票是什麼，他的價值是如何決定的，就好像去挖金礦一定要會判斷金的成色。你也要知道股票山居民的慣用語，比如什麼叫漲停、什麼叫抬轎，否則很難和人交換資訊。最後股票山幫會聚集，你至少要知道他們的心態和習性。其次，你要學會如何申請進入股票山。

登山時要辦入山證，想要進入股票山，買賣寶物，則要開戶，以交易你求取的寶物。至於如何辦理，很簡單，按照基地營的指示，一步一步的做，半天就可以搞定。

股票山尋寶圖

第2站 寶物加工廠

離開基地營，你已取得入山挖寶的資格，但是不要急，先到寶物加工廠，了解一下股票山所有的財貨加工品。他們多數與股票有關，因此可以視為股票的再製品。

到過寶物加工廠，什麼認購權證、存託憑證、ETF、選擇權，你不但可朗朗上口，也徹底了解其背後的成因。

當然，了解這些再製品後，你也可以選擇不買股票，而投入選擇權等再製品的交易。

第3站 和尋寶顧問喝下午茶

股票山的寶物眾多，只可惜寶物的價錢沒有一個是固定的，有時漲上天有時跌到地，要尋寶前建議你最好和尋寶顧問喝個下午茶，了解一下如何判斷各種寶物的價格波動。

他一定會告訴你一鐵則，從沒有人能永遠準確的判斷行情！那在股票山不是沒得混了嗎？不過，顧問會告訴你化危機為轉機的方法。

第4站 登頂望全局

股票山範圍不小，充滿各式各樣的寶物，登山頂，你可以看到水泥、塑化、紡織等13類寶物的地盤，我們有派專門的導遊教你如何看出各類寶物的實虛。有趣的是不同寶物的價格起落間，有時存在一定的關聯，這是探寶者不可不知的現象。

第5站 山神廟朝拜行程

股票山有一點看天吃飯的味道，學會看山神的臉色也是當務之急。他高興時會讓所有的寶物大漲，不高興時會讓大家沒有飯吃。有時會平地一聲雷，讓你措手不及。不過他的行為不是那麼難預測，他定期公布經濟指標的神喻，由這些神喻，可以判斷寶物的前景。

股市買賣初學入門 本書使用指南

你可以把股票市場視為富含各種奇珍異物的寶藏山，不過雖然寶物遍布，但要懂得一定門道，才可以滿載而歸。本書就像股票山的寶藏圖，只要你循著寶藏圖的指示，造訪各站，就可以成為股票山的內行人。

第6站 水晶球占卜

入股票山尋寶自然希望找到的寶物價格高漲，但如何能預測未來，難不成有水晶球可用？說對了，本站教你如何透過圖形，預判未來。

第1站 神啊，請賜給我複利的力量 —— 基礎入門篇 P.17

名詞解釋

❶ 股票
❷ 盈餘分配權
❸ 優先承購新股權
❹ 選舉董監事
❺ 現金股利

P.21

名詞解釋

❶ 基期
❷ 攻擊性股票
❸ 防禦性股票

P.30

名詞解釋

集保公司

P.36

名詞解釋

❶ 證券經紀商
❷ 證券交易所

P.38

名詞解釋

三大法人

P.53

第2站 給我一個富爸爸的富腦袋 —— 證券商品篇 P.57

名詞解釋

❶ MSCI
❷ 一籃子股票
❸ 非系統風險
❹ H股

P.119

名詞解釋

軋空

P.144

第3站 正確的策略，加深你口袋的長度

—— 投資策略篇 P.145

名詞解釋

支撐區 VS. 壓力區

P.188

名詞解釋

艾略特波浪理論

P.190

名詞解釋

❶ 融資&融券

❷ 軋空

❸ 逃命線

P.197

名詞解釋

❶ 盈餘轉增資

❷ 填權

P.200

名詞解釋

❶ 流動性風險

❷ 國家風險

P.203

★分散投資、長抱績優股　　★漲時重勢，跌時重質

★細心觀察經濟景氣循環　　★掌握適當的買賣時點

★勤做功課，首重模擬分析

★不可盡信專家，信人不如信己

★量力而為，切忌盲目擴張信用

★留意法人與投信機構的操作

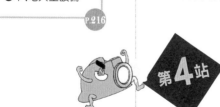

名詞解釋

❶ 寡佔市場
❷ 汽電共生設備

P.216

第4站 知己知彼，攻擊有備
── 產業分析篇

P.213

名詞解釋

❶ 台塑四寶
❷ 毛利率

P.221

名詞解釋

WTO

P.228

名詞解釋

❶ 資本密集型產業
❷ 盤元

P.232

名詞解釋

❶ 汽車下鄉
❷ 供應鏈管理
❸ 年複合成長率

P.242

名詞解釋

❶ 存款準備率
❷ 重貼現率
❸ 再保險公司
❹ 交叉行銷

P.248

名詞解釋

❶ 封裝測試
❷ 體感偵測器
❸ 消費性電子產品
❹ 晶圓

P.254

名詞解釋

❶ TFT
❷ 家電下鄉&以舊換新
❸ 基期

P.262

名詞解釋

稼動率

P.265

名詞解釋

❶ 黃金交叉
❷ 頻譜

P.270

第5站 內行的要先看門道
—— 政策分析篇 P.271

名詞解釋

❶ 消費者信心指數
❷ 躉售物價指數
❸ 痛苦指數

P.276

名詞解釋

名目貨幣

P.288

名詞解釋

對沖基金

P.290

名詞解釋

❶ 結構性通貨膨脹
❷ 輸入性通貨膨脹
❸ 貨幣乘數
❹ 引申存款
❺ QE2

P.294

第6站 有圖有真相 ── 技術分析篇 P.303

名詞解釋

❶ 技術分析
❷ MACD
❸ MA
❹ DMI

P.306

名詞解釋

❶ 支撐線
❷ 壓力線

P.310

名詞解釋

頸線

P.314

名詞解釋

良性換手

P.317

1-1 股票到底是什麼？

可讓一般投資人下單的「證券經紀商」或「綜合證券商」才可以買喔！也就是大家說的「號子」。

我想要開戶買股票，應該去哪個地方買？公司名稱有「證券」兩個字的都可以嗎？

　　退伍後的日子是一連串求職過程：找報紙求職欄、寄履歷表、等回音、面談、再等回音；曾去考銀行，但是石沈大海。正在家裡坐困愁城時，來了一位吳伯伯，他在證券公司當副理或經理，常來找家父聊天。

　　吳伯伯見我賦閒在家，忍不住問我：「小夥子，退伍啦！在哪裡做事？」

　　「還沒有啦！正在找工作。」我答。

　　「來做股票嘛！收入很高喔！」他說道。

　　那時候，我第一次聽到「股票」，但更吸引我的是「收入很高」這句話。

　　「有多高？」我緊接著問。

　　「做得好的話，月入數十萬！」

　　什麼？數十萬？天哪！有那麼多，好像有數十萬元的現金就在眼前。我突

然清醒過來，又問：「如果做不好呢？」

「做不好就會傾家蕩產，只好跑路。」他說。

一聽「傾家蕩產」四個字，真教我頭皮發麻，怎麼差那麼多呢？莫非「股票」是洪水猛獸。那麼股票到底是什麼呢？

股票是什麼

股票❶是一種有價證券。公司經營事業需要大量資金，公司以公開說明的方式，向社會大眾募集資金，在集資的同時，發給投資人一張有價證券，載明所擁有的股數，就是所謂的股票。持有股票的人就是該公司的股東，即使你只擁有一股。

股票又可分為普通股與特別股兩種，代表股票持有人對公司的股權或所有權。但是權利與義務卻有所不同：普通股（也就是一般投資人買到的股票）對公司的利益較為廣泛，所負擔的風險較大；而在公司配息時，特別股通常比普通股享有優先分配的權利；在公司清算資產時，普通股須等公司的債權人及特別股股東請求滿足後，才有權分配剩餘財產。身為股東，你可知道你的普通股權益有哪些？答案總共有11個，還真不少。包括：

> ‧**盈餘分配權❷**‧資產分配權‧股票移轉權‧**優先承購新股權❸**‧出席股東年
> 會‧檢查帳冊權‧**選舉董監事❹**‧參與公司管理經營‧領取股息‧現金股利
> 權‧被選舉為董監事的被選舉權‧了解公司營運情況的權利

投資股票的好處

在工商業發達的今天，投資股票已經是個人理財的必備工具，投資股票的好處有：

1. 股票漲價時，可獲得買賣差額利益。

2. 公司賺錢的時候，身為股東的你我可以分配股票股利或**現金股利**❺。

3. **變現性佳**，可在集中交易市場買賣。

4. 股東有選舉董、監事的權利。

5. 如果有興趣並持股足夠，還可競選董監事，參與公司實際的經營。

6. 在通貨膨脹時，具有保值作用。

7. 股票可以質借現金，靈活調度資金。

股票的價值

股票就是一種有價證券，它本身的價值分為面值、淨值與市值三種。

1. 股票的面值：即是票面金額，證管會已訂定統一股票規格辦法，規定上市股票每股面值為10元，每一張股票為1000股。但公司也可向交易所申請1股面值1元。

2. 股票的淨值：股票的淨值又叫做股票的帳面價值，這是由上市公司的財務報表所計算得來。淨值的計算方式是將公司的總淨值除以在外流通股數。通常淨值愈高，表示公司的體質愈好。一般而言，淨值高的股票為大型績優股，這些股票適合長期投資，而非短線進出。

3. 股票的市值：即股票的市場價值，這是經由交易決定的價錢，所以俗稱「市價」。股票市價的高低，基本上決定於發行公司的獲利能力與未來的展望。當獲利能力強，未來展望佳，投資人進場買入該股票，在市場需求大於供給的情況下，必將股價往上推升。市價是分分秒秒隨著證券市場交易而變動的，變動的主因即是市場供需力道的消長。

這個名詞怎麼解釋

❶ 股票

表彰股本的證明書，對發行公司享有股東權益的證明。面額為10元，一張（交易單位）為1000股。例如華碩（2353）股價207元，你便可用207×1000股＝207,000元，買進一張華碩股票（不包含手續費、交易稅等費用）。

❷ 盈餘分配權

按持股比例分配公司盈餘。要注意的是，儘管該公司本年度賺了5億元，也並非把5億元全部分給股東的意思，通常公司會將去年度賺的錢部分放入保留盈餘，部分在本年度配發給股東，配發方式可以是現金也可以是股票。例如：台灣大哥大（3045）公布2010年第一季合併營收，第一季每股獲利1.21元；董事會並通過，將分配2009年盈餘150億元為現金股利，每股配發5.03元現金股利。

❸ 優先承購新股權

也叫優先認股權，是公司增發新股時，為保護老股東的利益而賦予老股東的一種特權。做法是給每個股東一份通知書，寫明他有權購買新股票的數量，數量多少根據股東現有股數乘以規定比例求得。一般來說，新股票的定價會低於股票市價，從而使優先認股權具有獲利價值。

❹ 選舉董監事

股東會在選董事時，每一股份有與應選出董事人數相同之選舉權，得集中選舉一人，或分配選舉數人，由得票高者獲選。選舉時，是以權數的大小來確認誰為當選人，一股等於一權，不論千股或是零股的股東都有權。

❺ 現金股利

如果你手上有5張A公司股票（5000股），當A公司公布今年度現金股利為2元時，你就可以拿到2元×5000股＝10,000元。

1-2 開戶手續怎麼辦?

第二天,心裡仍一直盤算著到底要不要去吳伯伯說的地方。

「反正閒著也沒事,去看看也好。」我想著。

拿著吳伯伯的名片,沿著南京東路走去。到了證券公司,首先映入眼簾的是一大片電視牆,一大堆數字在那裡閃來閃去,營業廳裡人來人往的好不熱鬧。轉眼看到吳伯伯,馬上趨向前。

「吳伯伯,在忙呀?」我堆滿笑容打招呼。

「你等一下!我介紹營業員幫你開戶。」

一位中年女性,有著胖胖略圓的體型,臉上掛著笑容,精明幹練又不失溫柔婉約,向我走來。「你好!別人都叫我『蔡姐』,我來幫你開戶。」

「開戶?為什麼要開戶?要辦哪些手續呢?」我心裡有一大堆疑問。

開戶手續

買賣上市公司股票必須透過證券經紀商,因此要先到證券經紀商營業處所

表1-2-1 券商經營性質分類

券商類別	經營方向	投資人可否向其購買、賣出股票
證券經紀商	也就是俗稱的「號子」,替投資人買賣股票。	可
證券承銷商	公開發行的公司,若想將公司股票推向上市、櫃,需找他們輔導,符合交易所的規定後,才能由證券承銷商承銷上市。如果已經上市櫃的公司,要辦理現金增資或可轉換公司債,也須經由他們承銷上市。	否
證券自營商	綜合證券公司的自營部門運用自己本身的資金買賣股票,稱為證券商自營部。	否
綜合證券商	同時經營以上三種業務的證券商。	可

辦理開戶，然後才能委託該證券經紀商代為下單。開戶很簡單，只要攜帶下列
應備文件即可。手續辦好後，櫃台人員會給你一張戶號卡，上面有你的帳號，
你就可以依此帳號下單買賣股票。

1. 一般自然人開戶
① 填寫委託買賣證券受託契約書正
　本一份，副本二份。
② 身分證影本三份（正反面）、第
　二證件影本三份、印章。
③ 介紹人簽名蓋章。
④ 投資人親自辦理。

2. 未成年自然人開戶
① 填寫委託買賣證券受託契約書正
　本一份，副本二份。
② 委託人身分證正本、印章。
③ 法定代理人身分證正本、印章。

> 網路開戶
> ① 先下載券商平台APP
> ② 點選線上開戶
> ③ 再選證券開戶
> ④ 選首次申請
> ⑤ 選擇認證方式（用手機簡訊）
> ⑥ 輸入個人資料，發送驗證碼
> ⑦ 選擇分公司
> ⑧ 手機拍照（個人照）
> ⑨ 填寫戶籍電話
> ⑩ 上傳存摺照片
> ⑪ 完成

報你知

不能在證券經紀商同一營業處開兩個以上的帳戶

　　投資人在證券經紀商同一營業處所僅能開立一個交易帳戶，但全權委託投資帳戶不在此限。另，境外外國機構投資人符合「華僑及外國人申請投資國內有價證券、或從事國內期貨交易登記作業要點」相關規定者，得於同一證券經紀商（含各分公司）開立兩個以上的投資交易帳戶。

④ 法定代理人允許書。

3. 法人開戶

① 授權書、委託買賣證券受託契約書各三份，須蓋委託人（公司）印信及法定代理人印鑑。

① 經濟部公司執照影本三份。

② 營利事業登記證影本三份。

③ 代理人身分證影本三份、印鑑。

4. 財團法人基金會開戶

① 負責人身分證影本三份、印鑑、基金會印鑑。

② 國稅局扣繳單位統一編號通知影本。

③ 財團法人主管機關核准函。

④ 授權書。

5. 財團法人職工福利委員會開戶

① 負責人身分證影本三份、印鑑。

② 職工福利機構登記證影本三份。

③ 國稅局核准函。

④ 國稅局扣繳單位統一編號通知影本。

禁止開戶之投資人

投資人有下列情事之一者，不得開戶：

1. 未成年人未經法定代理人之代理或允許者。

2. 證券主管機構及證交所職員。

3. 政府機關、金融機構及公營事業之出納人員。

報你知

投資人不得委託證券自營商在本公司
有價證券集中交易市場買賣

　　證券自營商不得直接或間接接受投資人之委託，在該公司有價證券集中交易市場買賣證券，投資人僅可委託證券經紀商辦理。另證券自營商買賣證券不得以漲（跌）停板申報買進（賣出）。

4. 受破產之宣告，未經復權者。

5. 受託證券經紀商本身之股東或職員。

6. 證券自營商未經主管機關許可者。

7. 曾因證券交易違背契約紀錄有案，未滿三年者。

集中保管帳戶與免交割款券轉撥

　　投資人在股市買賣頻繁，如果每一筆買或賣的交易都要抱著現金和股票到證券商營業處進行交割，不僅投資人不方便，安全性與迅速性也很有問題。

　　證券公司都有特約的金融機構代為處理資金的調撥；也與集保公司簽訂代為處理股票交割的業務。投資人只要簽訂「委託人交割款券轉撥同意書」，並申請開立集保公司帳戶，以及特約金融機構的活期儲蓄存款帳戶，則一切交割事宜皆可委託辦理。投資人只要在交易後核對存款帳戶的資金進出，與集保存摺的股票增減，即可掌握自己的餘額。同時，證券公司每個月也都會寄發對帳單供投資人核閱。

1-3 股市中常用的名詞及術語

「家有家規，行有行規」，所以當你踏入股市的地盤，必須要明瞭股市間的各種專有名詞，以及股市流行的術語，如此，對股票的操作才能得心應手，在閱讀股市相關資訊時，才能一點即通。股市中常用的名詞及術語如下：

❶ 發行量加權指數

發行量加權指數為證券交易所編製，係將選樣的股票價格以「加權平均」方式計算，將股市的總市值以指數化表示，其**基期**❶以1966年為基準。發行量加權指數上升，表示股市總值上漲。

❷ 成交量與成交總值

股市中隨不同時間、不同價格、不同數量的買或賣，都直接影響每日的成交量。「成交」是雙方同意後所達成的一種交易行為。證券交易的成交價格，會受客戶買或賣之意願而起波動。成交量是指，若A要買10張統一超，B要賣15張統一超，此時最多只會成交10張，而這10張就是成交量。至於成交總值，則是每日每筆成交數量乘以成交價格金額的總和，亦即個別股成交值之總和。

❸ 漲跌停板

根據證券交易所的規定，股價升降幅度超過前一營業日收盤價格的10%，將停止升降，這個10%的限度就稱為漲停板或跌停板。漲、跌停板最主要的用意，是限制股價過分波動或投機。一旦股價升降幅度達到10%，交易所就會主動宣布漲停板，標明「＋」的符號，或者宣布跌停板，標明「－」的符號。

❹ 開盤價

開盤價（Opening Price）又叫開市價，是指某種證券在每個交易日開市後的第一筆買賣成交價格。世界上大多數證券交易所都採用成交額最大原則來確

定開盤價。如果開市後一段時間內（通常為半小時）某種證券沒有買賣或沒有成交，就取前一日的收盤價做為當日證券的開盤價。如果某證券連續數日未成交，則由證券交易所的場內中介經紀人，根據客戶對該證券買賣委託的價格走勢提出指導價，促使成交後做為該證券的開盤價。

❺ 最高價

行情表中所指的最高價，是當天成交各種不同價格中最高的價格，最高價格的成交筆數可能只有一筆，也可能有一筆以上。

❻ 最低價

是指當天成交價格中最低的價格。

❼ 收盤價

台灣證券交易所市場交易時間為星期一至星期五上午9:00至下午13:30，行情表中的收盤是指收盤價格，即當日最後一筆成交的價格。

❽ 投機股與績優股

每種股票都有其不同的特性，就是所謂的「股性」。有的股票平時交易熱絡，價位變動幅度大，但基本面欠佳，就是所謂的投機股；相反地，股票價位變動幅度小，基本面不錯、盈餘也不差的，就是所謂的績優股，如中華電（2412）、台積電（2330）。

投資人或投資機構在決定投資組合時，為了擴大投資報酬，將所投資的股票依前述原則劃分為兩種，即**攻擊性股票**❷（投機性股票）與**防禦性股票**❸（具抗跌性股票）。攻擊性部分，即成交價位變動較大的熱門股，投資人買他是為了求取較大的價差，例如小型股。防禦性部分，投資人買進他是為了長期的投資或是領取每年固定的配股配息，在大盤欠佳時，偶爾還可以不跌反漲。因

權值VS.權值股

權值其實就是股本乘以市價的意思，而我們常在媒體看到的「權值股」，則是指對台股加權指數影響較大的股票，因為其股本大，容易影響盤面、舉足輕重；也就是「發行股數」及「股價」在大盤裡佔大宗的公司，例如：台積電（2330）股本2591.51億、中鋼（2002）股本1504.62億、鴻海（2317）股本1068.91億、台塑（1301）股本612.09億等。

此，防禦性股票即指具有穩定的投資報酬，或有固定利息收入的股票，亦即大型績優資產股。國內投資人都會買銀行股來存股，視為防禦型股票。

⑨ 除權

上市公司進行年度結算時，會依業績分配股權，此種股權歸「除權」前擁有這張股票的人享有。此後，即屬「除權」股票。除權應自股價中扣除權值。

⑩ 除息

上市公司年度結算，依盈餘分配股息，此種股息歸除息前股票持有人享有。此後，即屬除息股票。除息時應自股價中扣除息值。

⑪ 坐轎、抬轎

股市中對於資訊取得的先後有一種稱呼法，坐在轎裡舒舒服服的是先知先覺，替人抬轎者是後知後覺。所謂坐轎者是指先得知利多消息，在低價買進後等大批散戶跟進，而在時機成熟時獲利了結，坐享其利的投資人；反之，等利多出盡再跟進的散戶，或許可能得到小利，也可能根本嚐不到好處、反被高檔套牢，這就是抬轎者。一般而言，能掌握資訊比別人搶先一步者，才是股市中

> **報你知**
>
> ### 利多出盡
>
> 　　是指原本可以帶動股價上漲的有利消息早已在市場上傳開，消息靈通人士早已伺機出貨，等待正式發布時，主力利用利多消息出貨，形成龐大賣壓，此時如果買盤力道小於賣壓，股價反而下跌，市場解讀成消息鈍化，利多出盡。因此，投資人在看到利多消息時，要先看看股價過去一段時間是不是已經漲一波，如果是，表示消息人士早已進場卡位，很有可能趁利多出貨，此時投資人千萬不要勇於買進，當冤大頭。例如2011年10月底裕日車（2227）第3季認列轉投資中國事業獲利暴衝，這意料外的利多原本應可讓汽車股活力再現，但股價好消息幾乎已出盡，在兩岸車市降溫、市場競爭將更激烈下，專家們多建議汽車股逢高減碼。

真正的獲利者。

⑫ 利多、利空

　　利多是對股市可能造成榮面的消息，如歐債有解、TESLA電動車大賣、新台幣回貶；利空則是股市可能造成不利的消息，如大企業裁員、失去大廠訂單、啟動無薪假……等。股價的漲跌變動，主要決定於供需關係的變化。一般而言，當利多消息剛開始傳出來時，投資人基於買漲賣跌的心理，股票的供給減少，需求增加，此時股價必然上升；反之亦然。

　　投資人若想在股市中有所斬獲，必須由相關資訊中確切掌握可能影響股票變動的利多與利空因素。因此，市場因素、業別因素和個別股因素的利多或利空，投資人都必須留意並加以分析。

⑬ 長紅、長黑、小紅、小黑

　　股市一開盤即呈現出跳空漲停板，雖然盤中會出現一些賣壓，但以大勢

來說漲停板時居多，一直到收盤時，各類股都是漲停板或上漲，稱為長紅；反之則為長黑。若收盤時只比前一日上漲或下跌少許，各類股的表現也平平，可稱為小紅或小黑。依股票指數漲跌情形，可大致區分為50點以下代表小紅、小黑；50～100點為中黑、中紅；100點以上為長紅、長黑。

⑭ 多頭、空頭

多頭是看漲，先買進再賣出，以期獲取利潤；空頭是看跌，先賣出再買進，也是期望獲取利潤。

如果某種股票多頭的作手多，股價勢必上漲；反之空頭作手多，股價勢必下跌。多頭與空頭常常為了各自的利益而暗地集中全力，不擇手段地把股價哄抬或是壓低，所以說兩者是完全對立的。

這個名詞怎麼解釋

❶ 基期（Base Period/Origin Period）

是相對於與另一項數值比較時，所採用的比較年度（或季／月份）。例如，今年A公司獲利率（毛利率、EPS、負債比、營業額）比去年成長15%，這時的「去年」就是所謂的基期。而基期較低者，通常是表示此類產品本身價值被低估者，反映在股價上則可說是被低估的轉機股。網友常說的「三低二高」，就是指低基期、低股價、低本益比，高成長、高殖利率，擁有這些條件的就是最好的標的股。

❷ 攻擊性股票

例如2011年年初以來，大受蘋果光之惠的大立光（3008）、可成（2474）、TPK宸鴻（3673）、洋華（3622）等股票，這類股票的特色是股本較小（股本在10億以下者）、或受惠創新題材的優勢，以致投資人追捧，股價連番飆漲，攻擊態勢猛烈。

❸ 防禦型股票

一般來說此型股票可分為以下四類，一、消費者對於該產品的使用數量及頻率並不會呈現太大幅度的波動，例如統一（1216）、大台北瓦斯（9908）；二、公司負債佔資產比例小，財務較健全者；三、公司現金淨流入穩定的中華電（2412）、遠傳（4904）；四、公營事業，政府為單一或最大股東，倒閉機率低，如中鋼（2002）或官股銀行兆豐金（2886）等。

你不能錯過

　　以甲股票為例，該股票自100年6月20日至6月24日停止過戶，往前推算兩個營業日（扣除6月18日、6月19日的例假日），即6月16日為除權、息交易日，若在6月15日及以前買進甲股票，6月16日及以後賣出該股票，仍享有發放現金股利、增資配發或認購股票除息的權利。

1-4 股票怎麼買、怎麼賣?

逐筆競價 集合競價

台灣股票市場是屬於集中交易市場,一群人要買,一群人要賣,台灣證券交易所就是搓合買方和賣方的平台。為了做到公平、公正和公開,同時又要迅速確實的反應買賣雙方的下單,因此要規範買賣的規則。

台灣證券交易所規定盤前(08:30~09:00)、盤中最後一盤(13:25~13:30)、採「集合競價」,盤中(09:00~13:25)採用逐筆交易。

2000年以前交易所針對盤中交易,採用「集合競價」,就是每五秒蒐集到一定程度的買賣單後,再一次搓合,是以「最大成交張數」為標準,只會有一個成交價格,要是出價錯過集體競價的時間,就要等下一個5秒才能交易。

2020年之後交易所新制上路,盤前、盤後和盤中最後一盤(13:25~13:30)、依然維持「集合競價」,盤中(09:00~13:25)則是改成隨到隨撮的「逐筆交易」,也就是投資人下單後,立即進行撮合,只要委買、委賣價格符合條件就成交,因此會一次產生多個成交價格。

過去,投資人下單時,需要限制一個價格,稱為「限價單(限定價格才交易)」,也就是報價要比掛的價格低,才會成交買單;報價比掛的價格高,才會成交賣單。逐筆交易上路後,新增「市價單(不指定價格,由市場決定)」

報你知

善用漲停買入或跌停賣出的技巧

雖然用「漲停價買入」、或「跌停價賣出」的方式,比較有機會買得到、賣得掉,但卻也很可能買到最高點、或賣到最低點。建議使用此法時,盡量選擇成交量大的股票,股票流動性較佳,日後再行買進或賣出也比較容易。

選項，也就是買賣雙方出價，就立即成交，投資人不需要事先指定價格，撮合順序是市價單優先於限價單。

逐筆交易的優點，在於提供較為多次的成交機會，價格更貼近真實行情，流動性、效率性、波動性都比較好，有助於活絡股市。隨到隨撮，台股進入以秒成交時代，卻可能造成市場行情價

表1-4-1

時段	搓合方式
開盤前 （08:30～09:00）	集合競價
盤中 （09:00～13:25）	・原則：逐筆交易 ・例外：遇瞬間價格穩定措施則暫緩2分鐘後以「集合競價」搓合成交
最後一盤 （13:25～13:30）	集合競價

格劇烈變動，導致成交價超出投資人預期，為此，證交所設計了「瞬間價格穩定措施」。當成交價超過前5分鐘加權平均價的3.5%，就會啟動這項措施，延緩2分鐘撮合，2分鐘後，會以「集合競價」撮合1次，再恢復成「逐筆交易」。目的是讓投資人在這2分鐘內冷靜，避免做出不理智的決策。

交易順序有兩大原則

價格優先原則：「較高買進」委託單優先於「較低買進」委託單，「較低賣出」委託單優先於「較高賣出」委託單，若是同價位委託單，則依時間優先原則，決定先後順序。

時間優先原則：開盤（09:00）前的委託單，會優先於開盤後的委託單，且開盤前的委託，是依電腦隨機排列決定優先順序，開盤後的委託單，價格相同時會依提出委託時間決定先後順序。

零股交易

盤中零股交易新制於2020年10月26日正式上線，規範分為盤中零股交易和盤後零股交易。

盤中零股交易委託時間9:00~13:30，競價方式9:10第一次撮合，每隔3分鐘集合競價撮合成交。買賣成交優先順序為價格優先，同價格時間優先。實施試算行情資訊揭露：9:00至13:30，約每10秒揭露模擬成交價、量及最佳5檔買賣申報價、量等。成交資訊揭露：每盤撮合後，揭露成交價、量以及最佳5檔買賣申報價、量等。

盤後零股交易委託時間13:40~14:30，競價方式僅撮合一次，於14:30集合競價撮合成交，資訊揭示為買賣申報期間最後5分鐘(14:25至14:30)，約每30秒揭露試算之最佳1檔買賣價格。

3種存續期間、2種委託價格、6種委託方式

❶ ROD（Rest of Day）：當日有效

下單後，自己要的委託條件會在當天收盤之前會持續撮合。如9:30送出一筆委託單要買5張，當下立刻成交了2張，還剩3張會持續撮合到當日13:30收盤為止。

表1-4-2

	當日有效 （ROD，Rest of Day）	立即成交或取消 （IOC，Immediate or Cancel）	全部成交或取消 （FOK，Fill or Kill）
限價	限價ROD	限價IOC	限價FOK
市價	市價ROD	市價IOC	市價FOK

❷ IOC（Immediate or Cancel）：立刻成交或取消

下單後，有符合委託條件的交易會立刻成交，剩下未能成交的委託會立刻取消。如送出一筆委託單要買5張，送出後馬上成交了3張，剩下2張未成交的就會立刻被刪除。如果想把剩下的2張買完，就要重新下單。

❸ FOK（Fill or Kill）：全部成交或取消

下單後，符合委託條件的數量必須全部滿足才成交，否則全部取消。如送出一筆委託單要買5張，送出後符合條件的只有4張，因沒有滿足一次要買5張的數量，這筆委託單就會全部取消。對委賣方來說，就好像賣套書只賣整套，如果沒人買整套，就都不賣。

表1-4-3 普通交易　當日買進委託書

普通交易 當日買進	中信證券股份有限公司 委託書		注意

委託人＿＿＿＿　帳戶號數＿＿＿＿
編號日期：

委託方式		保管方式	
電　話		自存	託管
電　報			
書　信			
當面委託			

證券名稱	股數或面額	限價	有效期間	附註

買賣債券換股權利證書之前應先了解其權利義務
已交付營運困難上市公司概況表本人買賣上項股票已充分了解該公司營運情況

買賣股票　有賺有賠
慎思明辨　鄭重選擇

營業員簽章＿＿＿＿＿＿　委託人簽章＿＿＿＿＿＿

已詳閱該上市公司之財務業務資訊

注意
1.未填明「限價」者視為
2.未填明「有效期限」者照市價委託。
3.委託方式應予填明。
4.書面或電報委託者應貼附函電。
5.買賣如未成交，委託書應保存。
6.買入證券未填明「保管方式」者視為集中保管。

三種委託單、再加上二種價格（限價單、市價單），台股會增加六種不同的委託方式。雖然委託方式數量增加，除非有特殊需求，否則對交易量小的一般散戶來說，選擇「限價ROD」就可以，跟過去基本上並無太多差別。

 你不能錯過

　　投資人A若想賣出零股500股，投資人B想賣出零股600股，代表人（指定交易人）得申報賣出整股1,000股，並申報賣出零股100股，成交後再將整股成交之1,000股，拆成零股分配予投資人A及B各500股，另將100股分配予B後，再由投資人A及B的集保帳戶辦理交割，這種交易模式稱為盤後零股交易。

1-5 買賣股票的流程

證券集中交易市場分為三大部分：委託人、**證券經紀商❶**和**證券交易所❷**。委託人即是一般的投資大眾；一般投資人不能直接進入集中市場買賣股票，必須透過證券經紀商代為下單；證券交易所的工作則是在撮合買賣雙方，並回報成交結果。

當投資人決定買賣某一支股票時，可以直接在網路上下單，或打電話給營業員，這些指令匯整到券商的下單系統後再傳到交易所進行電腦搓合，撮合操作員依「價格優先」、「時間優先」的原則進行撮合，撮合的過程可採用電腦撮合或人工輔助撮合，並隨時將買、賣價和成交價，回報到行情揭示板。若有成交，則立刻回報給受委託下單的券商，投資人可藉由券商的網路查詢系統得知委託是否成交；投資人也可直接向營業員詢問成交結果。

報你知

行情揭示有哪些內容？

盤中個股撮合成交後，證交所即時揭示成交資訊及當盤未成交之最佳五檔買賣委託價量資訊，成交資訊包含當盤之成交價格及成交數量，當盤未成交之最佳五檔買賣委託價量資訊，包含未成交之最高五檔買進價格、數量，及最低五檔賣出價格、數量。

這個名詞怎麼解釋

❶ 證券經紀商 (Brokerage House)

就因為House這個單字的發音，而有所謂「號子」的稱號。是指接受客戶委託，代客買賣證券並以此收取佣金的中間人。證券經紀商以代理人的身分從事證券交易。證券經紀商必須遵照客戶發出的委託指令進行證券買賣，並儘可能以最有利的價格使指令得以執行，但證券經紀商並不承擔交易中的價格風險。依中華民國的證交法規，一家證券商需同時具備有證券經紀商、證券自營商以及證券承銷商執照，才能成為綜合證券商。

❷ 證券交易所

該所是依據國家有關法律設立的，為證券的集中競價和有組織的交易提供場所、設施和規則的特殊法人。證券交易所既不直接買賣證券，也不決定證券價格，而只為買賣證券的當事人提供場所和各種必要的條件及服務。

1-6 什麼是 過戶、除息、除權？

投資人領到股票後，最好能到上市公司股務課、或上市公司委託的券商辦理過戶手續，以保障個人權益。若投資人採用「集保方式」委由集保公司交割股票，則本身權益已受到充分保障。通常一般投資大眾大都集中在除權、除息季節才辦理過戶手續，因為平常買進賣出，過來過去相當麻煩，也沒有必要。

當要除權息和開股東大會時，就要進行過戶。由於現在都是款券劃撥系統。集保中心自動會進行過戶，投資人無須自行辦理。

除息前過戶

所謂除息，是把上年度應分配給股東的現金股利從股價中扣除；若無現金股利分配，則無除息之必要。

例如，台塑公司100年度每股股利分派現金部分是6.8元，投資人如果購買一張台塑公司股票，參與除息可獲得6800元（=6.8×1000股）。一般公司會在股東常會後宣布當年度配發多少股息、股利和除權息基準日。台塑公司100年度除息交易日為100年7月11日，投資人最慢必須在除息交易日前一天（7月10日）買進股票，就能享受到台塑公司100年度分配的現金股利。即使投資人11日開盤後就賣出股票，也不影響配息的權利。

若台塑公司現金股息是6.8元，除息前一天的收盤價是110元，那麼除息當天的開盤參考價為103.2元（=110-6.8元的現金股息）。若除息後股價漲升，且超過除息前一日之收盤價，稱之為「填息」。

除權前過戶

所謂除權，是把增資配股的利益從股價中扣除；若無增資，則無除權的必要。除權配股分為無償配股與有償配股兩種。無償配股，即公司分配股票股利

39

或公積配股給股東，股東不必繳錢給公司；有償配股即公司辦理現金增資，股東必須繳款給公司，公司才配發股票給股東。

假定台泥公司某年度每股股利分派0.85元，公積配股0.15元，合計 1 元（=0.85+0.15），配股率0.1，也就是每股（每股面額10元）分派 1 元股票股利，如果持有一張（1000股）可配100股的台泥股票。除權交易日訂9月9日。投資人最遲必須在9月8日買進股票，才能享受到該年度分配股票股利的權利。除權後的開盤參考股價，則為除權前一日收盤價除以 1 加配股率。假定台泥除權前一日收盤價為66元，由於每股分派 1 元股利，配股率0.1，則除權後開盤參考價是60元〔=66÷（1+0.1）〕。

無償配股除權價格計算公式：

除權後開盤參考價格=除權前一日收盤價÷（1+配股率）

配股率是指每1000股能配多少股，上述台泥每1000股可配100股，配股率就是0.1。

變更（遺失）股票印鑑手續

1. 檢附：身分證、全數持有股數、新印鑑至發行公司辦理。

2. 委託他人或通訊辦理：身分證影本乙份、全數持有股票、新印鑑、印鑑證明書（戶政機關申請）。

3. 變更股票印鑑：需加附印鑑變更申請書（可向發行公司索取）、印鑑卡、全數持有股票、新印鑑（於股票背面「受讓人」處蓋章），交付發行公司辦理。

表1-6-1　股東會除息規定時程

台積電（2330）　　13:30:00 447.0s ▼3.00 -0.67%　　20047張		
	行事曆	
	股東會	除息
日期	2020／06／09	2020／12／17
最後過戶日	2020／04／10	2020／12／18
停止過戶期間	2020／04／11 2020／06／09	2020／12／19 2020／12／23
融券最後回補日	2020／04／01	2020／12／11
停止融券期間	2020／04／01 2020／04／08	2020／12／11 2020／12／16

◎備註：大部分公司一年配息1次，但有些公司一年配息2次也有一年配息4次。
　　　　台積電一年是配4次，稱季配息。

你不能錯過

　　之前常在報章看到諸如此類訊息：雙D產業（DRAM、TFT LCD）慘虧，面板雙虎友達和奇美電（現已改為群創）2011年第三季的狀況都不好，只有寄望第四季能夠轉虧為盈。而一樣景氣低迷的還有DRAM業，力晶第三季虧了66億元，每股淨損1.2元；南科、華亞科加起來虧了近190億元，南科第三季每股虧2.97元，至於華亞科每股則是虧1.52元。以上就是此行業面對歐美經濟欠佳、及韓國對手廠商競爭的影響造成虧損的主因；可算市場和業別因素的雙重影響。

1-7 融資、融券怎麼做？

　　信用交易又稱為保證金交易，就是投資人用某一成數的保證金，向券商借款買進股票或借股票賣出，以獲取差價利潤的行為。信用交易的主要功能，在配合政策、調節供需、活潑交易和促進證券市場健全發展。

　　所謂融資業務，就是你想買股票時，由於資金不足，因而向證券公司申請融資，以達到購買股票的目的。申請融資，應繳納所買進股票總金額一定成數的自備款。除此之外，所買進的股票應全部留在證券金融公司做為擔保品。

　　融券業務是當你想賣出股票時，由於股票不足，乃向證券公司融通借出股票，以達到賣出股票的目的。申請融券，應繳納所賣出股票總金額一定成數的現金，或提供一定成數的股票做為保證金。除此之外，所賣出的價款，將全部留在證券公司做為擔保品，而證券公司則會給你利息補貼。

信用戶開戶

❶ 自然人

　　1. 年滿二十歲，有行為能力的中華民國國民。

　　2. 親持身分證正本、印鑑、印鑑卡辦理。

> **報你知**
>
> ### 融資券保證金成數怎麼算
>
> 　　上市融資與融券保證金成數，融資成數：60%；融券成數：90%；上櫃融資與融券保證金成數，融資成數：50%；融券成數：90%。若你融資買進一張100元上市股票，券商就是借你6萬元，你應自備100,000元（價金）－60,000元（融資金額）＝40,000元（自備款）＋143元手續費＝40,143（你應自備的交割金額）

3. 普通開戶滿三個月，最近半年成交10筆以上，成交累積金額達申請融資額度之50%。

4. 最近一年所得與各種財產合計達申請融資額度30%。

5. 財產證明以委託人配偶、父母、子女之下列單據文件為限：不動產所有權狀影本或繳稅單，最近一個月的金融機構存款證明，或持有三個月以上有價證券之證明。

❷ 法人

1. 依中華民國法律組織登記，由被授權人檢具授權書、被授權人與代表人身分證正本、法人印鑑證明及法人登記證明文件正本。

2. 其餘條件同自然人。

融資融券的限額與限期

融資融券限額分為九級：第A級信用戶，融資每戶最高限額新台幣50萬元，融券每戶最高限額新台幣50萬元，無須財力證明；B級信用戶，融資每戶最高限額新台幣100萬元，融券每戶最高限額新台幣100萬元。第一級信用戶，融資每戶最高限額新台幣250萬元，融券每戶最高限額新台幣250萬元；第二級信用戶，融資每戶最高限額新台幣500萬元，融券每戶最高限額新台幣350萬元；第三級信用戶，融資每戶最高限額新台幣1,000萬元，融券每戶最高限額新台幣1,000萬元；第四級信用戶，融資每戶最高限額新台幣1,500萬元，融券每戶最高限額新台幣1,500萬元；第五級信用戶，融資每戶最高限額新台幣2,000萬元，融券每戶最高限額新台幣2,000萬元；第六級信用戶，融資每戶最高限額新台幣2,500萬元，融券每戶最高限額新台幣2,000萬元；第七級信用戶，融資每戶最高限額新台幣3,000萬元，融券每戶最高限額新台幣2,000萬元。

融資融券的償還方式

融資償還方式有兩種：賣出償還與現金償還；融券償還方式也有兩種：買進償還與現券償還。各級融券限額依賣出股票成交金額計算，若在委託後因行情上漲，或因本筆委託成交致融券累計餘額超過限額時，得在當日漲跌幅範圍內增加。融券之股票，每一交易單位的股價超過申請融券限額時，委託人信用帳戶內如無融券餘額，得融券一交易單位。

資券相抵

委託人簽訂「成交日資券相抵交割同意書」後，證券商將委託人同一日成交之融資買進、融券賣出同一種證券，就其數量相同部分相互沖抵，委託人只就其差額部分交割，未沖抵之融資買進、或融券賣出仍應履行交割。簽訂同意書後，想留單而不做當沖者，應逐筆填寫「取消當沖聲明書」。

資券有配額時，應先向營業員登記後才可進行沖抵交易，萬一市場或本公司暫停信用交易，沖抵交易也將暫停。當資買、券賣數量不等，無法完全沖抵部分、或資券不沖抵者，投資人則應照一般融資融券手續辦理款、券交割。

報你知

融資的限制

要自備40%資金，公司最多借60%。而且，並不是每一支股票都可以融資，新上市上櫃的不行，要上市滿半年，經主管機關核准的股票才可以；最近一年度的稅前淨利潤，佔實收資本額的比率3%以上，而且沒有下列情況之一：股價波動過度劇烈、股權過度集中、成交量過度異常者，才是可融資的股票。

過戶

停止過戶前，融資融券買賣的限制期間有：停止過戶前五個營業日起停止融資買進三天；停止過戶前七個營業日起停止融券賣出五天；已融券者，應於停止過戶日六個營業日前還券了結；除權除息交易日起兩天內，停止融資現金償還兩天。

假除權

得為融資的股票，證券公司於其除權交易日前六個營業日起，以每日收盤價計算除權參考價，若整戶擔保維持率低於140%時，券商即依前項追繳規定通知投資人補繳差額。

$$假除權參考價 = \frac{計算日收盤價 + 現金增資者每股繳款額 \times 現金增資比率}{1 + 無償配股率 + 現金增資比率}$$

表1-7-1　資券追繳實例

日期	星期	資券追繳實例說明
1/14	一	收盤後，得知客戶維持保證金不夠，須追繳時，當日即寄出追繳通知書。
1/15	二	第一日。
1/16	三	最後補繳日（第二日）。
1/17	四	強迫處分。

說明：
① 補繳期限當日未補繳，若當日維持率：
・未達120%，次一營業日即處分其擔保品。
・高於120%，暫不處分擔保品，但嗣後任一營業日又低於120%，且委託人未於當日下午自動補繳者，次一營業日處分擔保品。
② 整戶維持率高於180%，取消追繳紀錄。

追繳

　　證券公司依規定，每日按收盤價計算客戶的整戶擔保維持率，整戶擔保維持率低於130%者，客戶應於追繳通知書送達日起的兩個營業日內繳足差額及利息，否則將強迫處分。

$$擔保維持率 = \frac{融資股票市值 + 融券保證金 \& 擔保價款 \times 100\%}{融資金額 + 融券股票市價}$$

表1-7-2　上市公司停止過戶前融資融券買賣應注意事項

日期	11	12	13	14	15	16	17	18	19	20
星期	一	二	三	四	五	六	日	一	二	三
規定說明	停止融券賣出五天	已融券者，此日以前還券了結	停止融資買進三天，未還券者處分擔保品			（非營業日）	（非營業日）		最後過戶日	停止過戶日

股票質押

　　股票質押和股票融資是不同的融資工具，相異處是本質不同，相同的地方是兩者都以證券做為資本融通。行情不佳時，兩者都會被緊縮額度。

　　股票質押是以手中持有的股票做為擔保品，取得一筆隨時可動用的資金額度，而且取得資金不限定用途。有些銀行還提供較靈活的股票質押模式，即所謂的循環信用額度，客戶可以先設定質押，申請一筆額度，且按實際使用的額度部分和天期計息，未使用的部分不用支付利息。

表1-7-3 證券信用交易開戶具備文件

本公司信用交易 開戶應具備文件	份數	本公司原有普通戶，加開本公司信用戶		
		自然人	法人	
		成年	營利	財團
1.印鑑及印鑑卡	1	✓	✓	✓
2.國民身分證正本、影本	2	✓		
3.授權書	1		✓	
4.公司執照影本、法人代表人身分 　證正本、影本（含被授權人）	1		✓	
5.營利事業登記證影本	1		✓	
6.公司登記事項卡或印鑑證明	1		✓	
7.法人登記證書	1			✓
8.稅籍編號證明文件	1			✓
9.融資融券契約書	2	✓	✓	✓
10.信用交易開戶申請書	1	✓	✓	✓
11.所得、財產證明、交易紀錄	1	✓	✓	✓

股市熱絡時，股票融資常有滿載的情形。但股票質押貸款卻沒有這個困擾，當股市行情持續上漲時，可依質押股票的市值提高質押額度，讓你的資金來源更充裕。但當你質押的股票市值下滑，原來質押的額度也會跟著下滑，如果動用的額度超過質押的總額度，同樣也有提前清償的壓力。

你不能錯過

　　當你看壞一檔股票，認為股價會下跌，你手中又沒有該股票，投資人可向證券金融公司借券，先行賣出，等到低價時再回補還券，稱為融券放空。若你想用融券方式借一張A股票賣出，A股票當時股價500元，總計得款50萬元，不久你看到股票慘跌，跌成一張400元，你就花40萬元買回1000股補回，不含手續費、借券費和交易稅，在這一來一往中，你就賺到差價10萬元。但要注意，融券須在該公司除權日前將所有股票補回，就算當時股票還沒下跌，你也必須把股票買回去補，所以必須先弄清楚該公司除權日是哪一天。

第一站

1-8 台灣股市的特色

　　既然要投資股票市場，當然要去面對它，了解它。也惟有充分了解國內股市的特色，才能在市場上當個常勝將軍。筆者剛加入股票市場時，也覺得自己不懂的東西太多了，但是，多聽、多問、多看報章雜誌，就會越來越順手。記得那天坐在營業廳看盤，聽到股友們的談話：

　　「遠東新（1402）這支股票太厲害～連續五支漲停板。」中年男子說。

　　「昨天，股友社還大舉叫進。」旁邊的婦人應和著。

　　「最近法人看好紡織股，主力也順勢炒作。」那個婦人又說。

　　「不好意思，你剛才說股友社、法人是什麼……」我趨上前問。

　　接下來一問一答中，我不但漸漸了解了國內股市的特色，也充分明白股市八大族群在股市中的關係。

　　國內股市起落無常，有時驚心動魄，有時令人扼腕。政府、上市公司、**三大法人**、散戶穿梭其間，忙進忙出，好不熱鬧。他們的操作手法不一，財力不盡相同，但目標一致都是為了賺錢。政府為了稅收、選票，既要維持市場繁榮，也要整頓金融秩序；上市公司董監事們為了集資、維護形象，要時時刻刻注意股價波動，偶爾下海操作一番；主力、法人更是成天在市場中打滾；散戶有時被痛宰，有時當起螞蟻雄兵，讓主力重創。

❶ 政府

　　雖然政府在市場擔任的角色應該是少干預，讓市場自由運作。不過在股市狂飆時，政府總是想辦法加以冷卻；在股市低迷時，又總是祭出各種利多政策。有人嘲笑說「政府不希望股市大漲或大跌，只願意股市在一定區間內波動。」以1996年總統大選前的股市為例，為了使股市回春，李總統及連院長就不避嫌地頻頻釋放利多。央行更是史無前例密集式地調低利率，發布穩定人心

49

表1-8-1　三大法人買賣超月報

100年11月01日至100年11月03日三大法人買賣超月報（股）							
證券代號	證券名稱	外資買進股數	外資賣出股數	投信買進股數	投信賣出股數	自營商買進股數	自營商賣出股數	三大法人買賣超股數
1101	台泥	11,874,000	19,013,263	1,233,000	10,961,000	2,325,000	1,360,000	-15,902,263
1102	亞泥	7,890,000	8,682,380	110,000	2,605,240	694,000	578,000	-3,171,620
1103	嘉泥	454,000	91,000	1,000	580,000	7,000	47,000	-256,000
1104	環泥	178,000	36,000	1,000	2,000	5,000	0	146,000
1108	幸福	92,000	5,000	0	0	0	0	87,000
1109	信大	69,000	5,000	1,000	2,000	0	0	63,000
1110	東泥	207,000	26,000	0	1,000	0	0	180,000

的談話，並且有意無意地延後利空消息的發布。政府更在選前幾日，成立股市穩定基金，進場護盤。2020年2月新冠肺炎疫情爆發。全球股市大崩跌，台股也無法幸免於難。股市由12,000點，大跌到8,500點。短短3周跌了3,500點。此時國安基金進場護盤，才讓台股止跌。其實，政府的工具不勝枚舉，拿捏全憑主政者心態。

❷ 上市公司董監事

上市公司的董監事是最有機會炒作股票的一群人。他們左手有股票，右手有現金，再加上洞悉公司的經營狀況，無論作空、作多都能得心應手。

外人要得知上市公司的真相並不容易，因為沒有人比經營階層更了解公司的價值。因此大概只有董監事最能體悟「捨得」這兩個字，當股票上漲太凶，超過本身的價值，董監事就閉著眼一路賣；相反地，行情不振，他們就會一路

往下承接。因此，董監事們總是賣在相對高點，買在相對低點。基本上，從董監事申報轉讓持股、質權設定，也可略窺上市公司董監事目前的心態。

❸ 法人機構

　　法人機構的一舉一動可以說是市場參與者中曝光率最高的。特別是投信公司的基金進出動向，更是攤在陽光下無所遁形。法人機構分為自營商、國內投信基金與外資三大類，國內投信基金又可區分為封閉型基金與開放型基金。基金經理人在投資股票時，都要做一番詳細的評估，擬訂策略，畢竟這些資金是投資人的錢。經理人的壓力不僅來自老闆、投資人，也來自同行的績效。

　　自從開放外資投入國內股市以來，外資的一舉一動備受矚目，也成為投資者跟隨的標的。外資可分為：主權基金、退休基金、共同基金、對沖基金和假外資，當外資大舉購買某一類型或某一支股票時，散戶立刻一窩蜂的搶進。外資又常利用發行「認購權證」為誘因，大肆炒作特定類股，有人搭上外資的順風車，有人卻因此被套在高點。

　　依據歐美的經驗，法人機構在股市中的影響力將大為增加，成為市場中一股主要的力量。

報你知

外資證券商有哪些

　　台灣的外資券商依市佔率，約可分為三級。第一級（市佔率超過10%）：美林、摩根史坦利、高盛、瑞銀；第二級（市佔率5%~10%）：瑞士信貸、摩根大通、麥格里、里昂、德意志、花旗環球、荷銀；第三級（市佔率1%左右）：法銀巴黎、日商野村、匯豐詹金寶、法國興業。

❹ 主力、作手、大戶

主力、作手是指那些有辦法在股市中以大量金額進出，並對股價造成重大影響的人。主力的動向一直被散戶注意及追隨，因此國內報章雜誌對主力、作手的動向報導不遺餘力，而主力的外圍亦有一定程度的影響力。

由於國內股市規模小，籌碼少，投資人多，主力進出數額大，所以常能左右。交易所定義，每月成交量大於5億元的是大戶，5億元到1億稱中實戶，1億元以下為散戶。

早期國內股市主力大戶的四大天王：雷伯龍、富隆游（游淮銀）、威京小沈（沈慶京）和日盛陳（陳士元）。1989年股市狂飆時，各主力如雨後春筍般出現，例如榮安邱、三光翁、美濃吳和嘉義幫等。近年來，由於金管會全力掃蕩違法炒作，大刀闊斧地實施款券劃撥制度，大幅壓縮市場主力的活動空間，一時之間主力人人自危，影響力也大不如前。

❺ 股友社、分析師

股友社與分析師有其特定的群眾基礎。股友社的會友在股友社的號召下，買進、殺出特定股票，成為市場上一股不安定的力量。有時股友社發出的訊息能讓會員賺上一票，但也常讓會員被當成坑殺對象。

坊間的股票分析師多是做短線，只要市場流行什麼樣的話題，分析師就靠三寸不爛之舌，重複或天馬行空地對投資人或媒體發表看法。有時分析師與大戶合作，誤導投資人，讓大戶主力順利出貨。其實解盤不是一件好差事，為了找話題滿足聽眾，從微不足道的小事到國際大事，分析師都要辦得出所以然來。有些分析師專注於技術分析，一下子說空，一下子說多，搞得投資人一頭霧水。投資人應該謹慎，畢竟自己努力看各項財報、財經訊息得來的，還是比較實在。

一支股票的主力怎麼找？

　　想知道一支股票的主力，只要看誰持股多寡就知道誰是主力。例如台積電的主力是外資荷商飛利浦。另外，也可查詢當日該股主力，例如2011年11月4日鴻海（2317）的主力，就是永豐金證券（買超2506張）、元大證券（買超2503張）、凱基證券（買超2241張）。可點選雅虎奇摩股市（http://tw.stock.yahoo.com/）→ 鍵入【股票代號或名稱】→【籌碼分析】→【主力進出】，就會顯示出該股詳細的買賣超張數和主力是誰。

❻ 散戶

　　散戶是指那些在證券商開戶買賣股票的個別自然人。以目前的統計，約佔總開戶比率的93%。散戶的特色是各有其投資策略、選股標準和操作方法。大多數散戶都欠缺投資知識與技巧，所以散戶進出股市大都憑藉消息面。有人說散戶鬥不過主力，散戶永遠在主力大戶的「養、套、殺」中成為祭品。其實，散戶不應自認為是弱勢的一群，應該多花時間、心思分析股市現況。多聽、多問，才能在股市中有好的獲利。

這個名詞怎麼解釋

三大法人

　　是指外資、投信、自營商。三大法人因挾帶龐大資金進出股市，動向因而備受矚目。外資即合格外國機構投資者，如荷商XX、美商XX、日商XX、港商XX……都是；投信則包含證券投資信託公司、證券投資顧問公司，如摩根富林明投信、群益投信、國泰投信；證券自營商是指自行買賣上市上櫃公司股票及政府債券為主，需自負盈虧風險，並不接受客戶委託業務。參與股市的人形形色色，但脫離不了八大族群，那就是政府、上市公司董監事、法人、主力、作手、股友社、分析師和散戶。

1-9 從這裡得到真正有用的股票訊息

投資證券首重資訊的蒐集,資訊取得的快慢與正確性,關係投資決策的成敗。一般投資人取得證券相關資訊管道有:證券商營業處所、專業證券報紙雜誌、電視台、電台的證券節目與網路訊息。

❶ 專業性報紙雜誌

- ·財訊快報:證券專業日刊,以大盤及個股線形圖為主。
- ·經濟日報:證券期貨版。
- ·工商時報:證券期貨版。
- ·當日行情快報:各券商出刊。
- ·先探投資:專業性周刊,著重技術分析。
- ·財訊:邱永漢創設的財經專業雙週刊。
- ·四季報:工商時報出版之季刊,著重個股基本分析。
- ·非凡週刊:非凡電視台出刊的股市專業雜誌。
- ·蘋果日報:財經版。

❷ 電視台、股票即時機

- ·電視台午晚間新聞:播報當日個股收盤價及當天收盤加權指數。
- ·「非凡電視台」(58台):為一專業財經電視台,報導證券財經新聞及股市解盤。
- ·「東森財經台」(57台)

❸ 政府機關定期刊物

- ·證券管理:由財政部證券管理委員會出版的雙月刊。內容包括論著、譯述、業務報導、發行公司動態。

‧證交資料：由台灣證券交易所每月出刊。內容包括證券市場統計概要、股價指數概要、每月成交量統計、上市證券交易資料。

‧證券金融：由復華證券金融公司出版的季刊。內容有：專論、投資人疑問解答、證券融資融券概況表、證券信用交易比率表、證券信用交易帳戶融資融券利用率表。

‧台灣證券：台北市證券商業同業公會出版的季刊。

❹ 免費資訊服務

‧台灣證券交易所的「資訊服務中心」，提供大眾有關上市公司財務、業務及證券交易市場各項資訊。

‧台灣證券交易所編印各類資料免費提供給投資人，投資人如有需要，可寫信附回郵寄「台灣證券交易所閱覽室」索取，地址在：台北市信義路5段7號。

‧中華民國證券發展基金會的「投資服務中心」提供有關證券及上市公司查詢服務，專線電話：02-2392-6494、02-2397-1222。

‧各券商營業處所的「證券資訊站」提供上市公司的最新行情資料。

❺ 電腦網站

‧公開資訊觀測站 http://mops.twse.com.tw/index.htm

‧鉅亨網 http://www.cnyes.com/

‧財金文化 http://www.invest.com.tw/

‧財訊快報 http://www.investor.com.tw/onlineNews/TodayNews.asp

‧技術分析網 http://bigcharts.marketwatch.com/

‧國際股市指標行情 http://www.stockq.org/

第二站

給我一個富爸爸的富腦袋

證券商品篇 》

報你知

2-1 可轉換公司債－債權、股權一手包

可轉換公司債的定義

可轉換公司債（Convertible Bond，CB）是某上市櫃公司發行的有價證券，是直接向投資者籌措長期資金的一種金融工具，該公司依當時所訂定的發行條件，定期支付一定的利息給投資者，並附有可轉換為普通股的權利。持有這種公司債的投資者，得在當轉換為普通股的報酬率高於公司債可領取的利息時，於特定的期間內，依事先約定的**轉換比率❶**或轉換價格，將此公司債轉換為股票，以獲取更高的報酬率，但若未行使轉換權的投資者，發行公司在到期時就會依發行條件償還本金、補償利息。

企業利用可轉債募集資金已經是個潮流，主因是市場利率水準低，讓發債成本降低，加上可以延緩股本膨脹、每股獲利稀釋。相較於往年企業偏愛使用

的現金增資方式募資，上市櫃公司轉而青睞發行可轉債，連承銷商也多會建議企業發行可轉債。當市場利率水準很低，企業發行可轉債幾乎都不需要額外的優惠條件，就可以賣得很好。根據財務報表評價計算，發行可轉債的利率都不高於長期借款的利率，而且只要發行期間股價達轉換價格以上，投資人即會轉換為股本，到時候發行者根本不用還債，資金成本便會相對便宜。

另外，由於發行可轉債採**詢價圈購❷**，大多由承銷商包銷，因此，大股東不必擔心繳款率不高的問題。反觀企業辦理現金增資案時，只要有原股東放棄認購，大股東就還必須找特定人、找資金認購，否則就有辦不成現增的問題，這點也是可轉債的優點，由於辦理現金增資時大股東也必須按持股比率認購，如果沒有事先做好資金規劃，很可能必須要賣老股、認新股，造成在現金增資之前，股價往往會先下跌；發行可轉債由於希望轉換價格定得比較高，反而在定價前股價上漲機率較高。

實務上，對產業景氣能見度比較有把握的上市櫃公司，用發行可轉債的方式募資，除了利率低之外，在前景看好、股價上漲機率高的情形下，發行可轉債在閉鎖期間結束後，投資人多半會陸續轉換成普通股。可轉債和**現金增資❸**類似，但又可以比現增有更好的定價，加上股本膨脹、稀釋每股獲利的情況，

報你知

可轉債的套利空間

買賣可轉債當然是為了獲利，但在國人理財知識漸長之後，套利空間已經變少了。而在整個套利的過程中其實只有兩個步驟，就是：一、買進價格相對被低估的可轉債；二、透過放空公司的股票，以抵銷作多的可轉債部位。以上就是讓可轉債獲利的邏輯，可在公開資訊觀測站查詢到可轉債的相關訊息。

也會遞延到投資人轉換之後，與現金增資比起來就相對有利。

可轉換公司債的特性

公司債發行一段期間後得轉換為普通股者，稱為可轉換公司債。台灣證券交易所規定台灣發行的可轉換公司債，每股面額100元，每張1000股，一張面額為10萬元。可轉換公司債一旦轉換成普通股後，即不得再行轉回為公司債。可轉換公司債與普通股的變換比率，稱為轉換比率，轉換公司債面額除以轉換比率，稱為轉換價格，普通股每股市價乘以轉換比率，就是它的轉換價值。

例如某公司發行票面利率0%的可轉換公司債，每張面額10萬元，其轉換價格為50元，即每張可轉換公司債可轉換 2 張公司股票（100,000元÷50元＝2000股），假如該公司的普通股每股市價為60元，則該可轉換公司債的轉換價值為12萬元（60元×2000股），此時具有轉換價值；但若該公司的普通股每股市價為40元，則該可轉換公司債的轉換價值為 8 萬元（40元×2000股），低於票面價值10萬元，沒有賺頭，投資人就不會要求轉換。

由此可知，轉換比率越大，則轉換價格越小，轉換價值愈高。可轉換公司債持有人通常於普通股股價上漲時，會向發行公司要求轉換。相反的，當可轉換公司債持有人於普通股股價下跌時，通常會持有可轉換公司債直到到期日。

轉換公司債發行時的定價，如果比面額10萬元來的高，就是溢價發行，例如可轉換公司債每股100元，發行時每股101.5元，發行溢價則是每股1.5元。投資人在公司業績尚未臻理想時，可持有可轉換公司債，至少保本（假設公司不倒閉）；在公司業績進入佳境時，將其轉換為股票，享受優厚股利及其他股東權益。

可轉換公司債市場價格的下限，就是指公司債的市價，上限則是股票的市價。可轉換公司債的價格，隨發行公司股價上升而上升，有時候也會隨發行公

可轉債的計算方式

以華碩一為例，CB面額100,000元，轉換溢價率130.5%，轉換價格105.4元（訂價日參考股價為80.7元），票面利率為0%，將參考價格乘以轉換溢價率，就是轉換價格了。以華碩一來說，轉換價格就是105.4元（＝80.7×1.305），所以一張100,000元的CB只能轉換成948股（＝100,000÷105.4）華碩的股票。

司股價下跌而下跌。可轉換公司債不但保本性較股票強，亦可與股票同樣享受漲價的差價利益。當可轉換公司債的轉換價格低於普通股市價時，投資人可以買進可轉換公司債，放空普通股，進行套利交易。

可轉換公司債最大的風險在於：可轉換公司債到期時，公司是否還得出錢來？如果不倒閉，最少也可領回本金每張10萬元；如果公司還不出錢來，只好進入債權協商。所以，可轉換公司債分為有擔保可轉換公司債和無擔保可轉換公司債。所謂有擔保可轉換公司債，通常由銀行做為擔保的金融機構，投資人不用擔心倒帳風險；至於投資人購買無擔保可轉換公司債，則是著眼於發行公司債信優良，不用擔心倒帳情況的。

1. 轉換公司債的買賣價格未滿150元者，其升降單位為「0.05元」
2. 買賣價格150元以上～未滿1,000元者，其升降單位為「1.0元」
3. 買賣價格1,000元以上者，其升降單位為「5.0元」

轉換公司債的名稱，通常在普通股股票名稱後會多出「一」、「二」或「三」……等的證券名稱，就是該發行公司所發行的轉換公司債，如：「鴻海一」即指鴻海電子國內第一次轉換公司債，「遠雄三」即指遠雄建設國內第三次轉換公司債。而轉換公司債五個阿拉伯數字代碼中的前四碼為公司代號，最

後一碼為第幾次可轉債，如「福華二」的代碼82852，前四碼8285為公司股票代號，最後一碼「2」即福華第二次的轉換公司債。

綜合上述對可轉債的描述，我們可將其主要特性歸納如下七個重點：

1. 結合債權與股權的債券；

2. 當轉換公司債市價下跌時，投資人仍可保有本金；

3. 若股票市場表現不錯時，可轉換為普通股股票，獲取資本利得；

4. 債權保障與一般公司債同，償還本金及債息的順位高於普通股股權；

5. 當股價上漲時，投資人可放棄領取固定收益的權利，將轉換公司債轉換為股票，賣出股票，賺取差價；

6. 轉換價格會隨著公司配股而向下調整，同樣達到參加**除權❹**的作用；

7. 市場流通性較普通股差。

可轉換公司債商品規格

❶ 票面金額

可轉換公司債每張票面金額為10萬元，是未來依票面利率計算債息收入、到期償還本金，或依轉換價格，計算每張可轉換公司債可轉換幾股普通股的計算基準。

❷ 票面利率

是投資人每年可領取的利息，因可轉換公司債提供投資人將債權轉換為股票的選擇權，所以投資人必須犧牲部分利息收入，因此可轉換公司債的票面利率，都會較普通公司債低，甚至可發行零票面利率的可轉換公司債。

③ 轉換價格

指投資人在未來一定期間內，將可轉換債券轉換為股票的每股價格，當股票市價大於轉換價格時，投資人即可將它轉換為股票，獲利了結。

④ 轉換溢（折）價比率

指公司發行可轉換公司債時，所訂的轉換價格比當時的普通股市價較高（或低）的比率。

⑤ 保障收益率

1. 公司贖回殖利率：指在一段期間後、特定的條件下，公司有權利以當初所約定的價格贖回可轉換公司債，而投資人必須接受此事實；2. 投資人賣回收益率：指投資人在一定期間後，有權利以所約定的價格，要求發行公司買回可轉換公司債，而發行公司必須履行約定買回。

⑥ 轉換凍結期

指轉換公司債發行後的一段時期內，債券持有人不得將轉換公司債轉換為普通股，此段期間即稱為「轉換凍結期」，目前金管會規定：凍結期間不得少於三個月，長於六個月。

⑦ 權利證書股本變更登記次數

即債券持有人把「轉換公司債」轉換為「換股權利證書」後，發行公司於一年內會將「換股權利證書」轉換為「普通股」的次數，通常一年會有兩次的股本變更登記，即「無償配股基準日後」及「債息基準日」，發行公司可自行訂定股本變更登記次數，一次、二次、四次均可。

可轉換公司債的投資策略

　　對於想要進場買進轉換公司債的投資人而言，下列幾項原則要非常注意，否則很容易遇到該普通股股票漲，但你的可轉債卻不漲，或者可轉債投資明明就沒有什麼風險，最後卻栽在發行公司違約的陷阱裡。

❶ 價外程度太深的可轉債不要介入

　　如果是看好發行公司普通股未來價格走勢，但又想要擁有**下檔保護❺**而投資可轉債時，有一件事粗心不得，那就是要看看該可轉債的轉換價格與標的股票市價的關係，當前者遠高於後者，即所謂的**價外程度太深❻**，例如某一可轉債的轉換價格目前為50元，假設標的股價為20元，可轉債市價為102元。在此情況下，可轉債市價並不容易隨著標的股價上漲，除非標的股有機會上看50元以上，可轉債開始進入價內狀態，其市價才有可能因為轉換價值的逐步提升，而開始上揚。

❷ 可轉債市價太低，通常表示發行公司有違約可能

　　如果某一可轉債市價遠低於面額100元，通常透露出一個訊息，那就是市場強烈質疑該可轉債發行公司的償債能力，對此投資人宜抱持謹慎的態度，畢竟這是相當投機的行為。例如可轉債的市價每股只有40元，表示市場對於該公司的債信有很大的疑慮，甚至連那種僅能保本的可轉換公司債都不要買。

❸ 留意轉換價格重設時點及幅度

　　標的價格如果有重設時，需要注意可轉換的股票數，從而獲利。例如轉換價格剛好遇到重設時點，並且往下重設到40元，由於轉換價格變成40元，代表每一張可轉債可以換得2.5張（＝100÷40）股票，只要標的股票有波段行情值得期待，該可轉債將會變得很容易進入價內狀態，這使得原本深度價外的可轉

表2-1-1 文曄科技發行第一次可轉換公司債商品規格

可轉換公司債名稱	文曄一（30361）
發行總額	新台幣3.0億元
有無擔保	無擔保
票面金額	10萬元
發行期間	5年
票面利率	0.0 %
轉換價格	以11/06為轉換價格訂定基準日，取其前10個營業日、前15個營業日、前20個營業日之發行公司普通股收盤價，簡單算術平均數之孰低者，乘以101.0%。
轉換價格調整	一、發行公司普通股股份發生變動。（現金增資、盈餘轉增資、資本公積轉增資等） 二、有低於每股時價之轉換價格再發行轉換公司債。 三、轉換價格重設條款。（向下調整，向上則不予調整）
轉換價格重設條款	分別以2001-2006年之本公司召開股東會之董事會日期為基準日，按前述轉換價格之訂定模式向下調整轉換價格（向上則不予調整），惟不得低於發行時轉換價格之80.0%。
發行公司贖回收益率	一、本轉換公司債發行滿一年起至發行期間屆滿前40日止，若普通股收盤價連續30個營業日超過當時轉換價格達50.0%時，發行公司以下列贖回收益率收回轉換公司債。 二、本轉換公司債發行滿三個月起至發行期間屆滿前40日止，其尚未轉換的債券總金額低於發行總額之10.0%（0.3億元）時，本公司以下列贖回收益率收回。 ・發行滿三個月至滿三年，以年利率4.5%贖回。 ・發行滿三年至滿四年，以年利率4.75%贖回。 ・發行滿四年至到期日前40日，以年利率5.0%贖回。
債券持有人賣回溢價	一、發行滿三年，債權人得以114.12%賣回。（年利率4.50%） 二、發行滿四年，債權人得以120.40%賣回。（年利率4.75%）
轉換凍結期	發行日起三個月
股本變更登記次數（轉換成普通股次數）	一年四次： 一、決定當年度股東常會之董事會開會日（不含當日）之前7日。 二、當年度本公司無償配股基準日或配息基準日（以日期較晚者為主），無辦理則改為6月27日。 三、9月27日。四、12月27日。
轉換期間	發行日起三個月至到期日前40日止（除暫停過戶期間外）

◎資料來源：日盛金控

債，變得更有機會隨標的股價上漲。在觀察可轉債的投資機會時，除了留意其價內外狀態，及賣回權的行使日期之外，更可以善加利用重設權的好處。

❹ 套利交易

可轉換公司債市場價格的下限，是公司債的市價，上限即是股票的市價。可轉換公司債不但保本性較股票強，也可跟股票同樣享受漲價的差價利益，是投資人保本生息最好的投資對象。當可轉換公司債的轉換價格低於普通股市價時，投資人可以買進可轉換公司債，**放空普通股❼**，進行套利交易。

近年券商積極開發新種衍生性金融商品業務，已核准辦理CB「拆券」業務。所謂「拆券」是指，金融機構將可轉換公司債（CB）拆為普通公司債與選擇權兩個部分，並分別出售給公司債投資人與選擇權投資人。如此，原先的CB便拆為兩項交易：一是債券端，金融機構可以約定利息報酬，與債券投資人就該公司債進行附買回交易，金融機構取得資金後，再用於其他投資，賺取孳息付給債券投資人；另一端則是選擇權交易，由選擇權買家支付金融機構一筆權利金，取得在契約到期日前，可隨時買回該轉換公司債的權利。一般而

> **報你知**
>
> #### 投資可轉債須長期資金
>
> 目前國內可轉債市場，單一發行公司發行總額大部分都在20億以下，但2006年鴻海精密發行的新台幣180億元可轉換公司債，證券代號：23171，金額卻創下史上新高，轉換溢價率145.7%也是最高紀錄。以面額10萬元來算，在外流通的籌碼多在兩萬張以下；再加上可轉債條款的優越性，往往成為發行公司大股東、證券承銷商等法人基本部位，使得市場籌碼稀少。由於流動性的考量，建議無論是投資或是套利，投資可轉債都應該是中長期性的資金，以免因流動性不足，而蒙受損失。

言，CB的選擇權部分（又稱CBS或CBAS）是由公司大股東或看好公司前景的投資人購得，在持有期間，可隨時按照契約價格取得CB轉換後的股票，享受股價上漲利得，也解決股權可能遭稀釋的問題。

可轉債實例

表2-1-2 正崴精密發行可轉換公司債條件

債券名稱	正崴精密工業股份有限公司國內第一次無擔保可轉換公司債
發行總額	新台幣50億元
發行期間	5年
票面利率	0%
到期還本	到期時由正崴公司依債券面額以現金一次還本
擔保情形	本債券為無擔保債券
轉換期間	債權人自本轉換債發行滿一個月之次日起，至到期日前10日止，除一、依法暫停過戶期間；二、該公司向台灣證券交易所（以下簡稱「交易所」）洽辦無償配股停止過戶除權公告日前三個營業日起，到權利分派基準日止、現金股息停止過戶除息公告日前三個營業日起，到權利分派基準日止、現金增資認股停止過戶除權公告日前三個營業日起，到權利分派基準日止之期間外，得隨時向該公司請求依本辦法將本轉換債轉換為股票，並依本辦法第11條、第12條、第17條規定辦理。
轉換價格	以訂價基準日前一、三、五個營業日之該公司普通股收盤價簡單算術平均數孰低，乘以溢價率130%，轉換價格為154.1元。

圖2-1-3 立隆電第二次可轉債 走勢圖

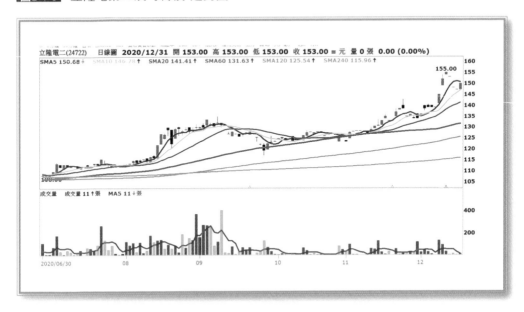

表2-1-4 可轉債行情表

代碼	商品	買進	賣出	成交	漲跌	漲幅%
18155	富喬五	104.00	104.95	--	--	--
20067	東和鋼鐵七	156	158	160=	▲ 4.00	+2.56
20315	新光鋼五	124.90	126.50	126.45↑	▼ 0.05	-0.04
20343	允強三	124.10	125.80	125.60↓	▼ 0.10	-0.08
20631	世鎧一	109.10	109.80	109.10↓	▲ 0.10	+0.09
20651	世豐一	117.05	124.00	--	--	--
22081	台船一	115.85	116.40	115.85↑	▼ 0.25	-0.22
22282	劍麟二	110.00	113.50	--	--	--
22392	英利二KY	97.00	102.00	--	--	--
22431	宏旭一KY	96.30	96.70	--	--	--
24392	美律二	114.70	115.00	115.45=	▲ 1.25	+1.09
24566	奇力新六	125.00	126.00	125.50↓	▼ 0.05	-0.04
24663	冠西電三	105.30	105.70	105.30↓	▲ 0.10	+0.10
24722	立隆電二	151	159	--	--	--
24723	立隆電三	137.50	140.00	--	--	--
24921	華新科一	115.10	115.45	115.10=	▲ 0.50	+0.44
25282	皇普二	112.10	121.00	--	--	--
25355	達欣工五	163	166	--	--	--
25391	櫻花建一	121.05	135.00	--	--	--
25392	櫻花建二	123.00	136.00	136.00=	0.00	0.00
25425	興富發五	120.85	121.20	120.85↓	▼ 0.35	-0.29
26095	陽明五	300	303	303=	▲ 27.00	+9.78
26106	華航六	104.00	104.35	104.20↓	▲ 0.05	+0.05
26183	長榮航三	105.00	108.50	--	--	--
26184	長榮航四	116.00	116.65	116.50↓	▲ 0.20	+0.17
26301	亞航一	100.00	101.00	100.50↑	▲ 0.45	+0.45
26302	亞航二	100.30	101.50	--	--	--

❓ 這個名詞怎麼解釋

❶ 轉換比率（Conversion Ratio）

指公司發行可轉換公司債時，所訂的轉換價格比當時的普通股市價較高、或較低的比率。

❷ 詢價圈購

承銷商探詢市場實際需求狀況，據以訂定承銷價格，並配售給有意承購的投資人。投資人的圈購張數在規定的上下限內並無限制，而且不限自然人。而且只能向辦理股票承銷的承銷團表達認購意願，但必須是集保戶，承銷商才能受理。圈購的數量上，是由承銷團決定配售名單。

❸ 現金增資

公司在擴充資本時，可以用發行新股的方式進行，而發行新股又可分為現金增資及盈餘或資本公積轉增資。簡單的說，現金增資是發行新股的一種方式。例如A公司要發行現金增資，承銷價48元，每人限購三張，亦即你可用48,000元（=48×1000股）買到一張。

❹ 除權

就是公司配發股票股利、或現金增資，而向下調整股價。除權參考價＝前一交易日該股收盤價／（1＋配股率）。例如：A公司決定於7月15日除權500股（配股率即為50%）。7月14日的收盤價為150元，那麼在7月15日除權當天的參考價將為（150/1+0.5）=100元。

❺ 下檔保護

連動債投資期間內，只要跌幅不超過下檔保護的範圍，當投資期限一到，投資人就可以贖回百分之百的本金；反之，如果跌幅超過下檔保護的範圍，投資人就必須要承擔連標的低於下檔保護底限的損失。以下檔保護30%為例，當投資金額100元，若該商品價格跌破了30%時，也就是市價跌破70元，原先的保本特性便遭受侵蝕而不再能保本，或於跌破此一下檔條件時，自動出場結算金額、或轉換為該檔連結商品，就是所謂的下檔保護。

❻ 價外程度太深

是指可轉債價格與市價相比，偏低太多者，這樣的情況會比較危險。

這個名詞怎麼解釋

❼ 放空普通股

就是當你認為某家公司股價即將下跌；但你手中沒有這張股票，便可以向你的券商開立「股票信用交易戶」。手續完成後，就能向券商先借出你想要賣出的張數。例如你覺得中華電（2412）這家公司的股價近期可能會下跌，但你並沒有該股，這時便可向券商「融券」賣出10張中華電，當時股價為90元。一個月後，你發現該股真的下跌到80元，如果你覺得中華電已經沒有再下跌的空間了，那麼你就可以買回當時向券商融券的股票10張還給券商，就稱為「融券買進」也就是俗稱的「回補」，你的獲利（手續費與證交稅不計）就是10萬元〔（90-80）×1000股×10張〕。

你不能錯過

當股市走多時，除權題材通常會引爆第三波行情。第一波是公司開完董事會後，宣布股東會召開日期及盈餘分派，如果分派股利較市場預期高，且又以股票股利為主的話，會先啟動第一波的股利行情；第二波是股東會之前三個月的董監行情，如果該年度有董監改選的議題，且公司派持股不足，市場派又有興趣時，就會引爆董監行情；第三波就是除權，也就是投資人為了分配股息、股利的權利而進場買進股票。在台灣，除權行情多半被視為「偏多」，但若想將參與除權的風險降到最低，還得選擇獲利成長、產業前景佳的公司，會比較有保障。

2-2 認購（售）權證－槓桿效果特高的熱門商品

權證是什麼？

認購（售）權證起源60年代的美國，發展至今已有超過五十年的歷史，其性質隨著時間及市場的需求，由過去的傳統目的－－員工的獎勵方案，轉而成為公司籌措長期、或低成本資金的促銷工具，最後演變成股票市場槓桿投資的工具。相較於投資「股票」而言，認購（售）權證是一種以小搏大的金融商品，只要投資少量的金額，就可以得到與投資股票相同的獲利，甚至可以獲得投資金額數倍的利潤，這種特性稱為「槓桿效果」（Leverage Effect）。

權證（Warrant，香港人把權證說成「窩輪」，就是英文音譯）是選擇權的一種，權證分為認購權證和認售權證兩種。所謂的認購權證（Call Warrant）是投資人站在買方，在期初支付權利金購買權證，於契約期間內或到期時，向發行券商以事先約定好的金額（履約價），買進一定數量的標的證券，或現金結算賺價差。認售權證（Put Warrant）則是投資人站在賣方，發行券商用上市公司的股票為標的發行的賣出權利，投資人可在一定期間內或特定到期日，按履約價格向發行人賣出該張股票，或以現金結算方式收取價差。

其實認購（售）權證的運作原理，很像股市裡的融資融券，只不過權證的槓桿倍數遠高於融資融券，也沒有追繳保證金的問題，因此權證除了可以賺取股價漲跌時的利潤外，更可以做為避險的工具。

簡單的說，認購權證適合市場走多時操作，股價上漲，認購權證的市價就跟著漲，而認售權證則適合在空頭市場中操作，或規避多頭部位的價格下跌風險，因股價下跌，認售權證價格就會上漲。

權證操作實例

比如有一檔聯發科的認購權證，履約價為400元，期間為半年，此時聯發科的股價如果超過400元越多，你的認購權證權利金的價格就會漲得越兇，但如果買了聯發科權證過半年後股價都還沒漲到400元，那你投資下去的錢可能全部都會變成一場空，所以風險很大。再以聯發科認售權證為例，假若當時股價為320元，履約價250元，當股價跌破250元，該認售權證就開始有履約價值，此時認售權證權利金的價格就會漲得越兇，因此當聯發科掉到150元時你就會賺翻，但若半年到期了，卻連250都沒跌下去過，那麼你的錢就全部化為0。

權證的契約專有名詞

❶ 標的資產

權證的標的資產不僅只有股票一種，舉凡股價指數、利率、匯率、期貨等金融商品，也可成為權證的標的資產，惟目前台灣證券交易所只開放個別股票，與一籃子股票的認購權證、或認售權證。

❷ 認購（售）價格

權證在發行時，會先約定一個價格，將來依此價格認購或認售標的證券，此事先決定的價格即所謂的認購價格（Strike Price）或執行價格（Exercise Price）。一般來說，認購價格是固定的，若遇到標的證券除權、或除息時，則可依事先約定的公式調整。

比方你打算買進一檔台積電認購權證，到期日為半年、履約價55元、行使比例1：1，若到期時台積電的股價為70元，投資人可以執行權利，以履約價55元向發行券商買進一張台積電股票，每股產生價差15元（=70-55），一張台積

電認購權證就可賺到15,000（＝15×1,000）元入袋。

❸ 到期日

認購（售）權證會有一個到期日，過了到期日，此認購（售）權證的契約就算無效。與選擇權一樣分為歐式與美式兩種，若投資者只能在最後到期日行使權利，稱為歐式認購（售）權證，若投資者可於到期日前的任何交易日行使權利，則為美式認購（售）權證。雖然對發行券商行使的時間不同，但是只要權證的價格上漲，投資人還是可以在次級市場上賣出，賺取差價。

❹ 權利金

權利金為投資人取得認購權證權利所支付的金額，一般以發行標的證券市價之百分比表示，之後不管投資人是否行使權利，此權利金不會再退還給投資人，故可視為沈沒成本，一般我們看到的權證價格，就是該權證的權利金價格。

❺ 槓桿倍數

槓桿倍數（Gearing）定義為標的證券價格除以認購（售）權證售價。通常用來估計當標的證券價格變動1%時，認購權證價格變動的百分比。

❻ 履約方式

認購（售）權證的履約方式可分為實物交割、現金結算、發行人指定三種。

1. 實物交割：係指投資者行使權利時，認購權證的發行人或認售權證的持有者，以實體證券交予投資者（標的證券的買方）。

2. 現金結算：依交割當時的標的證券市價與履約價格的差額，扣除手續費後的金額，發行人以現金的方式付給權證持有人。

3. 可選擇結算型：當投資人請求履約時，認購權證的發行人、或認售權證的持有者，得選擇以現金結算或實物交割。

❼ 執行比例

執行比例，代表每一單位的認購（售）權證所能認購（售）證券的數量，如果執行比率是1，即每單位的認購（售）權證只能請求 1 單位的執行比例；如果執行比率是0.2，即每單位之認購（售）權證只能請求0.2單位的執行比例。

權證的特色

❶ 初級、次級市場皆可交易

對一個投資人來說，購買權證如同買賣股票，只要在券商開立證券交易帳戶，在簽過了解投資權證具有風險的聲明書後，即可開始買賣。權證可在**初級和次級市場❶**交易，初級市場是投資人在權證剛發行時，直接向發行券商申

報你知

成本槓桿倍數怎麼算

若你想用買股票的錢來買認購權證，所能買到的倍數，就是所謂的「成本槓桿倍數」。因此股價除以認購權證價格的倍數，稱為「成本槓桿倍數」（Gearing，or Leverage）。事實上，成本槓桿倍數乃是投資認購權證，資金成本的融資成數。算式如下：

$$成本槓桿倍數 = \frac{股價}{認購權證價格／執行比例}$$

表2-2-1　權證依權利內容分類

詞　彙　名　稱	名　詞　解　釋
認購權證（Call Warrants）	有權（非義務）於契約期間內或到期時，以事先約定的價格買進約定數量的標的證券。
認售權證（Put Warrants）	有權（非義務）於契約期間內或到期時，以事先約定的價格賣出約定數量的標的證券。

表2-2-2　認購權證的手續費與交易稅

		手續費	交易稅
權證上市交易		0.1425%	0.1%（權證賣出價金）
履約	證券給付	0.1425%（履約價金）	發行人：0.3%（履約價金）
	現金結算	0.1425%（履約價金）	發行人：0.3%（履約價金） 持有人：0.3%（結算價金）

　　購，繳款後權證會劃撥進入集保帳戶，須注意權證從發行到上市日有10天是不能動用的，投資人須承擔這期間內股價可能下跌的風險。

　　至於在次級市場交易，則如同一般股票買賣，只不過因權證發行量有限，若上市後流動性不佳，權證價格可能與標的股價偏離，投資人就無法賺到預期利潤。至於交易成本，若投資人選擇剛發行的初級市場，購買時可免0.1425%的手續費，而權證交易稅為千分之一，亦較股票的千分之三為少。

　　一般來說，目前在國內發行的權證約有幾千檔，投資人可在到期日前的任何時間要求履約，但由於權證具有**時間價值**❷，大部分投資人都會傾向在市場上買賣，以賺取時間價值為主，少有提前要求履約者。

➋ 具高槓桿特性

權證最顯著的特色就是以小搏大，不過在運用權證高槓桿好處的同時，也應該了解權證的相關特性。

1. 投資風險較期貨低：投資人購買權證後，損失最多只有購買權證時所支付的權利金（其價格隨標的股票股價而漲跌），不像期貨會被追繳保證金。

2. 高財務槓桿、獲利空間大：權證投資具有比股票融資更大的槓桿效果，能以較少的資金從事以小搏大的高報酬投資，理論上標的股票上漲1%的時候，權證就可以漲到兩、三倍，但相對地風險也高。

3. 提供避險功能：當股市震盪大時，可作為反向操作來規避風險，投資人可購買認售權證來保障股票現貨價格下跌的風險。

4. 小心無法履約風險：投資人宜慎選發行人（通常是證券商），並了解其財務實力，以免發生無法履約交割而血本無歸的慘事。權證標的股的選擇方法和選股票相同，當然要以營運狀況良好的公司為主。

5. 注意時間風險：權證具有時效性，在標的股股價沒有明顯波動的情況

表2-2-3 投資權證的優勢

	買進權證	買賣現股	融資
投入成本	10%~30%（價平權證）	100%	40%（融資成數60%）
投資期限	6個月~2年	無限制	信用良好者最長1年
最大損失	支付的權利金總額	所有的股票價金	需補繳的保證金
資金槓桿	3~10倍 or 更高	1倍	2.5倍
交易成本	手續費0.1425% 證交稅0.1%（非履約）	手續費0.1425% 證交稅0.3%	手續費0.1425% 證交稅0.3% 融資利息

◎資料來源：作者整理

表2-2-4 影響認購（售）權證價格的因素

影響因素	認購權證價值	認售權證價值
標的證券市價愈高	愈高	愈低
履約價格愈高	愈低	愈高
標的證券價格波動率愈高	愈高	愈高
距到期日時間愈長	愈高	愈高
利率	愈高	愈低

下，越接近履約日，權證價值越低。

❸ 賣出時點最重要

至於何時該賣出權證，綜合專家的看法，賣出權證的時機如下：

1. 到期前四週賣出較有利：由於權證的價值有隨時間遞減的特性，因此賣出時機可能影響獲利多寡。依據選擇權的定價理論，時間價值於到期前四週起遞減速率開始加快，在此時賣出選擇權，可獲得最大的資金使用效率。

2. 盤整❸震盪適合賣出：通常在大波段行情後，行情會陷入盤整震盪，由於市場不確定性高，此時權利金價值也較高。加上因是盤整格局，時間的消逝對賣方有利，所以，此時不賣更待何時？

影響權證價格的因素

❶ 基本因素

1. 總體經濟：總體經濟環境是否維持成長，利率及匯率的變動可能造成經營環境的考驗，經濟狀況不佳也可能降低對商品的需求。例如：GDP（Gross Domestic Product 國民生產毛額，表2-2-5）、貨幣供給額、台股類股漲幅圖

（圖2-2-6），同時指標和景氣對策信號燈（圖2-2-7）。

2. 產業景氣循環：目前各種產業處於景氣循環的哪一階段，在短期的未來是否有成長的機會，若已呈現衰退現象則應特別留意，最好選擇由谷底將要復甦的產業別。

3. 競爭優勢：個別公司在其產業中是否具競爭實力、能否擺脫競爭對手的牽制，有競爭實力者才能獲勝。建議由當期雜誌報刊中得知此類訊息。

4. 財報分析：利用企業財務報表中的數字，判斷企業的營運情況是否健全發展、沒有倒閉的危險？

❷ 主要因素

認購（售）權證是一種買賣的契約，認購（售）權證的價值應該受到五種因素的影響，包括標的股價、履約價格、股價波動率、存續期間及市場利率，而形成理論上應具有的價值。

1. 標的股票價格（正相關）：認購權證投資人可以用固定履約價格，向發行證券公司購買股票，如果標的股票價格越高，投資人相對得到的利益也就越多，認購權證價值越高。在買進認購權證後，股價在短期內大幅上揚，認購權證的獲利也會急速累積；相反的，股價下跌，投資人則會造成損失。

報你知

權證的發行數量

權證的發行數量範圍在5千張~10萬張間，但大多數券商多將數量定於2~5萬張間，發行數量相對於股票少，市場流動性低。因此會發生要買時買不到，要賣時賣不掉，因而產生所謂的流動性風險。

表2-2-5 主要國家平均每人國民生產毛額（GDP）

幣別：美元

主要國際機構預測美國經濟成長率			
預測單位	2020年	2021年	發佈時間
聯準會	-3.7%	4.0%	2020.9
IMF	-4.3%	3.1%	2020.10
OECD	-3.7%	3.2%	2020.12
World Bank	-6.1%	4.0%	2020.6
平均	-4.5%	3.6%	

圖2-2-6 台股類股漲幅圖

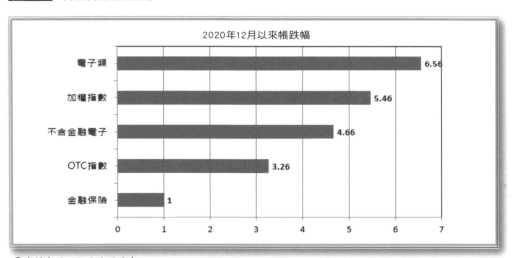

◎資料來源：行政院國發會

2. 履約價格（負相關）：履約價格對於認購權證價值的影響，剛好與標的股價的影響程度相反。當履約價格越高時，投資人要執行買進股票的權利時，需要付出越高的金額；相反的，履約價格越低，付出金額越少。從另一角度看，履約價格越高，標的股價超越履約價格的機率低，對投資人來說表示這張認購權證越不值錢，因此認購權證的價值與履約價格呈反向關係。

3. 標的股價波動率（正相關）：標的股票的股性越活潑，股價越不會停滯不前，反而有可能發生向上突破的漲勢，或向下修正的跌勢。在國內的認購權證市場中，電子類股的股價波動率較高，如果公司有利多訊息發表，股價呈現上漲的態勢，因此以電子類股為標的的認購權證數量最多。

4. 存續期間（正相關）：認購權證距離到期日越遠，存續期間越長，標的股價有越多機會可以大幅超過履約價格，因此認購權證價值越高；相反的，存續期間越短，認購權證可能很快就失效，超越履約價格的機會也就降低，因此認購權證價格越低。

圖2-2-7 台灣過去一年景氣對策信號分數與燈號

	景氣對策信號(分)	景氣對策信號(燈號)
Nov-20	30	
Oct-20	28	
Sep-20	27	
Aug-20	26	
Jul-20	21	
Jun-20	19	
May-20	19	
Apr-20	19	
Mar-20	20	
Feb-20	24	
Jan-20	25	
Dec-19	27	
Nov-19	24	
Oct-19	19	

◎資料來源：行政院國發會

5. 市場利率（正相關）：市場利率越高，認購權證的「機會成本」越高，所以認購權證價值應該越高。一般而言，利率因素的影響，並不如其他因素對認購權證的價值影響那麼重大。

權證實例

我們以富邦F7為例子來說明（參考附表2-2-9），

表2-2-8 影響權證價格的因素

	認購權證	認售權證
標的股票↑	↑（上升）	↓（下降）
履約價格↑	↓	↑
波動率↑	↑	↑
存續期間↑	↑	↑
市場利率↑	↑	↓

它是一檔認購權證，連結的標的物是台塑；執行比率為0.2，表示買1張富邦F7的認購權證只能換0.2張的台塑股票（200股）；他的到期日是2010年7月28日，表示到2010年7月28日以後該權證就失效；履約價是69.83，也就是台塑股價要高於69.83才有履約價值。2010年1月6日台塑的收盤價65.9，在當時該權證是沒有履約價值，也就是沒有內含價值，當天富邦F7權利金的市價為0.81，只是時間價格。

是市場上目前以實業為標的的權證，我們以統一NB為例，它是一檔認購權證，連結的標的物是宏碁；執行比率為0.5，表示買1張統一NB的認購權證只能換0.5張的宏碁股票（500股）；他的到期日是2010年3月1日，表示到2010年3月1日以後該權證就失效；履約價是79.34，也就是宏碁股價要高於79.34才

報你知

認購（售）權證應該怎麼操作

一、直接投資：若是你手中缺乏現股，或想持有更多的現股時，可以直接購買認購權證；二、現股轉換：手中持有現股的投資人若想增加資金部位，可同時賣出現股，買進認購權證，即以不同方式投資同一種股票，但這種方式僅適合短期操作，因為認購權證有到期日；三、套利交易：當你發現這支股票價格被市場低估時，不妨買入認購權證、同時賣出現股。當認購權證價格向上調整時，即賣出認購權證同時買進現股，從中獲得利潤。因為同時一買一賣，風險便可降低。

表2-2-9 富邦F7合約規格

富邦F7(07172) 12:31:53 0.81s ▼0.01 -1.22% 399張

富邦F7(07172)基本資料			
權證全稱	富邦F7台塑20100728美購		
標的股	臺塑	目前履約價	69.83
執行比例	0.200	目前上限價	
權證類型	美式,重設型,認購權證	價內/外程度	5.63% 價外
原始履約價	97.95	隱含波動率	31.09%
發行量(張)	20,000	歷史波動率	26.52%
發行日	2009/12/22	Delta	0.0834
上市日	2009/12/29	Gamma	0.0066
最後交易日	2010/07/26	Theta	-0.0029
到期日	2010/07/28	Vega	0.0349
履約開始日	2009/12/29	Rho	0.0223
履約截止日	2010/07/28	成本槓桿	16.2716
理論價格	0.6497	有效槓桿	1.3571
內含價值	0.0000	30天歷史波動率	22.93%
時間價值	0.8100	60天歷史波動率	20.58%
無風險利率	0.90%	90天歷史波動率	19.85%

說明:以02/10 收盤價為計算基準。

表2-2-10 以聯電為標的的認購售權證

聯電(2303) 13:19:58 45.65= ▼1.50 -3.18% 386758張

代碼	商品	成交	漲跌	漲幅%	單量	總量
073834	聯電元大04購13	3.51↓	▼ 0.35	-9.07	1	30
074527	聯電元大04購16	5.25	▼ 0.85	-13.93	17	17
04585P	聯電元大05售04	0.38↓	▲ 0.05	+15.15	30	140
04596P	聯電元大05售05	0.65↑	▲ 0.12	+22.64	80	112
04685P	聯電元大05售06	--	--	--	0	0
05040P	聯電元大05售11	1.25↑	▲ 0.16	+14.68	10	100
05041P	聯電元大05售12	1.28	▲ 0.11	+9.40	1	1
073360	聯電元大05購01	--	--	--	0	0
074211	聯電元大05購02	2.79	▼ 0.56	-16.72	4	4
075015	聯電元大05購03	3.51↓	▼ 0.44	-11.14	5	496
077156	聯電元大05購07	--	--	--	0	0
077157	聯電元大05購08	3.70↓	▼ 0.69	-15.72	6	125
077158	聯電元大05購09	4.18↑	▼ 0.56	-11.81	2	96
077243	聯電元大05購10	3.07↓	▼ 0.92	-23.06	6	26
077559	聯電元大05購13	2.60↓	▼ 0.31	-10.65	1	843
077560	聯電元大05購14	2.52	▼ 0.62	-19.75	10	10
077561	聯電元大05購15	2.45	▼ 0.41	-14.34	1	1
05277P	聯電元大06售10	1.76↓	▲ 0.08	+4.76	20	207
05293P	聯電元大06售16	3.52↓	▲ 0.19	+5.71	5	758
05333P	聯電元大06售17	3.14↓	▲ 0.42	+15.44	11	44
05334P	聯電元大06售18	3.11↓	▲ 0.21	+7.24	5	246
05437P	聯電元大06售21	2.00↑	▲ 0.23	+12.99	10	137
05568P	聯電元大06售24	1.42↓	▲ 0.08	+5.97	12	435
05569P	聯電元大06售25	1.33↑	▲ 0.13	+10.83	2	236

有履約價值。以2010年1月6日宏碁的收盤價87.4,在當時該權證是有履約價值,當天的內含價值為3.33,時間價值為1.44,當天統一NB權利金的市價為4.77,漲幅高達21.07%。

表2-2-11 以台積電為標的的認購售權證

代碼	商品	成交	漲跌	漲幅%	單量
073661	台積電群益04購06	0.83↑	▲ 0.13	+18.57	5
073668	台積電麥證04購01	2.48=	▲ 0.28	+12.73	2
073676	台積電凱基04購12	2.73↑	▲ 0.46	+20.26	10
073691	台積電元大04購13	3.09=	▲ 0.42	+15.73	2
073692	台積電元大05購04	2.41↑	▲ 0.26	+12.09	15
073693	台積電元大05購05	3.70=	▲ 0.35	+10.45	2
073754	台積電元富08購23	--	--	--	0
073755	台積電元富08購24	--	--	--	0
073823	台積電麥證04購02	4.33	▲ 0.55	+14.55	287
073840	台積電元大04購14	1.79↑	▲ 0.26	+16.99	20
073841	台積電元大04購15	2.92↑	▲ 0.27	+10.19	25
073842	台積電元大04購16	2.86↑	▲ 0.29	+11.28	1
07392P	台積電國泰02售01	--	--	--	0
074002	台積電凱基04購14	4.35=	▲ 0.57	+15.08	3
074003	台積電凱基04購15	4.29	▲ 0.16	+3.87	3
074045	台積電元大07購02	2.32↑	▲ 0.17	+7.91	10
074075	台積電元富08購25	--	--	--	0
074076	台積電元富08購26	4.96=	▲ 0.31	+6.67	14
074093	台積電永豐04購02	2.42=	▲ 0.28	+13.08	2
074112	台積電群益05購04	2.39↑	▲ 0.27	+12.74	1
074137	台積電元大04購19	5.05=	▲ 0.43	+9.31	3
074176	台積電元富08購28	--	--	--	0
074177	台積電元富08購29	4.96↓	▲ 0.30	+6.44	1
074193	台積電富邦08購02	1.89↑	▲ 0.12	+6.78	6
074213	台積電元大04購21	5.60=	▲ 0.61	+12.22	12

台積電(2330) ⑤ 13:21:30 540= ▲10.00 +1.89% 33545張

我們再以宏碁為標的物的認購（售）權證為例子向大家說明，在類型欄分為認購和認售，認購權證是投資人購買一個買進宏碁股票的買權，認售權證是投資人購買一個賣出宏碁股票的賣權。

圖2-2-12 台積電元富07購10

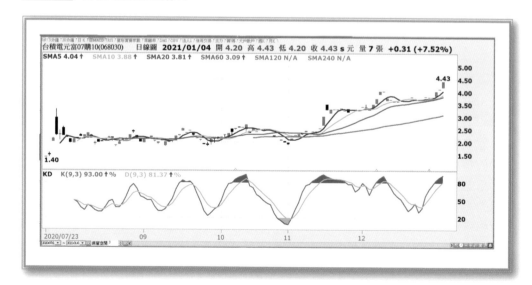

 這個名詞怎麼解釋

❶ 初級市場(Primary Market)＆次級市場(Secondary Markets)

初級又稱發行市場，是企業籌措新資金的市場。發行目的為籌措中、長期的資金，辦理新債券發行的市場，通常此市場沒有固定的發行時間與地點，屬於無形的市場，依發行目的不同，發行方式也不同。次級市場係指初級市場發行後，有價證券買賣的交易市場。

❷ 時間價值

有人說買權證就是買一個機會，權證的存續時間愈長（例如：權證還有6個月到期，和只剩5天就到期之間的差異），機會就愈多，時間價值也會愈大。如果你買了這張權證，權證連結的標的股，其股票價格卻不動如山，那麼你手裡的權證價值就會愈來愈小，因為越接近到期日，就代表實現這個機會的空間越小。

❸ 盤整(Correction)

亦稱股價整理，是指股價在一段時間內波動幅度小，沒有明顯的上漲或下降趨勢，股價呈牛皮整理，是投資者最迷惑之時，此時不宜投資權證，因為權利金的價格都會被時間價格吃掉。

 你不能錯過

　　權證操作心法有以下兩個：一、觀察個股走勢：最好是挑選股本小、股性較活潑的標的，一旦發覺大盤開始反彈向上，就去追「認購權證」；相反的，若個股股價跌破支撐，就應該去搶「認售權證」；二、觀察現股強弱決定權證進出，不戀戰：只要現股價格轉弱，或是停止不動，就快速轉倉出場，轉進其他更會往上衝的標的，因此權證適合短線進出，不適合長線操作。

2-3 存託憑證－讓你輕鬆投資全世界

存託憑證是什麼

　　全世界第一個存託憑證（DR），是1927年由美國人J.P.Morgan首創。它的目的就是為了讓美國的投資人也能投資外國證券，以降低直接投資國際市場的風險。存託憑證是一種可轉讓的有價證券。先由上市公司或股東，將公司股票交付保管機構保管，再經存託機構發行表彰該股票權利的憑證後，賣給市場上有意購買的投資人。

　　台灣存託憑證為存託銀行簽發，用來表彰外國有價證券的可轉讓憑證，持有該憑證和持有該公司普通股的投資者，兩者的權利義務相同，所表彰的有價證券則由存託銀行代為保管。當外國公司或有價證券持有人想在本國境內發行、或銷售它的有價證券時，要將一定數額的有價證券寄存於外國保管機構，並經由存託銀行簽發可轉讓的存託憑證。當本國人民購買存託憑證時，則相當於購買該外國有價證券。

報你知

查詢目前已掛牌的TDR

　　台灣存託憑證（Taiwan Depositary Receipt,TDR），又稱「第二上市」，指該企業已在國外上市，現在又在台灣申請上市，以存託憑證掛牌募資。2011年6月1日起台灣存託憑證實施公開申購承銷新制。公開申購比率由現行最高的35%提高到50%，中籤率明顯提高。10月3日起實施盤中暫停交易及盤中恢復交易，讓市場運作達到最適狀態並維護投資人權益。若想查詢當年度台灣掛牌的TDR有哪些？可進入公開資訊觀測站查詢。

表2-3-1 存託憑證的種類

種類名稱	憑證名稱	名詞解釋	備註
美國存託憑證	ADR	於美國發行的存託憑證	存託憑證持有人，可委由存託機構代為兌回憑證所表彰的有價證券，並將有價證券過戶至委託人帳戶中。
全球存託憑證	GDR	於全球發行的存託憑證	
歐洲存託憑證	EDR	於歐洲發行的存託憑證	
台灣存託憑證	TDR	在台灣發行的存託憑證	·一交易單位為1000單位。 ·面額一律為10元。 ·漲跌幅與升降單位，適用上市股票的相關規定。

存託憑證常會按照其發行地或交易地點不同，而冠上不同的名稱，在美國發行的稱為美國存託憑證（American Depositary Receipts, ADR）；在歐洲發行的是歐洲存託憑證（European Depositary Receipts, EDR）；在兩個以上國家發行的存託憑證稱為全球存託憑證（Global Depositary Receipts, GDR）；想當然，在台灣發行的就是台灣存託憑證（Taiwan Depositary Receipts, TDR）。

台灣存託憑證

就是外國某上市公司的發行人，委託存託銀行在台灣地區發行，表彰存放於保管銀行所保管有價證券之另種有價證券。TDR的持有人為外國發行公司的實質股東，得經由存託銀行對其所表彰原股之外國公司，主張利息、紅利、剩餘財產分配等股東應享權利。

TDR持有人主要以在國內市場賺取價差為主，但也可用下列方式透過存託機構申請兌回，持有人可依存託契約的約定，透過國內經紀商向存託機構提出，在原上市證券市場出售所表彰的股票，並申請取回售出價款且將價金轉換為新台幣後，循原申請管道交付給投資人。

　　現在掛牌的TDR來自不同國家的交易所，有香港、新加坡、泰國、南非，全世界各地的上市公司都可以來台灣申請TDR，但多以台商在海外已經掛牌後回台上市居多。TDR因為流通的數量少，容易被主力、公司派鎖定籌碼，加上TDR原上市地在國外，資訊揭露較不透明，投資人不容易掌握，除非在上市前認購，較可能有賺頭。若是在掛牌後才買進，建議你需要多了解公司基本面，否則被套牢的風險會較高。

　　TDR與國內上市上櫃公司股票的差異，在於證交稅較低，TDR的證交稅僅千分之一，低於股票交易的千分之三，但TDR需要掛牌上市半年後才可以融資融券，TDR為國內投資人提供一個投資國際企業的機會。

　　TDR在台是第二上市，不管是香港或是新加坡，兩地的股價不可能同步，一定會有價差，有些TDR與在原上市地掛牌的股票不見得是一股換一股，例如，兩張康師傅TDR只能換香港掛牌康師傅原股票一張，即一股TDR只等於0.5股現股。例如康師傅TDR的掛牌價是台幣50元，但因為他的一單位只有0.5股，所以，換算成原股票的話，一股要價則為台幣100元，但由於原股在香港掛牌，因此還要折算成港幣。

　　市場上也有專門從事現股與TDR之間的套利交易者，但投資人要了解，

報你知

日本首檔「爾必達」來台發TDR

2011年2月首檔日本企業，全球前三大DRAM品牌爾必達（Elpida Memory, Inc.）25日來台灣發TDR，以每單位21.3元正式掛牌上市，盤中價位僅落在21.35-21.4元區間，不甚亮眼，且於2012年3月28日下市。

任何套利都有風險。TDR套利風險如下，1. 流動性風險：不同市場的交易量不同，要小心賣不掉的風險；2. 匯率風險：跨境的套利還牽扯到外幣兌換，小心匯率風險；3. 交易風險：例如港股沒有漲跌幅限制，台股有10%漲跌幅限制。上述因素很可能會導致當初設定的套利價格出現變化，讓報酬率降低。

台灣存託憑證買賣

❶ 初級市場

　　台灣存託憑證尚未掛牌前，投資人可用「詢價圈購」和「公開抽籤」兩種方式取得股票。詢價圈購是股票上市時常見的一種購買方式，TDR亦同。此種購買方式是由承銷商尋找買主，通常是和公司或承銷商關係較好的法人、金主、大戶等較容易取得，而不是價高者就一定能得標。以康師傅TDR為例，據傳買主包括康師傅的經銷商、和發行券商－永豐證券往來關係好的法人比較容易取得，一般人想透過詢圈取得股票，並不容易。

　　另一是由一般投資人填寫申購單，向承銷商申請，最後透過電腦抽籤取得，完全靠機率，但每人張數通常只有一、兩張，不像詢圈張數可以多達數百張。至於中籤機率，要看申購人數多不多，如果很多人申請，中籤率就很低，像當時中國旺旺的中籤率就只有5%。

❷ 次級市場

　　上市之後投資人可以直接從股市買進，只要有股票戶頭，就能以電話、網路、現場等方式買進。如果沒有股票戶頭，可以拿身分證、印章，本人親自到證券商開戶，開戶完成，當天即可進行買賣。

查詢台灣存託憑證

你可以在入口網站輸入【公開資訊觀測站】，網址為http://mops.twse.com.tw/，點【投資專區】，裡面會有【台灣存託憑證專區】，這裡有兩大專區分別是【存託憑證的代號總表】和【收盤價彙總表】。【存託憑證的代號總表】條列出各TDR的存託憑證代號、存託憑證原股上市證券市場及證券代碼、公司名稱、公司英文名稱和原股掛牌交易所網址，例如中國旺旺控股有限公司代碼9151、在香港證券交易所代碼0151。【收盤價彙總表】裡會有TDR當天收盤價、成交量、原上市地收盤價、成交量，還有溢價、折價。

圖2-3-2 「台灣存託憑證專區」－「存託憑證的代號總表」

圖2-3-3　「台灣存託憑證專區」－「收盤價彙總表」

臺灣存託憑證收盤價彙總表

資料日期：99 年 02 月 10 日

公司代號	簡稱	原股上市證券市場及證券代碼	每單位存託憑證表彰原股股數	原上市地交易幣別	收盤價 原上市地收盤價（原幣）	匯率	收盤價 原上市地收盤價（臺幣）	TDR收盤價	折溢價%	成交量 原上市地成交數量	成交量 TDR成交數量	備註
9102	東亞科	新加坡證券交易所，E08	2.0	新加坡幣	0.0950	22.6300	2.15	4.44	3.26%	145,000	56,299	
9103	美德醫	新加坡證交所上市，代碼546	1.0	SGD	0.1100	22.6300	2.49	7.23	190.36%	50,000	8,769,000	
910322	康師傅	香港證券交易所，0322	0.5	HKD	17.5400	4.1310	72.46	38.05	5.02%	2,880,000	3,358,010	
9104	萬宇科	南非證交所，MST	1.0	ZAR				15.70			3,000	
910482	聖馬丁	香港交易所，00482	1.0	港幣	1.9200	4.1270	7.92	9.41	18.81%	3,244,000	4,955,000	
9105	泰金寶	泰國證券交易所，CCET	1.0	泰銖	2.9600	0.9676	2.86	4.95	73.08%	738,400	8,357,500	
910579	歐聖	新加坡交易所，579SGX	1.0	新加坡幣	0.3300	22.6200	7.46	14.80	98.39%	7,764,000	11,934,000	
9106	新焦點	香港證券交易所，0360	1.0	HKD	1.8400	4.1310	7.60	7.48	-1.58%	326,000	726,006	
9110	越南製造	香港證券交易所，0422	2.0	HKD	1.3800	4.1320	5.70	10.30	-9.65%	101,000	413,004	

你不能錯過

　　摩根大通（JP Morgan Chase & Co）為全球歷史最長、規模最大的金融服務集團之一，由大通銀行、J.P.摩根公司及富林明集團在2000年完成合併。合併後：一是在摩根大通的名義下為企業、機構及富裕的個人提供全球金融批發業務；二是在美國以「大通銀行」的品牌，為三千萬名客戶提供零售銀行服務。其金融服務內容包括股票發行、併購諮詢、債券、私人銀行、資產管理、風險管理、私募、資金管理等。至於名稱很類似的摩根史坦利（Morgan Stanley）NYSE：原是JP摩根中的投資部門，業界以「大摩」稱之，提供證券、資產管理、企業合併重組和信用卡等多種金融服務。

表2-3-4 國內發行TDR行情表

				上市 ▼ TDR行情表			日期:2021/01/04 排序	
股票名稱	收盤	漲跌	漲跌幅	開盤	最高	最低	成交張數	次
9103 美德醫療-DR	28.50	-0.95	-3.23%	29.50	29.75	28.30	9,418	
910322 康師傅-DR	24.05	0.15	0.63%	23.90	24.45	23.90	86	
9105 泰金寶-DR	4.01	-0.08	-1.96%	4.10	4.13	4.00	11,272	
910861 神州-DR	11.45	-0.05	-0.43%	11.55	11.70	11.35	581	
9110 越南控-DR	3.01	-0.06	-1.95%	2.99	3.09	2.99	312	
911608 明輝-DR	4.02	-0.24	-5.63%	4.26	4.29	4.01	439	
911616 杜康-DR	1.97	-0.05	-2.48%	2.02	2.07	1.95	1,412	
911622 泰聚亨-DR	4.24	-0.06	-1.40%	4.32	4.33	4.22	394	
911868 同方友友-DR	1.73	0.04	2.37%	1.70	1.79	1.70	2,786	
912000 晨訊科-DR	2.99	-0.05	-1.64%	3.04	3.10	2.99	2,651	
912398 友佳-DR	4.50	-0.03	-0.66%	4.59	4.59	4.47	507	
9136 巨騰-DR	9.76	-0.07	-0.71%	9.87	9.87	9.75	272	
9188 精熙-DR	3.06	-0.03	-0.97%	3.10	3.10	3.06	463	

2-4 股票型基金－幸福理財，你也行

　　基金就是集合一群人的資金，由經理人集中管理投資，創造更高的投資報酬。因為集合了較大的資金規模，可以進行的操作標的或方法都更有彈性，也可以交由更專業的人統一管理目標創造更高的投資報酬率。

　　基金的種類看起來非常多，例如股票型、債券型、平衡型、貨幣型……等等。有些則是境內、境外基金，也有些是全球型或是地區型的基金。當你個人投資專業與研究能力有限，或是個人資金有限，或是個人時間有限，你可以投資股票型基金，委由專業經理人幫你操作股票。

　　這些基金不論資金來源是國內或國外，主要的投資標的都是國內上市及上櫃股票，基金的淨值通常與國內股市走勢一致。投入股票基金的時機，應是景氣開始回升階段，也就是股市處於多頭市場時期。

股票型基金發行方式

❶ 開放型基金

　　也稱美國共同基金，其發行的持分總數不固定，投資人可隨時按當時淨資產價值（NAV）向經理公司買進或賣回，既可全數賣回，又可部分賣回，富有彈性；但各基金對投資後一定期限內不能賣回的限制規定不同，有的規定須在投資後幾日、或幾個月後才能賣回，有的並無賣回時間的限制規定。對賣回取現的規定也不一致，有的規定在接到賣回持分通知後幾小時內即可取款，有的則要一星期後才能取款。

❷ 封閉型基金

　　基金發行的持分固定，發行期滿後基金即封閉，總持分不再增減。投資人不得請求發行機構贖回持分，但可通過證券經紀商在交易市場買賣，故又稱公

開交易共同基金。其成交價格由市場供求關係決定，不真正反映基金的淨資產價值（NAV）。美國封閉型基金一般都以折價出售，很少溢價成交。台灣早期的基金多屬封閉型基金，發行後就可透過集中交易市場買賣。當大盤處於上漲格局，投資人買進封閉型基金，常造成市價高於淨值，成為市場投機者的投機標的；當大盤位於下跌走勢，投資人賣出封閉型基金，常造成市價低於淨值。投資人如要賣出，就會折價賣出，造成損失，因此，目前台灣基金市場的封閉型基金已經不多見了。

❸ 半封閉型基金

發行在外的持股數基本上固定，但也允許受益人在一定的時間內或一定條件下，可要求贖回。指數型基金或保本型基金多屬於這一類。

股票型基金發行地區

❶ 全球型基金

投資標的遍及世界各金融市場，以美、日、英、法等主要金融市場為主，

報你知

台灣開放型基金

台灣的開放型基金有發行額度限制（國外則大多沒有上限），通常在新台幣2~200億元間，只要基金規模未超過上限，投資人皆可自由買賣，因此發行單位數隨投資人買賣而增減，只要還有單位數，買賣一定可成交。例如富邦台灣科技指數基金、元大台股指數基金都屬於此類型。開放型基金每天都只有一個價格，亦即「淨值」。每天股市收盤後，基金公司便會開始計算當日的淨值，通常在當天下午五、六點左右，便可得知當天的基金淨值。

各家基金績效查詢

台灣共同基金績效評比（http://140.112.111.12/），由台灣大學金融系教授李存修、邱顯比教授主持→點選右上方【評比查詢】，即可得知每家基金公司販售的各項基金績效如何。

圖2-4-1 各家基金績效查詢

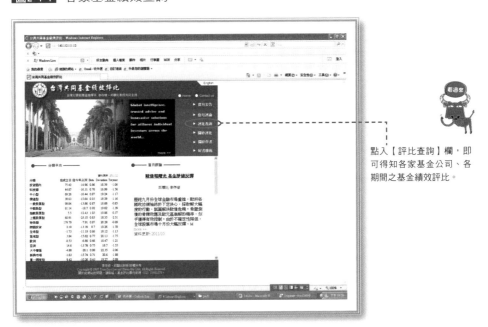

點入【評比查詢】欄，即可得知各家基金公司、各期間之基金績效評比。

其他新興市場為輔，不論是股票、債券、原物料、能源及其他表現優良的基金，都可能成其投資標的。此種基金最具分散風險的特色，漲跌也較不明顯。因為各地的投資報酬率不同，在截長補短下，淨值變動較投資於單一市場或區

域基金為小，例如以全球股票為標的的富蘭克林坦伯頓基金。

❷ 區域型基金

投資於特定區域，如亞洲基金、遠東基金、北美基金、太平洋基金、拉丁美洲基金等，以及最近飽受矚目的新興市場區域型基金，如東協、東歐等。區域型基金的風險比全球型基金高，採用定時定額投資法，不失為一個好的策略。評估自己一個月可投入的閒錢，例如一個月可以存1,000元，就可以選定一檔基金；若是你有9,000元閒錢，則不妨分成三筆3,000元，分別投入三個不同的市場來分散風險。

❸ 單一國家基金

以特定國家為投資目標，如馬來西亞基金、香港基金、日本基金等等。投資風險雖較全球基金或區域基金為高，但比投資單一股票的風險要小。

了解股票型基金要點

❶ 基金規模大小

投資者確定投資的基金類型後，應該考慮基金的規模大小。基金規模大，

表2-4-2 股票型基金在歐債危機前後的變化　　　　　　　　　　單位：新台幣億元

時間	國內	跨國	小計
2009年12月	384,734,356,106	350,300,071,332	735,034,427,438
2010年1月	340,461,912,502	324,991,265,306	665,453,177,808
2011年8月	311,227,571,026	337,907,398,012	649,134,969,038
2011年9月	287,376,873,512	304,826,146,267	592,203,019,779

◎資料來源：中華民國證券投資信託暨顧問商業同業公會http://www.sitca.org.tw/

對投資者較有利，因為規模較大的基金才能分擔昂貴的研究分析費用，才有能力適應基金多樣化的投資組合需求，以分散投資，減少風險。當然，也並非說基金的規模越大越好，基金規模太大也會影響其機動性、彈性和流動性，而且基金規模太大（例如200億元以上），一旦改變投資組合，往往會對整個有價證券行情的走勢產生不利影響，與投資基金的初衷相違背。

❷ 基金費用多寡

投資者須支付基金公司一定的管理費用，投資前弄清楚基金公司的各種收費計算，是基金投資成本重要的一環。計算精確，可避免日後贖回時可能蒙受

表2-4-3 安泰ING台灣高股息基金淨值

更新日期		淨值	
2011/11/08		12.71	
日期	淨值	漲跌	漲跌幅
11/08	12.71	▼0.14	-1.09%
11/07	12.85	▲0.22	1.74%
11/04	12.63	▲0.39	3.19%
11/03	12.24	▼0.21	-1.69%
11/02	12.45	▲0.14	1.14%
11/01	12.31	▲0.22	1.82%
10/31	12.09	▼0.10	-0.82%
10/28	12.19	▼0.04	-0.33%
10/27	12.23	▼0.17	-1.37%
10/26	12.40	▲0.03	0.24%

自100年11月開始，高股息基金有翻紅的意象出現。

報你知

注意違約風險

曾有一檔知名基金，閉鎖期為五年，年息高達8%美金計價的利率連動債，但是當你急需用錢、臨時解約，就必須支付可觀的違約金，更可能危及本金。如果你真的持有五年到期，確實可拿回原先的本金加上8%的利息，此時若美元走弱，美元兌台幣的價格比你當初買進的價格還低時，同樣會面臨匯率損失，8%的年息根本看得到吃不到。

的損失。管理費用、基金其他經營費用與收入，和資產管理應形成一種合理的對應關係。以國內基金而言，銷售手續費約在0.5~1.5%之間，帳戶管理費則每半年收取交易餘額的0.2%。

❸ 基金合法與否

與其他投資對象一樣，基金必須具有合法性，必須是向國家證券監管部門申請登記、並得到批准，基金才能正式成立並發行。投資人千萬不要貪圖較便宜的手續費，去買到**不合法基金**❶，絕對得不償失。

❹ 基金績效好壞

基金過去的績效好壞，對投資人來說是相當重要的評估指標。雖然基金過去的表現未必代表基金將來的成績，但基金經理人的操盤實力卻可由過去的成績看出端倪。要了解過去的績效並不困難，可參考附有基金績效排名的財經雜誌，也可以向基金公司詢問。評估基金績效的項目大致有下列幾項：

·基金淨資產值 · 投資回收期間 · 現金庫存比例 · 淨現金流入

❺ 基金的價格變化

　　基金價格變化是隨著投資風險而上下起伏的。投資者一般都希望基金的價格穩定。基金價格的變化情形，可從該基金的歷史經營紀錄中獲知，並在市場行情升降兩種情況下比較基金的營運紀錄。隨著近年來基金的不斷發展，投資者已將風險因素納入觀察對象，選擇基金時，風險和經營狀況應同樣注重。

表2-4-4 基金績效排行榜

排名 ↓	基金名稱	基金公司	淨值日期	一個月(%)	三個月(%)	六個月(%)	一年(%)	三年(%)	五年(%)	十年(%)
1	新光台灣富貴基金	新光投信	01/04	10.14	28.29	32.67	41.76	59.12	103.71	87.61
2	統一黑馬基金	統一投信	01/04	15.08	27.26	20.18	28.84	56.96	125.95	200.00
3	合庫台灣基金	合作金庫投信	01/04	9.16	26.77	23.24	25.35	46.68	67.76	N/A
4	元大多多基金	元大投信	01/04	4.07	26.65	26.48	33.96	40.51	86.29	31.93
5	富蘭克林華美第一富基金	富蘭克林華美投信	01/04	9.35	26.13	29.57	37.37	48.49	118.32	134.09
6	國泰台灣高股息基金-A不配息(台幣)	國泰投信	01/04	6.19	24.92	N/A	N/A	N/A	N/A	N/A
7	國泰台灣高股息基金-B配息(台幣)	國泰投信	01/04	6.15	24.90	N/A	N/A	N/A	N/A	N/A
8	富邦精準基金	富邦投信	01/04	6.89	24.85	24.97	45.25	63.42	104.87	67.59
9	元大卓越基金	元大投信	01/04	7.54	24.53	24.64	20.98	2.98	48.62	34.93
10	元大多福基金	元大投信	01/04	7.09	23.90	22.75	25.86	34.56	54.03	69.30
11	日盛MIT主流基金	日盛投信	01/04	9.64	23.81	21.98	27.43	42.53	102.19	131.13
12	聯博大利基金	聯博投信	01/04	8.63	23.05	25.35	27.27	41.65	94.33	84.53
13	瀚亞菁華基金	瀚亞投信	01/04	9.36	22.91	25.83	34.22	43.24	118.58	88.14
14	群益葛萊美基金	群益投信	01/04	5.58	22.75	29.62	30.74	48.46	113.02	149.31
15	群益奧斯卡基金	群益投信	01/04	6.55	22.72	24.72	40.02	65.49	142.99	164.51

報你知

風險承擔能力評估實例

如果A是一個因車禍脊椎受傷的投資人，即使他本身有很高的承擔風險意願，但由於他幾乎很難出去就業，也缺乏在家賺錢的生產力，甚至以往也沒有靠自己的生產力獲得收入的紀錄，他的承擔風險能力就是「0」，他應該用最保守的定存及公債為資產配置的方式。

選擇適合自己的股票型基金

投資理財是人生大事，每一項投資決策都必須衡量自己的個性與財務能力，選擇最適合自己的投資工具，更應該掌握景氣與市場的變動趨勢，決定最佳的買賣時點。

選擇共同基金之前，投資人必須對自己的風險承擔能力、投資目標（例如：三年內想買一部車、六年後想買一棟三十坪的大樓房子、二十年後想退休）及資金運用期限有所了解，才能依據自己的投資屬性選到最合乎你需求的基金。以自己對風險的承受能力來說，最簡易的衡量方法是將一般人能承受風險能力的平均值當作「中程度風險」，然後考慮自己能否接受「中程度風險」，或接受更高、較低的風險。

一般而言，投資人對風險承擔的能力，隨年齡（例如：初入社會的未婚男性→新婚的雙薪家庭→中年想退休，子女已成人）、個性（天性謹慎、悲觀；樂觀、富冒險精神）及不同的社會階段而異。年輕單身、甫入社會工作的投資人，由於來日方長，因而對投資風險有較大的承受力。相對地，年屆退休養老的投資人，對資金的穩定收益倚賴較重，風險承擔能力相對較弱。

投資人可運用資金的期限，也是衡量投資屬性時必須考量的項目，期限過

短，即使積極冒險的投資人也應該選擇低風險的基金投資。投資人還必須衡量財務能力，手中握有的資金越多，能夠承受的風險壓力愈大。決定投資之前，應將所有資產列一清單，除固定資產外，將資本增值及固定收入部分拿來投資，而不致嚴重影響整體資產狀況時，即可放心投資，否則應重新考慮是否有能力投資。

操作策略

投資不是賭博，俗話說「十賭九輸」，依大數法則，久賭多半沒有好結果，但是一般人喜歡偶爾小賭放縱一下，試試自己的運氣。經濟學家發現，人們對待小錢與大錢的態度是不一樣的。當所牽涉到的投資金額小的時候，人人往往選擇追求風險，像購買樂透彩券或上賭城等輸面居多的行為。但是人們處理一筆大錢時，安全性往往是最優先的考量。想想要說服一個薪水階級把100萬元的定存解約，你非得告訴他那個投資有較高的平均報酬率，因為在平均報酬相等的情況下，大部分人會選擇收益較固定的投資工具。

「風險」代表結果的不確定性。結果愈不確定的投資，或者說好結果與壞結果相差愈懸殊的投資，我們稱之為高風險投資；反之則為低風險投資。股票是典型的高風險投資，財務學上常說「高風險」、「高報酬」，指的就是風險高的投資工具必須提供較高的平均報酬率，才能與低風險投資工具競爭。

投資人在看待股票之類高風險、高報酬的投資時，要特別注意這僅是**大數法則**❷。如果你只買一兩種股票，又短線進出，運氣不好時可能會賠得很慘。投資學上「高風險、高報酬」的原理，大部分投資人耳熟能詳，只是在股市暢旺時，一般人眼中只看到高報酬，一旦市場逆轉，才猛然驚覺高風險可以帶來如此巨大的損失。

❶ 別小看基金「複利」的效果

在過去幾年，發現許多共同基金投資人太過於追求短期報酬，卻忽略長期投資複利帶來的好處，目前美國一般家庭投資共同基金的金額已與銀行存款的金額相當，共同基金在人生未來理財規劃的重要性愈顯重要。

投資報酬率一年一倍重要、還是十年十倍重要？何種較優？若為了未來長期的理財規劃，我相信大家都願意選擇後者。而如何在十年內獲利十倍，其實很簡單，只要年複利27%即可達成十年十倍的目標。但每年平均27%之報酬率看似簡單，其實卻不容易達成。但是長期持有優質的基金，特別是股票型ETF，就有機會透過複利效果達到目標。

❷ 小額信託投資最短宜為三年以上
. . . .

其實，**小額信託投資**❸計畫應是長期的理財規劃，一年期間仍過短，依據過去的經驗，投資人小額信託投資基金的期間，應設定為最少三年以上，才能有較為顯著的複利效果。

報你知

巴菲特2011年致股東的一封信

巴菲特表示，他的波克夏海瑟威公司2010年每股淨值增加13%，主要是拜其2010年初所收購的柏靈頓北方聖塔非鐵路公司（BNSF）業績表現優異所致，這也使得他決心繼續發動收購攻勢。他表示，波克夏2010年底還有380億美元現金，意味在「獵大象」的時候有足夠的彈藥。他在信函中說道：波克夏需要更多大型（major）收購案，以增加非保險事業收益。

表2-4-5 投資期間與複利效果

時間	原始投入金額	複利效果6%	複利效果10%	複利效果15%	複利效果20%
5年	60元	70元	78元	89元	103元
10年	120元	165元	200元	275元	380元
15年	180元	290元	415元	675元	1,130元
20年	240元	465元	760元	1,515元	3,160元

　　例如你每月將 1 萬元投資在報酬率穩定，年平均報酬在15%的全球型股票基金，五年後大約可以達89萬元；十年後又再度複利一倍，成為275萬；投資四十年後，甚至可以成長到 2 億3,000萬元。這種複利效果時間愈長，便會發現資產累積以等比上升的方式倍數增加。

　　在利用以錢滾錢、利上加利的**複利**❹效果增加財富時，可歸納出兩項特色：1.時間愈長，複利效果愈顯著；2.報酬率愈高，複利效果愈佳。所以，投資人除了選擇良好的投資標的外，仍應及早開始投資生涯，運用複利效果創造可觀財富。

❸ 投資期間愈長，投資報酬愈高

　　愈早進行定期定額計畫愈好。因為所預定投資期限愈長，就愈能承受短期間股市波動的風險，而且全球股市是長期上揚的趨勢，若是投資期間愈長，就可化解短期股市波動，收取股市長期的獲利，以及複利效果。

　　由於每月是以小筆金額定期的投資，屬於中長期的儲蓄兼投資，風險自然比單筆投資較小，如果投資期間都在半年以內，就沒什麼意義了。因此，投資人一旦採取了定期定額投資計畫，就要盡量把投資期間拉長，做個理財馬拉松，如此才能夠避開波段性的風險，享受到平均成本的好處。在投資人投資

之前，心中可以設立一個投資期限，打算做幾年的投資，例如三年的創業基金計畫，十年子女教育基金計畫，或是二十年退休基金計畫，做階段性的投資重點，才可以達到投資兼儲蓄的目的。

❶ 不合法基金

凡是尚未獲得「金管會（行政院金融監督管理委員會）」及「經濟部商業司」申請合格者，都屬於不合法基金，即使他在國外已有註冊。你可在中華民國證券信託暨顧問商業同業公會（http://www.sitca.org.tw/）或中華民國證券暨期貨發展基金會（http://www.sfi.org.tw/）查詢到合法掛牌的基金。合法與不合法的差別就在於，一旦國內合法成立的基金公司出現倒閉情況，金管會會出面處理，投資人的權益也會受到保障。

❷ 大數法則

在一個隨機事件中，隨着試驗次數的增加，事件發生的頻率趨於一個穩定值；人們同時也發現，在對物理量的測量實驗中，測定值的算術平均也具有穩定性。例如擲硬幣時，正反兩面各有一半出現的機會，當你持續投擲十萬次，則出現正面及反面次數會趨近於各五萬次，呈現較規則的結果。

❸ 小額信託投資

指投資人每個月以2000、5000元的小額資金定期投資，是一種強迫儲蓄的投資方法。利用小額信託投資法投資，不必在乎進場時點，並可攤平基金投資成本，適合上班忙碌的投資人。

❹ **複利**（Compound Interest）

複利就是複合利息，是指前一段按本金計算出的利息再加入到本金中，做為下一次計算利息的本金，直到每一段的利息都計算出來，加總後得出整個借貸期內的利息，就是俗稱的利滾利。複利的計算公式：S＝P（1＋i）n，其中以符號 I 代表利息，P是本金，n是時期，i代表利率，S代表本利和。

你不能錯過

保本基金預期收益：-3%～8%；風險程度：低至中等；適合族群：保守穩健型投資人。簡單的說，投資人在契約到期時，至少可以收回一定比率的投資本金，也就是先投資如債券、定存、票券等等固定收益工具，再以孳生的利息投資衍生金融商品，以爭取比定存利息高的收益，如富蘭克林坦伯頓全球基金。但要注意的是，即使字面上所謂的「保本」，也不是指這檔基金就是穩賺不賠。凡是投資就是有賺有賠，千萬不要被文字上的意思所誤導喔！

2-5 指數股票型共同基金ETF-分散錯擁個股風險

何謂指數股票型基金 ETF

　　ETF是由英文「Exchange Traded Funds」翻譯而來，是證券交易所掛牌的基金，雖然並沒有特別指定是哪一種，但大家都知道ETF指的就是「掛牌交易的指數型基金」，它屬於基金的一種，其投資組合與指數內容一樣，因此，它同時具備了股票和基金的特色，等於是股票與基金的綜合商品。在台灣證券交易所（http://www.twse.com.tw/）上列欄位→點選【產品與服務】→【上市證券種類】→即可查詢到ETF相關產品訊息。

　　ETF跟一般共同基金相似的地方，在於它的運作模式都是由基金公司（即國內的投信）發行受益憑證，並替投資人操作股票。在投資組合管理上，共同基金是經由操盤人主動選股並進行操作，因為操盤人的能力不一樣，因此每一支基金績效可能會差距很大，有可能領先大盤，也可能落後大盤。但ETF就不

表2-5-1 MSCI半年度調整台股權重歷史統計表

發布日	盤後生效日	MSCI全球新興市場指數		MSCI亞洲除日本指數		MSCI全球市場指數	
		調整前	調整後	調整前	調整後	調整前	調整後
2020/11/11	2020/11/30	12.80	12.47	14.22	13.95	1.62	1.61
2020/08/13	2020/08/31	12.54	12.45	14.13	14.09	1.56	1.56
2020/05/13	2020/05/29	12.63	12.30	13.83	13.52	1.51	1.50
2020/02/13	2020/02/28	11.73	11.66	13.76	13.68	1.42	1.42
2019/11/08	2019/11/26	11.83	11.46	13.91	13.44	1.38	1.38
2019/08/08	2019/08/27	10.98	10.71	12.88	12.71	1.28	1.28
2019/05/15	2019/05/28	11.41	10.90	12.93	12.56	1.35	1.34
2019/02/13	2019/02/27	10.99	11.02	12.75	12.78	1.30	1.31

表2-5-2 元大台灣卓越50基金商品規格

名　　稱	元大台灣卓越50證券投資信託基金
ETF簡稱及屬性	台灣50（現貨ETF）
證券代號	0050
ETF類別	國內成分證券ETF
上市日期	2003年6月30日
基金經理公司	元大證券投資信託股份有限公司
標的指數	台灣50指數
追蹤方式	完全複製法
交易單位	1,000受益權單位
交易價格	每受益權單位為準
升降單位	每受益權單位市價未滿50元者為1分；50元以上為5分
升降幅度	同一般股票（10%）
交易時間	同一般股票（上午9時至下午1時30分）
信用交易	上市當日即適用，且融券賣出無平盤以下不得放空限制
證券交易稅	千分之1
交易手續費費率	同上市證券，由證券商訂定，但不得超過千分之1.425
管理費	0.32%
保管費	0.035%
申購/贖回方式	實物申購/贖回
申購/買回申報時間	上午9時至下午3時30分
申購/買回基本單位	以500,000受益權單位為基準
收益分配	每年6月30日及12月31日為收益分配評價日，進行收益分配評價計算，並於收益分配評價日後45個營業日內分配。
基金經理公司網站	http://www.p-shares.com

◎資料來源：台灣證券交易所

同了，它在發行之初，便會選擇一檔指數做為追蹤標的，其投資組合會與標的指數的股票一樣，因此，ETF的漲跌幅會和標的指數一樣，若指數漲15.5%，ETF就可能漲15.5%，若指數跌15.5%，ETF就可能跌15.5%。

ETF與股票相似的地方在買賣方式相同，而不論放空、限價單、下市價單、停損指令這些在股市操作的行為，在ETF都能做。ETF與股票都是在交易所掛牌上市，投資人只要利用股票帳戶就可以買賣ETF，流通性及便利性和股票一樣，只是投資人買到的不是某家公司的股票，而是一張ETF的受益憑證，其交易稅也比股票低。由於ETF的投資組合與指數內容一致，因此，投資一檔ETF等於投資**一籃子股票❷**，不僅可以達到分散風險的效果，還可免除選股的煩惱，避免看對大盤趨勢卻錯擁個股的狀況。

對於初次接觸金融商品的投資人而言，「決定大盤漲跌」遠比「決定個股漲跌」來的重要，「操作大盤的績效」遠比「操作個股的績效」穩定。投資ETF指數型基金的特色，是讓初學者在傳統的銀行存款、債券、基金與股票等理財工具之外，多了另一種穩定性高、介入門檻低、交易成本小、市場接受度高、又無需太多專業知識的金融理財商品。

ETF的投資策略除了買進持有外，也提供融資、放空的功能，投資人在看

報你知

ETF是國外退休金資產管理機構最愛

　　因為ETF有追蹤指數投資的特性，因此，不管在美國或是英國，都是退休金資產管理機構最常被選用的投資工具。據某國外研究報告指出，有超過90%的長期投資報酬率，是來自ETF策略性資產配置。

表2-5-3 台灣50成分股

代號	名稱	持股權重（%）	代號	名稱	持股權重（%）
2330	台積電	49.09	5880	合庫金	0.79
2454	聯發科	4.24	2379	瑞昱	0.73
2317	鴻海	4.02	2357	華碩	0.72
2303	聯電	2.22	2880	華南金	0.71
2308	台積電	2.17	3045	台灣大	0.65
1301	台塑	1.77	2912	統一超	0.61
2412	中華電	1.69	2474	可成	0.59
1303	南亞	1.55	6415	矽力-KY	0.58
2891	中信金	1.45	2887	台新金	0.56
3008	大立光	1.43	4938	和碩	0.54
2882	國泰金	1.37	5876	上海商銀	0.54
2881	富邦金	1.35	6505	台塑化	0.53
1216	統一	1.29	2395	研華	0.53
2886	兆豐金	1.29	2883	開發金	0.51
2884	玉山金	1.23	2890	永豐金	0.48
2002	中鋼	1.17	2801	彰銀	0.47
1326	台化	1.11	1402	遠東新	0.44
3711	日月光股控	1.1	2301	光寶科	0.43
2885	元大金	0.92	1102	亞泥	0.41
1101	台泥	0.9	4904	遠傳	0.39
2892	第一金	0.88	9910	豐泰	0.34
2382	廣達	0.85	2105	正新	0.33
2207	和泰車	0.85	2408	南亞科	0.29
2327	國巨	0.85	2633	台灣高鐵	0.27
5871	中租-KY	0.85	6669	緯穎	0.23

◎資料來源：台灣證券交易所

好大盤走勢時，可以在價格低檔時融資加碼買進，以增加獲利；看壞大盤走勢時，則可以在價格高檔時融券先行賣出，等到價格低檔時再回補，以賺取下跌部位的獲利。對於短線投資人而言，操作方式相當靈活。

台灣發行的 ETF相當多，例如元大台灣50、元大中型100、富邦科技、元大電子、元大台商50、元大MSCI金融、元大高股息、富邦摩台、元大寶滬深、BP上證50、元大MSCI台灣、富邦上証、永豐臺灣加權、元大上證50、FH滬深、富邦台50、元大台灣50正2、元大台灣50反1、富邦上証正2、富邦上証反1、國泰中國A50、元大S&P黃金、元大滬深300正2、元大滬深300反1、富邦深100。

進入台灣證券交易所網站可查詢ETF相關資訊。

投資ETF的優點

ETF具「股票」和「指數」兩大特性。ETF交易方式與個股交易方式完全相同，不論融資、融券或是當沖皆可，對投資人而言，在投資策略上非常具有彈性。他的投資優點有：

❶ 被動式管理，有效降低成本

傳統的共同基金是由基金經理人根據外在環境變遷，以隨時調整投資組合的主動式管理，而ETF是複製指數走勢，因此ETF的投資組合僅隨著標的指數成分股的調整而改變，化主動為被動，此舉可降低基金經理人的管理費用，也能降低交易成本、營運成本及管理費用。

❷ 買賣方便，變現性高

買賣ETF就跟買賣股票的方式一樣，它們都是在交易所掛牌的商品，只要在交易時間內，都可以隨時跟證券商下單買賣，變現性相當高。

❸ 沒有保證金及到期日的問題

由於ETF可融資融券，投資人在進行現貨交易時，可透過放空ETF規避大盤下跌的風險，或買進ETF以規避在現貨市場放空，而指數上漲的風險。相較於一般的指數期貨避險，ETF沒有到期日的風險，保證金追繳風險也小，因此更能慎選出場時機。

❹ 機動性強，操作靈活

ETF的特性與股票相同，可以在盤中就知道報價，還可以即時交易、即時撮合，不像傳統的開放型基金，必須等到盤後才得知價格與完成交易。ETF也能進行信用交易，投資人看空市場時能夠以放空賺取差價，享受掌握指數變化的好處。

❺ 投資組合透明度較高

共同基金雖然也能達到分散風險的效果，但選股是由經理人決定，容易受經理人投資偏好影響，且持股較不公開。相較之下，ETF的投資組合和指數一樣，持股內容十分透明、且不受人為因素影響。

❻ 分散風險

因為ETF是以指數為追蹤標的，其投資組合也將與指數一致，不僅可以達到分散風險的效果，以投資一檔ETF取代一籃子的股票組合，還可免去選股的煩惱，降低了投資個別股票的**非系統風險❸**。

❼ 節省交易稅效果佳

因為ETF淨值追隨指數波動，買賣ETF是買賣一籃子的股票，且交易稅為千分之一，若直接購買ETF持股的任一個股，交易稅則是千分之三，具有節省交易稅的效果。

ETF的投資策略

對一般的散戶投資人而言，ETF最大特色在於績效表現緊貼指數，投資人只要關心大盤指數走勢，就等於可直接賺取大盤指數漲跌的報酬。由於ETF是一堆股票的組合，無論投資哪一種ETF都能為投資人降低投資風險，增加投資的勝算。ETF績效比一般股票型基金穩健，報酬空間比債券型基金更高，風險則較股票投資更低。因此，利用ETF可以形成不同的投資策略：

❶ 保守策略

對保守的投資人而言，債券型基金是經常被使用的投資工具。然而低風險隱含低報酬，單純的投資債券型基金雖然能提供穩健的報酬，卻無法享受股市大漲時的獲利。為了在風險有限的情況下提高獲利，保守型的投資人不妨利用ETF做為核心持股，再搭配一般債券型基金，如此在股市行情大好時，ETF與指數漲跌一致的績效表現，可以讓投資人充分享受指數上漲的獲利；在股市表現不佳時，則可以藉著ETF分散風險與債券型基金的下檔保護特色，取得比股票型基金更低的風險。

報你知

以ETF為核心持股

建議將你五至七成的資金放在ETF；也就是把它當做核心持股，另外的五至三成資金再配置到你觀察研究後較偏愛的個股、基金。

❷ 積極策略

　　對於積極型的投資人而言,股票及股票型基金是經常使用的投資工具。然而,高報酬帶來高風險,單純投資股票及股票型基金,在行情大好時,雖然可以獲得極高的報酬;相對的,在行情不佳時,損失也相當可觀。為了在高獲利下,也能維持一定程度的風險控制,積極型投資人不妨利用ETF做為核心持股,再搭配一些個別公司的股票、股票型基金,在股市行情大好時,一樣可以有高獲利。

❸ 長期持有策略

　　過去投資人偏好以銀行定存、或共同基金做為長期理財的工具,不過在現今這個低利率的時代,定存所能獲得的報酬實在非常有限,至於共同基金則需要另外負擔基金經理人的人為操作風險及頻繁進出的交易成本。反觀ETF,它著重的是指數與趨勢的操作,在投資ETF之前,只要先對全球市場、個別國家或產業有一個比較深入的了解,確定它的向上趨勢之後,就可以放心投資。

　　對於長期投資者來說,投資成本是獲利與否的重要因素之一,由於ETF是跟著指數跑,在向上趨勢確定後,不但可以避免「看對大盤,選錯股票」、「賺了指數,賠了差價」的情況,還能夠省去買進賣出的各項交易成本,非常適合穩健的長期投資策略。

台灣指數股票型基金 ETF種類的特色

❶ 元大台灣卓越50基金

- ・選取市值排名前50大的台灣龍頭企業。
- ・流動性篩選以過去12個月中，至少10個月的每月週轉率超過1%者。
- ・能反應台灣市場績效表現的可交易指數。
- ・較少的指數成分股，以適合衍生性商品的交易。

❷ 元大台灣中小100基金

- ・選取市值排名第51~150名的台灣上市公司，具有成為前50大的潛力中型股。
- ・以成長為訴求，鎖定股本較小，成長性較高的中型類股，佔台股加權市值16.3%。
- ・台灣中型100指數以電子、傳統產業為主，金融為輔。電子類股佔指數比重達56.76%*，傳產佔36%*、金融7.7%*。

報你知

美國發行上市的ETF查詢捷徑

1. Morningstar.com（www.morningstar.com）無論是股票、共同基金或是ETF，都有相當完整的資訊，全方位型投資理財網站，大部分資訊都免費，屬於一般性資訊網站；2. SmartMoney.com（www.smartmoney.com）有ETF比較表，方便實用，一般資訊網站；3. BLDRs（www.invescopowershares.com/bldrs）擁有可追蹤那斯達克指數的PowerShares QQQ（QQQQ），屬於ETF發行公司網站。

❸ 元大台灣電子科技基金

‧在台灣證交所上市之電子類股，涵蓋範圍廣，提供投資人觀察台灣電子科技產業表現的最適指標。

‧透過元大電子科技ETF，真正讓投資人一次參與台灣電子科技產業的爆發性成長力！台灣電子類指數涵蓋近290檔成分股。

❹ 元大台商收成基金

‧提供外資法人及一般投資人觀察中概股表現的最佳指標。

‧投資人可輕鬆投資前50大中概股，一舉掌握大中華獲利契機！涵蓋前50大中國收成概念股。

‧成分股包括34檔電子股，佔該指數比重53.09%；以及21檔傳產股，佔25.5%。

❺ 元大台灣金融基金

‧提供外資法人及一般投資人觀察台灣金融股表現的重要指標。

‧MSCI台灣金融指數涵蓋17檔成分股，總市值為新台幣2.42兆。

‧2005～2006年與金融保險指數相關係數高達99.54%。

❻ 元大台灣高股息指數基金

‧國內第一檔以「預測現金股利」為選股邏輯的ETF，充分表彰企業未來穩定的獲利能力。穩定的高股息殖利率，提供投資人進可攻、退可守的最佳投資工具。

‧以台灣50指數及台灣中型100指數，共150支成分股做為採樣母體，選取未來一年預測現金股利殖利率最高的30支股票為成分股，並採現金股利殖利率加權。精選30檔成分股，持股每半年定期調整。

・前十大成分股主要為鋼鐵類股、航運、電信等傳產類股。產業分布於電腦及周邊設備約36.03%、電子通路8.24%、金融產險9.58%。

連結海外指數股票型基金ETF種類的特色

目前由台灣發行連結海外指數股票型基金的ETF有：元大滬深300基金、恒生中國基金、恒生香港基金、標智上證50等，提供投資人多樣化的選擇。

❶ 元大標普滬深３００基金

基金90%以上之資產，將投資於香港證券交易所掛牌之「標智滬深300基

表2-5-4 台灣高股息商品規格

商品規格	
名稱	元大台灣高股息證券投資信託基金
ETF簡稱	元大高股息
證券代號	0056
ETF類別	國內成分證券ETF
上市日期	2007年12月26日
基金經理公司	元大證券投資信託股份有限公司
標的指數	臺灣高股息指數
追蹤方式	完全複製法
交易單位	1,000受益權單位
交易價格	每受益權單位為準
升降單位	每受益權單位市價未滿50元者為1分；50元以上為5分
升降幅度	同一般股票(10%)
交易時間	同一般股票(上午9時至下午1時30分)
信用交易	上市當日即適用，且融券賣出無平盤以下不得放空限制
證券交易稅	千分之一
交易手續費費率	同上市證券，由證券商訂定，但不得超過千分之一・四二五

表2-5-5 台灣 ETF的種類表

名稱	代號	追蹤指數	主力族群
元大台灣卓越50基金	0050	台灣50指數	大型權值股
元大台灣中小100基金	0051	台灣中小100指數	中小型權值股
富邦台灣IT基金	0052	台灣證交所電子類股加權股價指數	電子業
元大台灣電子科技基金	0053	台灣證交所電子類股加權股價指數	電子業
元大台灣台商收成基金	0054	S&P台商收成指數	中概股
元大台灣金融基金	0055	MSCI台灣金融指數	金融業
元大台灣高股息指數基金	0056	台灣高股息指數	高股息殖利率

◎資料來源：工商時報

金」，並追蹤「標智滬深300基金」之淨資產價值，並非直接追蹤滬深300指數，且該基金採取現金申購與贖回，投資人不會直接持有「標智滬深300基金」或其成分股票。

❷「恆中國」──恆生H股ETF

恒生H股ETF（0080）（香港股份代號：2828）

「恆中國」持有的一籃子股票，全部都是在中國內地註冊，且赴香港掛牌上市的中資企業。買進恆中國，就等於一次成為「中國各領域大型龍頭公司的頭家」，範圍囊括金融、能源、地產、原物料等大型龍頭公司。「恆中國」換算成新台幣現值，每200個基金單位約10萬元。

圖2-5-6 台灣50ETF走勢圖

圖2-5-7 元大中型100ETF走勢圖

❸「恆香港」──恆生指數ETF

恒生指數ETF（0081）（香港股份代號：2833）

其中的恒生指數是代表香港股市的重要指標。恒生指數約有35%金融業，其次為地產14%，電訊13%。

除了布局到**H股**❹之外，同時也能掌握到更濃厚港味，包括買到匯豐控股、與亞洲首富李嘉誠一起賺錢，因為持股裡有和記黃埔，經營業務包括港口、電訊、地產等，是李嘉誠的旗艦企業。

「恆香港」每100個基金換算成新台幣現值，則約為8.5萬。

報你知

何謂期貨型ETF

幾近年台灣ETF的市場快速發展，很多投資人投資個股慘賠，因而轉向投資ETF。券商也看準這個商機，自行開發或由國外引進報酬高、風險也大的期貨型ETF。

期貨型ETF的追踪標的為期貨商品。例如：石油、　金、恐慌指數（VIX），甚至推出兩倍或是反向的期貨型ETF。

市場上交易量大的有元大石油ETF、富邦VIX ETF、元大　金ETF。投資這類型的ETF要追踪標的物的漲跌趨勢。有些人貪圖高報酬，去買兩倍的期貨ETF，最後落得下市的下場。如2020年元大石油×2，因淨值長期低於兩元而下市。

這個名詞怎麼解釋

❶ MSCI

MSCI是摩根史坦利國際資本公司（Morgan Stanley Capital International）簡稱。係一家提供全球指數及相關衍生性金融商品指標的國際公司，它推出的MSCI指數廣為投資人參考。MSCI總部設於紐約，並在瑞士日內瓦及新加坡設置辦事處，負責全球業務的運作。

❷ 一籃子股票

例如你想投資水泥股，可是又不知道哪一支會漲，就可以針對這個族群買好幾支，這叫做一籃子股票。以水泥股為例，最具代表性的（通常是權值重的）台泥（1101）、亞泥（1102）、嘉泥（1103）、國產（2504），業績比較好的就都各買一些。白話一點說，就像你想煮一頓晚餐時，不可能只買一條魚或是一把青菜就回家，而是要連蔥薑蒜等佐料、配菜或湯料，都要一起放進菜籃買回來的意思。

❸ 非系統風險（Unsystematic Risk）

又稱非市場風險、或可分散風險。如公司產品本身出問題、工人罷工、財務狀況、訴訟失敗等獨特的風險，可用分散投資的方式來規避風險。例如可成蘇州廠2011年10月部分廠區被勒令停工、泰國水淹曼谷引發的台商出貨危機、宏達電與蘋果在美國的專利權官司……等事件，都可算是非系統風險。

❹ H股

是由中國大陸境內公司發行，於香港聯交所上市之股票，又常稱為「國企股」。此類股票交易方式與香港其他上市公司相同，必須符合香港聯交所的規定，以港幣為交易幣別，如中國電信、中國石油都是。台灣地區投資人可透過在香港有分公司的券商下單買賣。你可以到Yahoo!香港的財經版http://hk.finance.yahoo.com/的網站搜尋看看。

你不能錯過

　　在報章雜誌裡我們偶爾會看到「A股」「B股」，他們和H股有什麼關係嗎？簡單來說，A股是由中國大陸境內公司發行，提供中國大陸境內機構、組織或個人（不包含台灣、香港及澳門）以人民幣認購和交易之普通股股票，如工商銀行、中國石油、中國神華、深發展A（000001）、萬科A（000002）。至於B股，則是由中國大陸境內公司發行，於中國大陸上市之股票，當初為了使中國大陸吸引外資投入並保護中國大陸的金融市場，避免外資大量進入股市影響市場機制，而特別設立B股做為專供境外投資者以外匯進行買賣的股票，且不用人民幣為計價幣別，例如上海交易所用美金，深圳交易所用港幣，都統稱為B股，如上海新城B股、匯麗B股和陽晨B股。

2-6 台股指數期貨－投機意味濃厚的投資組合

股價指數期貨（Stock Index Futures）交易，簡稱期指，就是以一個股價指數為投資標的的期貨。投資人預期該指數會上漲，則進場作多；投資人預估該指數會下跌，則進場放空，一買一賣來賺取差價。

股價指數期貨允許投資者投資於整個股市的漲跌，而非專注於個別股票。投資者購買股價指數期貨，他的損失或利得是由股價指數的漲跌所決定，如此可避免發生賺了指數，賠了股價的遺憾。例如你預期股市會上漲，你在台灣股價指數期貨7000點時，買進台灣股價指數期貨合約一口，並於股價指數期貨漲到7100點時賣出，台灣股價指數期貨合約每點價值為200元。此時損益計算即為（7100－7000）×200元＝20,000元，你在該筆的交易獲利就是20,000元（不含手續費與交易稅）。

過去投資者為了規避個股風險，常利用投資組合方式購買不同類型股票，以期某些股票價格下跌時，可用其他上漲的股票來彌補虧損。但是，一般小額投資者沒有足夠的資金採取這種避險方式；遇到市場崩盤時，別說是小額投資者，即使財力雄厚的大型投資者也無法招架。

為了規避這種市場風險，股價指數期貨應運而生，藉由期貨市場保證金制度的特性，提供避險者一個低交易成本的避險工具；由於價格波動劇烈，吸引投機者介入；套利者也穿梭在現貨市場與期貨市場之間，尋找獲利機會。

股價指數期貨起源於美國，1982年2月堪薩斯市交易所（Kansas City Board of Trade）開始提供股價指數期貨交易。目前較廣為人知的指數期貨有：新加坡國際金融交易所（SIMEX）搶在日本之前發行的日經225股價指數期貨，開創了以他國股指為期貨交易標的物的先例；芝加哥商業交易所（CME）發行的主要市場指數（MMI）與史坦普500指數（S&P500）；英國倫敦國際金融期貨交易所（LIFFE）發行的金融時報100指數（FT-SE 100）。

台灣期貨交易所有鑑於台灣股市的快速發展，也於1998年推出台灣股價指數期貨。其後由於投資人反應熱烈，又在1999年推出電子類指數期貨與金融類指數期貨。

股價指數期貨的特色

　　股價指數期貨兼具股票與期貨交易的特色，是一種以某一個指定股價指數做為買賣標的物的期貨。買賣這種期貨合約的人，同意承擔股票市場的價格風險，價格波動的幅度則以指數為計算基準。

❶ 相當於買賣一個投資組合

　　股價指數是由一組股票的價格計算出來的。例如台灣發行量加權指數的編算，是以台灣證券交易所交易的股票計算而得；SIMEX推出的摩根台灣股價指數則由91種股票組合而成。電子類股價指數與金融類股價指數期貨，分別以電子類股與金融類股為組合標的。

報你知

大摩指數對台股影響

　　摩根台灣指數的編製始於1988年，現採取於台灣證券交易所上市交易的91支股票為樣本進行資本加權以成一指數，包括大中小型企業股票。新加坡國際金融交易所於1997年1月9日正式掛牌交易摩根台股指數期貨，SIMEX係採用摩根史坦利公司（Morgan Stanley）所編製的台灣指數為藍本進行期貨交易，即一般所稱的大摩指數。MSCI是全球相當具有影響力的指數編列公司，如果台股獲得MSCI調高權重，全球基金配置在台灣的資金將會增加，吸引大量國際資金投資台灣股市，台股將有機會呈現上漲格局。

❷ 交易期限化

買賣股價指數期貨，等於買賣一個將來某個交易期限的收盤指數。譬如，買賣次年3月份的指數期貨，次年3月第三個禮拜三便是它的最後交易期限，即最後交易日。台股指數期貨交易月份，為兩個連續近月月份和3、6、9、12月，最後交易日為當月第三個禮拜三，如遇國定假日則提前至前一個交易日。

❸ 以現金結算

由於股價指數並無實物，也不可能用一組股票進行交割，因此都採用現金結算。如果在指定日期之前投資者不進行平倉，就以最後交易日的結算價進行現金結算。

❹ 合約標準化

期貨合約（Futures）與遠期合約最大的不同，在於合約的標準化。例如：SIMEX摩根台股指數期貨的合約規格為USD100×摩根台股指數，台灣台股指數期貨的合約規格為NTD200×股價指數，台灣電子指數期貨的合約規格為NTD4,000×電子類股價指數。

保證金制度

客戶在從事期貨交易前，需存入一筆金額做為保證金（Margin），這是一種誠信存款，目的在於客戶保證將履行期貨契約的擔保。期貨經紀商對客戶在期貨交易保證金、權利金專戶內的存款，不得任意挪用。

期貨所以被視為以小搏大，風險極高之投資工具，在於期貨的保證金制度。客戶保證金可分為原始保證金（Initial Margin）、維持保證金（Maintenance Margin）、與變動保證金（Variation Margin）三種：

❶ 原始保證金

客戶在交易前需支付的保證金，原始保證金通常是期貨市場價格一天波動最大的幅度，所要求的金額非常少。原始保證金除可用現金支付外，大戶通常可用上市股票或國庫券取代。原始保證金在客戶平倉後即歸還給客戶。

❷ 維持保證金

維持保證金通常是原始保證金的七～八成。客戶保證金依契約的結算價格，每日與市價對齊，當客戶保證金低於維持保證金時，必須補足差額到你原始保證金的水準。例如一口期貨契約要$2,000的原始保證金，維持保證金為原始保證金的75%，也就是$1,500。客戶在購買契約前需先繳足$2,000，如果有一天收盤價跌幅超過$500，此時就會低於維持保證金，客戶需補足差額到$2,000。

表2-6-1 摩根台指漲跌價格

摩根台灣指數（2011/11/10）			
市場	上市	證券類別	指數
收盤	259.04	前日收盤	267.66
漲跌	-8.62	開盤	267.66
漲跌幅度	-3.22%	最高	267.66
成交值（百萬）	—	最低	257.68
5日均價	267.08	5日均量	—
10日均價	284.59	10日均量	—
20日均價	265.28	20日均量	—
60日均價	262.55	一年收盤高點	328.04
120日均價	282.23	一年收盤低點	243.87
240日均價	297.22	年化標準差	23.92

◎資料來源：GoGoFund

❸ 變動保證金

指因契約結算價格變動，而需每日調整保證金的金額。

在期貨交易中，買方和賣方都需繳交保證金。若以台股指數期貨為例說明整個保證金制度：1999年台灣期貨交易所要求台股指數

每口保證金為台幣14萬元,原始保證金為台幣11萬元;至於金融期貨每口保證金為台幣10萬元,維持保證金是台幣 8 萬元。

台股指數期貨的種類

目前台灣期貨交易所(TAIMEX)推出的股價指數期貨可分為三類,分別為台灣期貨交易所發行量加權股價指數、電子類發行量加權股價指數與金融保險類發行量加權股價指數。此外,國外期貨交易所所發行的台灣股價指數,也有新加坡國際金融交易所(SIMEX)發行的摩根台股指數期貨。

❶ 發行量加權股價指數期貨

簡稱台股期貨,交易時間為營業日上午8:45〜下午1:45。契約價值為台股指數期貨乘200元,每日最大漲跌幅限制為10%。投資於台股指數每一點賺賠200元,2020年,台灣期貨交易所規定原始保證金為台幣148,000元,維持保證金為113,000元,交易所會根據市場的波動來修正保證金的金額。假定某一投資人看好台股指數會向上攀升,決定買入一口台股指數7500點,事後指數如預期的上揚至7800點,投資人於是賣出期指,共賺300點(=7800-7500點),獲利為60,000元(=300×200)。

❷ 電子類股價指數期貨

簡稱電子期指,其契約價值為電子期貨指數乘4,000元,而每一升降單位為0.05(相當於新台幣200元)。電子期指契約到期的交割月份與台股期指相同,為自交易當月起連續兩個月份,另加上3、6、9、12月中三個接續季月,總共五個月份。假定某一投資人看空台股電子類股的表現,在電子期指400點放空一口期指,三天後,電子指數跌至380點,此時投資人共賺20點,每一點折合4000元,因此共獲利80,000元(=20×4000)。

❸ 金融保險類股價指數期貨

　　簡稱金融期指，契約價值是金融期貨指數乘1,000元，交易時間、契約到期交割月份、每日結算價、每日漲跌幅和最後交易日，皆與台股期指同。金融期指的交易標的，是台灣期貨交易所金融保險類發行量加權股價指數，若投資人看多台灣金融類股的發展，可買入金融期指；反之，可放空金融期指。

表2-6-2　台股期貨相對行情表（2011年10~11月）

數字「12」表示月份

指數	價位	漲跌	%	量
上市大盤	7346.36	37.68 ↑	0.52%	442.32億
台期指11	7342	25 ↑	0.34%	56334口
台期指12	7336	26 ↑	0.36%	3521口
電子指數	268.44	1.30 ↑	0.49%	281.89億
電子期11	268	0.35 ↑	0.13%	2620口
電子期12	267.5	0.1 ↑	0.04%	164口
金融指數	807.73	5.04 ↑	0.63%	36.14億
金融期11	807	5 ↑	0.62%	3188口
金融期12	806.4	5 ↑	0.62%	191口

◎ 資料來源：Yahoo!奇摩（http://tw.yahoo.com/）→點選左列【股市】，即可看見右下方【台股期貨相對行情表】

表2-6-3 遠期合約和期貨的差異點

異同項目	遠期合約	期貨
是否在交易所交易？	否	是
是否為標準化的合約？	否	是
是否須繳交保證金？	否	是
是否須當日結算？	否	是

表2-6-4 台灣期貨交易所各股票指數類保證金一覽表（單位：元）

商品別	結算保證金	維持保證金	原始保證金
台股期貨	109,000	113,000	148,000
電子期貨	127,000	132,000	172,000
金融期貨	58,000	61,000	79,000
小型台指期貨	27,250	28,250	37,750

◎ 資料來源：台灣期貨交易所網站https://www.taifex.com.tw/cht/index→【結算業務】→【保證金】→
【保證金一覽表】→【股票指數類】，可查詢到最新保證金數額　更新日：2011/10/12

表2-6-5 各期貨契約交易量統計

期貨契約	99年度成交量	99年度交易日數	日平均成交量
台股期貨（TX）	25,332,827	251	100,928
電子期貨（TE）	1,092,763	251	4,354
金融期貨（TF）	1,257,861	251	5,011

◎資料來源：台灣期貨交易所（http://www.taifex.com.tw/）

指數期貨與股票交易的差異

區分	股票交易	股價指數期貨交易
交易標的	個別公司股票。	股價指數（代表市場之波動），交易人可將對市場波動的預期轉換成具體投資策略。
目的	籌資、投資、投機。	避險、套利、投機。
交易特色	屬於所有權的移轉，交易之後，所有權在買賣雙方之間進行移轉。	屬於風險權利的移轉，交易之後，風險權利在買賣雙方之間進行移轉。
財務槓桿	如為現股交易，則無財務槓桿效用。如為融資交易，則有財務槓桿效用，有利息收支問題，槓桿倍數約為2倍。	交易時僅須繳交保證金，做為履約的擔保，無利息收支問題。槓桿倍數比較大，約10～13倍。
籌碼限制	限於公司流通在外股數。	無限制。
到期限制	無到期限制。	有到期日。
股利	可領取公司發放之股利。	無法領取股利。
操作靈活性	作空時融券有平盤下不可放空之限制。	作空與作多無限制，可當日沖銷。
每日結算	不需每日結算。	每日依交易所公布之結算價計算盈虧，交易人保證金若低於維持保證金水準時，須補繳保證金。
交易成本	成本較高（0.3%之交易稅）。	成本較低（買賣單邊各0.025%之交易稅）。
交割	成交日後第二個營業日需辦理款、券交割。	到期時以現金交割。

表2-6-7 台股指數期貨合約規格

交易類別	台股期貨TX	電子期貨TE	金融期貨TF	小型台指期MTX
合約價值	指數×200元	指數×4000元	指數×2000元	指數×50元
最小跳動點	1點＝200元	0.05點＝200元	0.2點＝200元	1點＝50元
合約月份	連續2個月外加3個接續季月（3、6、9、12）共5個月。			
交易時間	台灣證券交易所正常營業日8：45～13：45。			
最後交易日	契約交割月份第三個星期三。			
最後結算日	最後交易日之次一營業日。			
最後結算價	依各成分股開盤15分鐘為基礎，先計算出該段時間內各成分股之成交量加權平均價，再予以訂定最後結算價。			
每日漲跌幅	前一日收盤價之10%。			
單邊期交稅	合約價值的千分之0.25。			
單邊手續費	依各家期貨商之規定不同。			
交割方式	現金交割。			
原始保證金	148,000元	172,000元	79,000元	37,000元
維持保證金	115,000元	132,000元	61,000元	28,250元
結算保證金	109,000元	127,000元	58,000元	27,250元

報你知

個股期貨

是以個股為標的的期貨商品。個股期貨有四大特色。

1.交易成本低。2.財務槓桿高。3.多空交易靈活。4.撮合速度快。

個股期貨每一口代表兩張，也就是2,000股股票。每跳動一點，等同於2,000元的損益。「小型個股期貨」每一口代表100股的股票，每跳動一點，等同於100元損益。保證金是契約金額的13.5%。

2021年在交易所掛牌的個股期貨有200多檔。但很多成交量都不大，流動性不佳，交易難度大。因此，投資個股期貨首先要考慮成交量大的標的。

例如：台積電、鴻海、聯電等。

要記住期貨只是交易方式，重點還是在個股。因此研究個股的基本面和技術面是重點。

你不能錯過

在你觀察股東持股率時，還要特別注意大股東「設質」的情況，亦即大股東把自己擁有的股票，拿去當借錢的抵押品，所以當有一天大股東還不出利息，這些股票就可能會被拍賣掉。背後的意義是，即使大股東持股比例高，表示大股東雖然持有了大量的股票，但大部分的錢是借來的（也就是拿別人的錢來當大股東），那這家公司前景也是不太妙。

2-7 台股指數選擇權－投資彈性極大化

何謂選擇權

　　選擇權是一種延後交割的契約，契約的買方付出權利金，因此有權利、但並無義務在未來特定日子或之前，以特定的價格買進（如果買進買權）或賣出（如果買進賣權）特定數量的商品或證券；契約的賣方收取權利金並支付保證金，因此有義務在未來特定日子或之前，當買方要求履約時，以特定的價格賣出（如果賣出買權）或買進（如果賣出賣權）特定數量的商品或證券。現今的選擇權交易標的物資產，包括金融資產，如股票、債券、外匯與實物商品（如黃金、石油、股價指數期約）。且選擇權又可分為買權與賣權。

　　1. 買權（call）：買權的買方有權利在到期日或到期日之前，以約定的履約價格、數量、規格，買進標的商品，而買權的賣方則有義務依約賣出該標的資產。

　　2. 賣權（put）：賣權的買方有權利在到期日或到期日之前，以約定的履約價格、數量、規格，賣出標的商品，而賣權的賣方則有義務依約買進該標的資產。

　　此外，依買方要求履約的期限，又可分為「美式」與「歐式」選擇權，美式選擇權的買方能在到期日或之前任一日要求履約，歐式選擇權的買方僅能於到期日要求履約，在未到期前可賣出選擇權給其他人。

　　對買方而言，選擇權為一種權利而非義務，為取得此權利，自然必須付出代價；相對的，賣方提供權利，當然要收取一定的代價，此代價便是選擇權的價值，也就是權利金。權利金價格和一般現貨市場的報價一樣，隨著買方願意

表2-7-1 台指選擇權、權證、台指期貨之差異性

	台指選擇權	權證	台指期貨
發行者	期交所	符合資格之券商	期交所
權利主體	買方	買方	買賣雙方
義務主體	賣方	發行券商	買賣雙方
保證金	賣方繳交	無	買賣雙方均需繳交
發行量	無限	固定	無限
標的	加權指數	個股或組合	加權指數
存續期間	兩個近月加三個季月	一年以上兩年以下	兩個近月加三個季月
操作工具	有CALL有PUT 可多可空	認購權證看多 認售權證看空	可多可空
履約型態	限歐式	美式歐式皆可	無
契約乘數	每點50元	無	每點200元
結算方式	現金結算	實體交割或現金結算	現金結算
交易時間	8：45～13：45	9：00～13：30	8：45～13：45
最後交易日	到期日前一日	到期日前二日	到期日前一日
到期（履約）結算價	到期日當天開盤指數	履約當天標的收盤價	到期日當天開盤指數

付出與賣方願意接受的情況，形成市場上的供需。當價格達到買賣雙方都能接受的條件時便可成交，價格也就因而決定。而隨市場各種資訊影響，選擇權的價格也就隨之波動。

選擇權買方在繳交權利金之後，可持有權利一直到期限屆滿，期間不須支付其他金額；而賣方取得權利金之後便背負履約義務，為保證到期能履行義務，賣方必須支付一定金額，稱為保證金。交易所會訂定保證金的最低限額，

通常以涵蓋一日可能損失的最大額度為準,加上每日結算的動作,使違約風險得以控制,而所繳的保證金因只涵蓋一天的損失,故額度也很低。許多交易所對保證金的收取,採整戶風險為衡量基礎,對單一交易人持有的所有部位中風險可互抵的部分,予以減收保證金的措施,使資金運用更具彈性。

台股指數選擇權是什麼

台股指數選擇權在台灣期貨交易所掛牌交易,買賣的標的物是台灣大盤指數,就像在股市中交易買賣的是各家公司的股票一樣,因此同樣也會有漲有跌;而選擇權有兩種,一種是看漲大盤指數的選擇權(稱為買權),與看跌的選擇權(稱為賣權)。簡單歸納選擇權的基本操作策略,可得到以下兩種:預期台股大盤會上漲時,買進買權作多;預期台股大盤會下跌時,買進賣權作空。

如果有一種投資工具只要少許的錢就可以投資,既沒有選股的煩惱、也不用擔心景氣不好賺不到錢,是不是很令人心動?投資指數選擇權就具有這樣的好處。

❶ 開戶

由於指數選擇權屬於期貨交易所的交易商品,因此投資選擇權的交易前,須先至期貨商或證券營業單位開立期貨與選擇權帳戶,而且只要攜帶身分證、印鑑及銀行存摺影本,在開戶資料齊備且填寫完全下,約經過一個工作天,投資人便可透過網路下單,或是委由營業員代為下單。

❷ 存入足夠的權利金和保證金

投資人要先將足夠的金額匯至個人專屬的期貨帳戶,才可開始依帳戶裡的金額大小,選擇適合自己報酬風險的商品來下單。

❸ 選擇投資商品

　　交易台指選擇權可分成買方與賣方，一般來說，對初次接觸選擇權交易的投資人而言，可先從投資風險低的買方進行交易。除了操作簡單，容易上手外，選擇權的買方僅需支付權利金，不需支付保證金及面臨保證金追繳的風險，因此損失幅度有限。而指數選擇權依履約價不同，其商品價格也不同。一般而言，交易一口台股指數選擇權 1 點50元，相較期貨的投資成本，更容易被一般大眾接受。

❹ 下單

　　交易台指選擇權目前有網路及人工下單兩種方式，但由於選擇權現行的報價系統是以大量的數字顯示每個商品的成交情況及風險程度，對初學者而言，相對複雜而不易理解。

❺ 損益計算

　　台指選擇權交易時，每一點的跳動點都是賺賠50元，買進和賣出時都須繳手續費及交易稅，投資人需扣除稅金和手續費後的金額，才是真正的獲利。目前交易稅是按每次交易的權利金金額課徵，每一口稅率為千分之1.25，至於手續費則依各家期貨商而不同。

委託方式

　　依委託的價格條件，委託單可分為市價委託、限價委託。市價委託是在可能之最好價格盡快成交的委託，不限定價格；限價委託是指定價格，限以優於或等於其指定價格進行撮合的委託單。這部分與現行期貨市場的委託方式大致相同。

　　除了一般的委託限價、市價委託外，目前新建置的系統尚可接受交易人加註FOK（Fill-or-Kill；委託的數量須全部且立即成交，否則取消），以及IOC（Immediate-or-Cancel，或稱FAK，立即成交否則取消）兩種有效期限的條件視為當日有效單，亦即加註FOK或IOC條件的委託單，輸入交易系統後必須立即成交，若未立即成交，系統會自動刪除，不會留存於委託簿中。

操作要領

　　對買賣股票的人來說，大盤上漲固然歡欣喜悅，但下跌時看著握在手中的股票愈來愈不值錢，心中定會備感壓力。如果能讓大盤漲時賺，跌時也能照賺不誤，是否讓投資人感到很安心？台指選擇權具有避險套利的功能，等於是替投資人手中的持股買了保險。當投資人看好大盤走勢買進股票，為了怕看錯行情可以買進賣權，規避股票下跌的風險。

　　台指選擇權最誘人的地方，就是投入成本只要幾千元，但隨著大盤即時波動的行情就可享受看對盤勢的獲利；投資人只要掌握要領，就能確保降低操作的門檻。面對這麼多不同的選擇權契約，投資人該如何選擇？近月、遠月商品對投資人的操作策略又有哪些差別？什麼時候是買方，什麼時候是賣方？投資人不妨參考下列原則：

1. 初次投資台指選擇權時，不妨以買進買權和買進賣權為主，因為選擇權的買方只要支付權利金（選擇權的價格）即可，因此沒有支付保證金以及被追繳的風險，最大的損失也只鎖定在權利金範圍內。

2. 如果預期大盤會有大波動，無論是看大漲或大跌，操作策略上適合以買方為主。若預期大盤不致出現大幅變化，僅區間震盪，操作上則可採行賣方策略。換句話說，買方偏好大波動變化，賣方則期望盤整狀態。

3. 預期未來指數將大漲，可採行買進買權策略，此種策略在強烈看多大盤時較能獲利，但因為風險有限，故適合較保守的投資人。

4. 預期未來指數上漲或變化不大，可採行賣出賣權，此種策略使用時機較廣，獲利來源為權利金收入，但風險可能無限大，較適合積極型投資人。

5. 預期未來指數大跌，可採行「買進賣權」策略，此種策略使用在強烈看空大盤時較能獲利，因為風險有限，較適合保守的投資人。

6. 預期未來指數下跌或變化不大，可採行賣出買權，此種策略使用時機較廣，獲利來源為權利金收入，但風險可能無限大，較適合積極型投資人。

報你知

台股選擇權的履約價格間距為何？

近月契約為50點；季月契約為100點。假設大盤現在盤價為7300點，則掛牌交易之近月份商品的履約價，應有7200、7250、7300、7350、7400等，以50點指數為間隔。

操作實例

　　表2-7-3為2011年12月的台股指數選擇權行情表，當時大盤指數是7036.88，如果投資人認為台股可能上漲，就要買進買權call，例如某一投資人買進履約價7200的買權call，支付156點的權利金，也就是7800元（=156點×50元），如果大盤果真上漲，權利金價格也會跟著上漲，此時投資人就可賣出獲利；相反的，如果股市大跌，權利金價格也會下跌，此時投資人就可能造成損失。

　　如果投資人認為台股可能下跌，就要買進賣權put，例如A買進履約價6900的賣權put，支付173點的權利金，也就是8650元（=173點×50元），如果大盤果真下跌，權利金價格也會跟著上漲，此時A就可賣出獲利；相反的，如果股市大漲，權利金價格也會下跌，此時A就可能造成損失。

　　圖2-7-4為2011年11月到12月，台股大盤和台股指數選擇權12月份履約價7100點的買權走勢圖。2011年10月起台股上漲，大盤由6885點上漲到7695點，此時買權call的權利金由350點上漲到720點，如果投資人看好股市，買進買權一口就可獲利18,500元〔=（720-350）×50〕。

表2-7-2 如何運用台股指數選擇權

對市場的預期	運用策略
看多後市	買進買權（Buy Call） 賣出賣權（Sell Put）
看空後市	買進賣權（Buy Put） 賣出買權（Sell Call）
預期價格持平，狹幅震盪	時間價差（Time Spread）

但到了2011年11月初台股盤整下跌，大盤由7695點下跌到7000點，此時買權call的權利金由720點下跌到190點，如果投資人看好股市（結果是下跌），買進買權一口就會造成損失26,500元〔＝（190-720）×50〕。

　　圖2-7-5為2011年12月的台股大盤和台股指數選擇權12月份履約價7000點的賣權走勢圖。2011年11月16日起台股下跌，大盤由7500點下跌到7000點，此時賣權put的權利金由90點上漲到360點，如果投資人看壞股市，買進賣權一口就可獲利13,500元〔＝（360-90）×50〕

表2-7-3 台股指數選擇權行情表（2011年12月）

(TXO) 台指選擇權現貨 7036.88↓ ▼5.76 -0.08%								台股指數近月 7042↓ ▼9 -0.13%					
買權Call						2011/12	賣權Put						
買進	賣出	成交	漲跌	單量	總量	剩餘:30天	買進	賣出	成交	漲跌	單量	總量
780	795	815	▲55.0	2	2 ◀ 6300 ▶		44.0	44.5	44.0=	▼4.0	5	3289
695	710	--	--	0	0 ◀ 6400 ▶		56	57	56=	▼5.0	9	5219
610	625	630↓	▲20.0	1	4 ◀ 6500 ▶		71	72	71=	▼7.0	1	6311
530	540	530↓	▼10.0	1	1321 ◀ 6600 ▶		90	91	90=	▼6.0	1	5777
453	463	460↑	▼1.0	2	29 ◀ 6700 ▶		113	114	113↑	▼6.0	1	5576
381	391	390↑	▲7.0	1	423 ◀ 6800 ▶		141	142	141↑	▼7.0	1	5695
316	323	319↓	▼2.0	1	153 ◀ 6900 ▶		173	175	173↓	▼6.0	1	3140
256	258	257↓	▼11.0	1	878 ◀ 7000 ▶		213	214	213↑	▼5.0	22	4391
201	203	203↓	▼12.0	1	3457 ◀ 7100 ▶		258	260	256↓	▼10.0	20	2439
155	158	156=	▼12.0	1	3701 ◀ 7200 ▶		311	314	305↓	▼10.0	1	1114
116	118	117↓	▼11.0	3	6740 ◀ 7300 ▶		372	375	372↑	▼8.0	1	494
85	87	85↓	▼7.0	2	8300 ◀ 7400 ▶		440	444	432↓	▼10.0	4	382
60	61	60=	▼5.0	1	8788 ◀ 7500 ▶		515	520	515=	0.0	3	343

圖2-7-4 大盤走勢及台股指數買權走勢

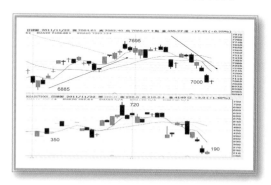

圖2-7-5 大盤和台股指數賣權走勢圖

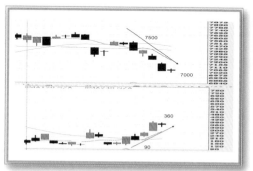

2-8 股票選擇權－成本小，獲利穩定

　　股票選擇權和股價指數選擇權的交易模式完全相同，只是股票選擇權的商品為選擇權連動的個股，而股價指數選擇權的連動標的是股價指數。台灣期貨交易所第一波推出的個股選擇權，五檔標的股為台積電、聯電、南亞、中鋼、富邦金，都是市值大、流通性佳的個股。如果當年投資人手上持有這五檔個股，就很適合透過個股選擇權的操作來避險、或是提高獲利；空手的投資人也可以買賣選擇權獲利，交割方式採實物交割或現金交割兩種。

　　期交所對股票選擇權規劃與台指選擇權最大的不同，在於股票選擇權原則上採取美式選擇權的履約方式，實物交割。個別股票只要符合股票選擇權選股標準，都可發展其衍生的股票選擇權。因此，其商品數量可以快速增加。

　　至於股票選擇權的交易撮合及委託方式，與台指選擇權差異不大。股票選擇權是台灣期貨交易所第一個採取實物交割的商品，結算作業與履約交割作業較現行制度複雜，尤其是交割作業與現貨市場合一，以集保劃撥交割方式處理，對交易人而言較為便捷。

　　投資選擇權的報酬率和投資股票的報酬率不同，因為選擇權的權利金包含時間價值和內含價值，且具有槓桿作用，投資成本遠較直接購買、或融資融券買賣現股的成本還小，可達降低資金成本，獲取穩定報酬的目的。投資人也可透過選擇權組合運用，來鎖定標的證券價格區間的損益波動，所以說，選擇權的特性無法由股票取代。

股票選擇權的交易模式

　　股票選擇權的交易模式和股價指數選擇權相同。以表2-8-2為例，是2021年1月份台積電選擇權契約，當天台積電股價為536元，如果投資人看好台積電未來走勢，就要買進買權call；如果投資人看壞台積電未來走勢，就要買進賣

表2-8-1 台灣證交所發行的選擇權

台指選擇權TXO	台電指選擇權TEO	台金指選擇權TFO	黃金選擇權TGO
美元兌人民幣選擇權RHO	小型美元兌人民幣選擇權RTO	南亞選擇權CAO	中鋼選擇權CBO
聯電選擇權CCO	台積電選擇權CDA	台積電選擇權CDO	富邦金選擇權CEO
台塑選擇權CFO	仁寶選擇權CGO	友達選擇權CHO	華南金選擇權CJO
國泰金選擇權CKO	兆豐金選擇權CLO	台新金選擇權CMO	中信金選擇權CNO
統一選擇權CQO	遠東新選擇權CRO	華新選擇權CSO	大同選擇權CXO
長榮選擇權CZO	彰銀選擇權DCO	永豐金選擇權DEO	台泥選擇權DFO
台化選擇權DGO	鴻海選擇權DHO	華碩選擇權DJO	廣達選擇權DKO
中華電選擇權DLO	玉山金選擇權DNO	元大金選擇權DOO	第一金選擇權DPO
群創選擇權DQO	宏碁選擇權DSO	晶電選擇權DUO	聯發科選擇權DVO
潤泰全選擇權DWO	緯創選擇權DXO	微星選擇權GIO	可成選擇權GXO
宏達電選擇權HCO	大立光選擇權IJO	合庫金選擇權LOO	元大台灣50選擇權NYO
元大寶滬深選擇權NZO	富邦上証選擇權OAO	元大上證50選擇權OBO	FH滬深選擇權OCO

權put。由行情表得知，投資人看好台積電，決定買進履約價525元的買權，權
利金為16.3，也就是要支付16,300元的權利金；投資人看壞台積電，決定買進
履約價525元的賣權，權利金為4.25，也就是要支付4,250元的權利金。

股票選擇權的功能

❶ 避險功能

　　股票投資人可透過選擇權規避其部位風險，如買進賣權，可提供買進股票
者移轉股價下跌之風險；而買入買權，則可避免融券放空現貨因股價上漲而遭
軋空的風險。

❷ 滿足不同風險偏好者需求

選擇權具非線性的報酬型態，透過買、賣權及不同履約價格及到期日，可搭配出多種組合，形成不同償付型態，適合不同風險偏好的需求。

❸ 價格監督功能

選擇權各種交易策略，如單一部位、價差交易、複合式部位，可進行避險、合成、套利等交易，透過它錯綜複雜的價格關係，可建立起標的股票及選擇權與選擇權間的合理價格機能運作。

❹ 價格發現功能

選擇權的契約顯示的是未來一段時間買賣標的現貨，選擇權的市價反應出對未來股票價格的預期，因此有助於交易人對標的股票近期價格的預測。

❺ 延遲投資決策

投資人對股票行情還沒有十足把握時，運用選擇權可將買、賣股票的決定，分解成兩階段的決策過程。先買進以該股票為標的的買權或賣權，付出一點權利金，取得未來一段期間以固定價格買進或賣出該股之權利，等盤勢較為明朗，再考慮是否要買進或出售該股票。

❻ 增加標的物流動性

透過選擇權各種交易策略的運用，可能產生現貨

表2-8-2　台積電個股選擇權行情表

市場的套利機會；也因有股票衍生性商品的出現，使得持有現貨的風險可以移轉，這些因素都可增加標的現貨市場的交易量。

下單注意事項

・股票選擇權到期履約時，買方需主動要求履約（非公司自動履約），如無申請，將視同放棄，賣方有被履約的義務。

・買方（買買權及買賣權）如要求履約須有錢（買買權）或有券（買賣權），如無，則視同履約無效。

・賣方有被履約的義務，如無錢（賣賣權）或無券（賣買權）將被申報違約，且公司需給付受罰款項10%及相關稅費。交易人如確定無錢無券，須於T日前平倉。

・多筆單式選擇權即可申請組合為複式選擇權，可減少保證金，但平倉時須以複式平倉，否則須將複式拆開，變成單式平倉。（申請組合或拆開，可於盤中任何時間申請）

・選擇權到期如為無效，不需收手續費及稅，但一經履約，皆需收取手續費及部分相關的稅。

報你知

個股選擇權交易量較小

個股選擇權因為一天的交易量不多，可能只有十多口，甚至無交易量。所以若在成交後想要離場，有時明明看得到價位，但卻會產生沒有量可以平倉的狀況，這是投資個股選擇權所必須注意的風險。

這個名詞怎麼解釋

軋空（Corners）

持有股票的人若一致認為當天股票將會大跌，多數人將會搶著賣出股票，然而當天股價並沒有如預期大幅度下跌，以致無法低價買進股票。股市結束前，做空頭的只好競相補進，從而出現收盤價大幅度上升的局面，這就是軋空。另外，還有因為股東會舉行而強迫融券戶回補、除權除息融券戶需回補、融券數高於融資數，進行標借的費用負擔，亦可能造成融券戶大力回補。

3-1 影響股價漲跌的因素

建議你可以從以下指標去觀察，來判斷買進的時機～

每天光是看財經版、聽全球局勢新聞，把我搞得頭暈。到底什麼時候才能進場買進阿？

　　購買股票的利潤所得來源有二：一是股票本身表彰的股東權利，包括**股息、股利❶**等；一是透過買進賣出賺取差價，也就是所謂的資本利得。除了抱定長期投資心態的績優股投資人外，大部分投資人都是隨著股價波動而心情起伏，因此，利多或利空就是影響股票市場價格的重點。

　　影響股價漲跌的因素千百種，歸納起來卻不脫以下幾項：景氣、資金、**籌碼❷**、消息和心理。這些變數有些是短期影響股價，有些則是長期的，而且各項變數間又會互相影響。所以投資人對這些因素掌握度愈高，對股票買賣時點的掌握就會愈強。一般而言，資金先發酵，走在股價前面，而景氣走在股價後面，也就是股價漲一波之後，景氣才會復甦。

股價漲跌＝f❸（景氣、資金、籌碼、消息、心理）

觀察景氣循環變化

　　景氣分析的內容，包括全球景氣、台灣的景氣、公司所屬行業的景氣和各公司的經營狀況。

❶ 景氣循環因素

　　景氣循環是影響股價長期表現最重要的因素，觀察景氣面向，包括全球景氣變化、台灣的景氣位置和產業的景氣脈動。全球的景氣變化，可觀察世界銀行發表的景氣變化書，台灣的景氣位置則可追蹤行政院國發會發表的景氣領先指標、景氣同期指標、每一季公告的GDP等。景氣上升，企業獲利增加股價也就有好表現；當景氣下滑，企業獲利萎縮，股價也就應聲下跌。例如投資人要買進台積電（2330），觀察景氣循環的面向時，有全球景氣現況、台灣景氣位置、半導體B／B值❹、費城半導體指數，這些都是投資人所必須關心的。

　　可在行政院國發會的網站（http://index.cepd.gov.tw/）→【最新景氣指標】點選【查詢系統】→【景氣對策信號】等欄目，查詢需要的年月期。

圖3-1-1 景氣對策信號燈

		2010年				2011年								9月		10月	
		9月	10月	11月	12月	1月	2月	3月	4月	5月	6月	7月	8月	燈號	%	燈號	%
綜合判斷	燈號																
	分數	37	34	32	34	34	34	31	29	27	25	23	20		21		20
貨幣總計數M1B															6.3		5.3
直接及間接金融															5.8		5.6
股價指數															-8.1		-10.5
工業生產指數															4.3r		2.4
非農業部門就業人數															2.3		2.1
海關出口值															-0.2		10.0
機械及電機設備進口值															-16.2		-11.5
製造業銷售值															2.7r		3.2p
批發、零售及餐飲業額指數															0.2r		-2.4

綜合判斷說明：●紅燈 (45-38)、◐黃紅燈 (37-32)、◑綠燈 (31-23)、◒黃藍燈 (22-17)、●藍燈 (16-9)。
註：各構成項目均為年變動率，除股價指數外均經季節調整。

◎資料來源：行政院國發會

景氣雖是長期影響股價的重要因素，但景氣的走勢往往落後股價，也就是說股價走得比景氣快，通常領先3～6個月。舉例來說，2007年全球發生**美國次貸危機⑤**，景氣2009年第三季才正式落底，但全球股價在2009年3月份就已經落底回升。因此，景氣可做為確認股價是否再次向上升的重要指標。2020年3月全球發生新冠肺炎疫情，到了2020年第三季才看到景氣復甦，但是股價由4月就開始上漲。

❷ 行業因素

　　針對所投資行業的景氣與繁榮為考量，必須判斷該行業的發展情形，例如台灣的太陽能產業，開創期：通常利潤最高、但風險也高，此時股價呈現不穩定的變動；發展擴張期：產業前景一片樂觀，是股價上升的時期；完美競爭時期：大量擴產導致產能過剩，其他不利因素而發展受阻時，股價可能趨於平穩或下跌。下列各點值得觀察：

> ・該行業的前景・原料成本・成品價格・其他企業的競爭

報你知

戰爭結束後，股價通常會飆升

第一次世界大戰時物價上漲了110%，第二次世界大戰74%，而且戰爭一結束，股市通常就會開始大漲。因為戰爭期間政府會緊縮各項開支，大量印製新鈔，造成物價上漲。戰爭結束後，當時的政府支出就轉變為經濟景氣，刺激股價上漲。此外，地球總人口持續增長，越來越多的消費正是造成物價與股價上揚的基礎。

❸ 公司經營因素

針對所投資的公司個別營運狀況判斷，下列各點值得參考：

1. 股息殖利率：指普通股每股股利與普通股每股市價的比率（每股股利÷每股市價×100%）。例如一張30元的股票，預計今年配息3元，那麼這張股票的殖利率=3/30×100%=10%；若今年配息6元，殖利率則為20%。可知，殖利率愈高，對投資人愈有利。偶爾會在報章雜誌上看到哪幾家股票的殖利率超過10%，證券公司也會寄來股票殖利率前十名的排行榜催促投資人購買，然而，殖利率卻不能當做買股的唯一參考。當期股票殖利率只表達了過去一年的績效，用這一年的績效來決定是否值得買來長期投資，就太草率了。所以投資人在挑選殖利率概念股時要注意，他必須是長期有穩定配股或配息的才可以，例如中華電信、台積電等。

圖3-1-2 茂迪（6244）股價走勢圖

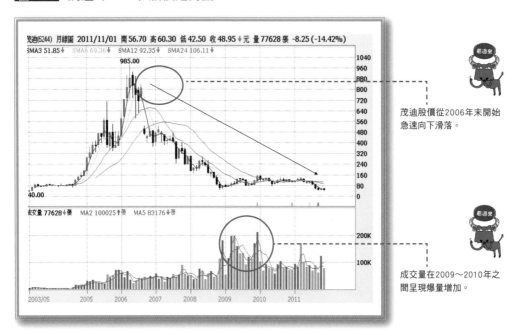

茂迪股價從2006年末開始急速向下滑落。

成交量在2009～2010年之間呈現爆量增加。

2. 本益比：指普通股每股市價與每股盈餘的比率（每股市價÷每股盈餘）。一般而言，本益比愈小愈有利。但是市場上有所謂較合理的本益比，約在12~15之間，而高於20者就要注意，表示盈餘不足、股價卻飆得太高。通常投資人會把股價走勢和本益比區間畫在一起，來看看過去該公司的本益比是多少。以下圖為例子，台積電合理本益比在12倍到16倍之間，如果台積電股價下跌到本益比12以下，可買進；如果台積電股價上漲到本益比16以上，宜賣出。

3. 新發行股票：新上市股票通常有一段持續漲升期。可在台灣證券公司網站（http://www.twse.com.tw/），查詢【上市公司】→點選【最近上市公司】，就能取得所需的新上市公司名單、承銷價和代號等詳盡資料。

4. 董監事的改選：就是所謂的董監事改選行情，選擇董監事持股率較低的公司，可望賺到一筆小財。可在「台灣總合股務資料處理股份有限公司」網站（http://www.twevote.com.tw/）點選【股東會時間表】→即可看到【是否改選董監】的各項訊息。

圖3-1-3　台積電本益比河流圖

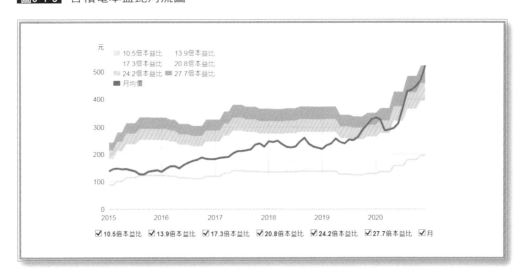

5. 公司的財務結構

6. 除權除息交易

7. 每月營收

8. 每季的獲利

追蹤資金流向

　　股價是由錢堆出來的，當行情上漲，投資人進入股市的資金源源不絕，資金面一片樂觀。當行情下跌，投資人的股票被套牢，資產縮水，信心潰散，資金開始撤離股市，資金面一片悲觀。資金與股價的關係，就像水和船一般，當資金氾濫，水漲船高，股價自然上漲；當資金退潮，水退船低，股價自然下跌。投資人衡量資金的指標有：利率、匯率、**貨幣供給額M ❻**和**證券劃撥餘額❼**，這些都是流入股市資金動能的先行指標，投資人要時常追蹤這些數字。

報你知

董監事持股率偏低帶動的股價行情

　　建議你進入「公開資訊觀測站」（http://mops.twse.com.tw/）→【重大訊息與公告】→【即時重大訊息】→【上市】或【上櫃】等欄位→【基本資料】，即可查詢董監事改選的訊息。因為每年四至六月間是上市櫃公司股東會旺季，往往有不少公司將進行董監事改選，由於董監事持股偏低的公司，較易因為有意入主者在市場搜括持股「吃貨」，而公司派多半為力守經營權，也會護盤到底，在兩方勢力的買盤較勁下帶動股價走揚，形成一波董監改選行情。或是進入台灣經濟新報社網站（http://www.tej.com.tw/webtej/doc/wbstn.htm）。

　　利率是錢的價格，是所有資金指標最重要的基石，當利率下跌，資金寬鬆，錢就多出來，最後往股市跑；當利率上漲，資金緊縮，錢就會從股市中抽離，股市動能就減少。因此，投資人要關心各國央行的利率政策和市場上的利率走向。

　　外匯匯率（這訊息亦可在央行全球資訊網左側欄目找到）是國際資金流向的指標，由於近年來國際金融自由化與國際化的情形相當明顯，外資資金流進

圖3-1-4　各國央行基本利率走勢圖

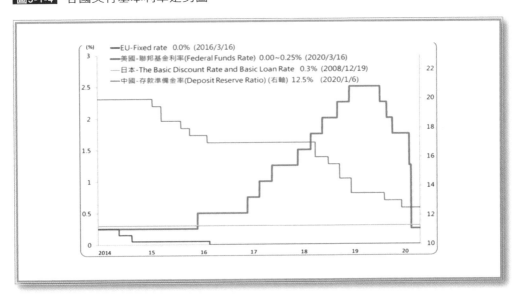

流出影響國內股市日益加劇，當外資匯入準備買股，台幣升值，台股就有機會上漲；當外資出脫手中持股，匯出台灣，台幣就會貶值。所以說，當資金源源不絕由國外流入國內，台幣就會升值，此時投資人就可伺機買入績優股；當外資撤退，台幣貶值，投資人就要減少手中持股。

貨幣供給額M_{1b}，指的是貨幣市場上的餘額扣掉定期存款餘額。股票市場解讀，M_{1b}是未來進入股市的資金，因為M_{1b}的流動性佳，隨時可進入股市。當股市不好，資金往定期存款跑，M_{1b}降低；當股市好轉，資金由定期存款解約，M_{1b}增加。2007年7月分美國發生次貸危機，台灣的M_{1b}相應減少，一直到2008年9月份降到最低。此一時間台股表現不佳，接著M_{1b}在低檔盤整，台股持續下跌，到了2009年1月M_{1b}開始向上攀升，台股在當年3月分起展開「無基之彈」，股價由4000點上攻到8000點，到了2009年12月，M_{1b}甚至來到歷史新高的30.64%。2020年美國聯準會（FED）為了挽救新冠肺炎疫情帶來的景氣危機，大幅降息。由1.5%降至0%，並採用無限的量化寬鬆政策。全球各國的M1b暴衝，全球股市大漲。

證券劃撥餘額指的是，投資人存放在證券交割帳戶中的存款餘額。當餘額增加，表示投資人準備進入股市的動能增加；當餘額減少，表示投資人從股市撤離、或是已經把資金投入股市，那後續再進場的資金就會減少，股市就不易上漲，甚至可能下跌。款券劃撥餘額對股市的影響，會比M_{1b}更敏感，投資人可以觀察三者之間的變化。必須叮嚀投資人的是，股市永遠在漲跌循環中，漲多了必回跌，跌深了也會回升。如果M_{1b}創歷史新高，款券劃撥餘額無法再增加，那就表示股價到頂；如果上述指標創新低，表示股價離底部不遠。

計算籌碼流向

短線操作股票的投資人，常常要關心籌碼的流向、安定與否。當籌碼安

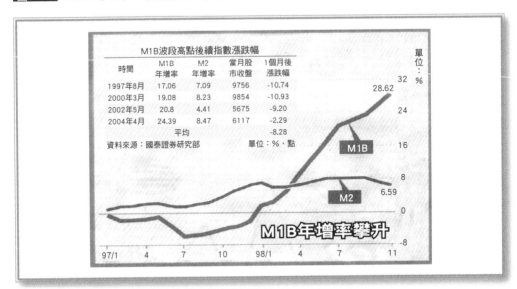

圖3-1-5 2009年1月M1b開始向上攀升，股價也跟著上漲

M1B波段高點後續指數漲跌幅			
時間	M1B 年增率	M2 年增率	當月股 市收盤	1個月後 漲跌幅
1997年8月	17.06	7.09	9756	-10.74
2000年3月	19.08	8.23	9854	-10.93
2002年5月	20.8	4.41	5675	-9.20
2004年4月	24.39	8.47	6117	-2.29
平均			-8.28

資料來源：國泰證券研究部 　　　　單位：%、點

定，表示股市容易上漲；當籌碼凌亂，表示股市下跌機率大。籌碼分析可以用來判定籌碼安定與否，除此之外，成交量、融資融券餘額、三大法人持股，也是重要參考指標。

當成交量暴增，股市參與者太過熱絡，此時籌碼就亂；如果成交量萎縮，甚至產生**窒息量**❽，籌碼就會安定下來。但若融資餘額暴增，表示股市流向一般散戶手中，如果三大法人進場，股票籌碼則會相對安定。

籌碼是影響股市漲跌的短期因素，卻能影響股價的波動與走向，進而影響投資人的持股信心。當**基本面**❾沒有改變，但股價漲高了，成交量快速放大，此時大部分的人都賺到錢，隨時可以獲利出場，之前的買盤就變成不安定的賣壓。市場有一句話說：「股價上漲就是最大的利空」，指的就是籌碼問題。當股價下挫、成交量萎縮，買的人不想買，賣的人不想賣，此時籌碼就得到有效的安定。當股價超跌出現，長期的投資買盤會在低檔承接。

154

觀察消息反應

　　股價短期的走勢受到消息面的影響很大，原則上，當利多消息發表，股價往上衝；當利空消息出現，股價就馬上跌下來。例如，蘋果概念股在初聞賈伯斯逝世消息後的10月7日無一不受累下挫，玉晶光（3406）、新普（6121）等股在盤中更落入跌停的命運，接著蘋果迷一面倒地頌揚賈伯斯的創新魅力後的24日，即由可成（2474）率先攻上漲停，帶動大立光（3008）、TPK宸鴻（3673）等蘋果家族同步大漲；又如杜拜發生金融危機，全球股市同聲下挫。但是股價也會有利多不漲、利空不跌的情形發生，因此當投資人發現利多消息發表，股價反而表現弱勢，有可能市場對此消息反應冷淡，也有可能主力趁好消息在出貨，此時投資人就要反向思考；相反的，一旦利空消息出現，股價不跌反漲，投資人也要思考原因是什麼，是不是有人趁機進場布局，或是這個利空消息不值得恐慌？

　　在股價運動的過程中，利多上漲、利空下跌都屬正常，但是當股價漲太高了，就必須用利多來測試頭部；當股價跌太深了，就必須用利空來測試底部。所以市場有一句話：「利多不漲，是頭部；利空不跌，是底部」、「底部的形成，必須經過利空的焠煉」。2008年11月到2009年3月，股市歷經四個月的盤底，利空不斷的測試，股價都在4000點附近盤整。最後在利空漸漸鈍化（亦即壞消息漸漸讓人心痲痺）之後，股價開始緩步上漲，2009年12月底終於衝到8000點。2020年3月利空不斷的測試，台股來到8,500點後，V型反轉直攻16,000點。

分析群眾心理

　　常聽說股票市場賠錢的以散戶居多，所以操作學的領域裡有一個相當重要的原則，就是要實行與一般群眾心理相違的反向操作。在群眾一片樂觀聲中，

應該警惕；在群眾全面悲觀時，要勇於承接，因為群眾大都是「追高殺低」。

在股票理論上，股價愈漲，風險愈高，然而群眾卻愈有信心；股價愈跌，風險愈低，但一般的投資人卻愈來愈擔心。對投資者而言，如何在投機狂熱高漲時保持理智的研判，在群眾恐懼的時候仍保持足夠的信心，對其投資能否獲利關係很大。主力也往往採取與一般群眾心理相反的操作方式，例如當技術分析一路破底，群眾一片悲觀而殺出股票時，主力卻大力買進；在技術分析一路創新高，群眾一片樂觀而搶進股票時，主力又大力賣出，進行資金調節。

融資融券的趨勢與額度也是觀察重點。由於投資餘額表示投資人信心的增減，股價由谷底翻升時，融資餘額緩慢增加，隨著股價的上漲，投資人信心增強，融資餘額速度加快，最後融資餘額增加的速度大於大盤的漲幅，此時股價有可能達到頂點。接著股價下跌，散戶賠錢出場，融資餘額快速減少，融資餘額較多的股票，往往跌幅最重，最後當融資餘額減少的幅度大於大盤的跌幅，此時股價有可能準備探底。可在台灣證券交易所網站（www.twse.com.tw）→點選【交易資訊】→【融資融券與可借券賣出額度】→【融資融券餘額】，即可查詢某日期之融資融券額。

當證券公司人氣沸騰，開盤即全面大漲，成交量快速放大，連電視藝人

報你知

籌碼安不安定，怎麼看？

一、董監事持股：董監事的持股比率越高，表示籌碼集中於公司派手裡，籌碼安定；二、三大法人持股：法人持股時間大多較長，籌碼若集中在法人手中，籌碼安定度相對高；三、融資餘額：融資餘額攀升，股價也同步上升，則代表市場籌碼安定度高，但當融資餘額暴增，但股價無力上攻，表示籌碼落入散戶手中，主力趁利多消息在大賣持股。

表3-1-6 讀懂公司基本資料裡的各項元素

5483中美晶（2011年10月26收盤價：53.90元）			
基本資料		**股東會及99年配股**	
產業類別	半導體	現金股利	5.00元
成立時間	70/01/21	股票股利	0.50元
上市時間	90/03/02	盈餘配股	0.50元
董 事 長	盧明光	公積配股	-
總 經 理	徐秀蘭	股東會日期	100/06/17
發 言 人	戴上智		
股本	44.31億		
股務代理	元大證02-25865859		
公司電話	03-5772233		
營收比重	太陽能晶圓79.09%、半導體晶圓16.08%、光電晶圓4.66%、其他商品等0.18%		
網 址	http://www.saswafer.com		
工 廠	新竹、竹南、大陸崑山、美國		

這些數字代表公司獲利情況，當然是多多益善。

在6/17以前買入中美晶，即可享有股利分配。

股本少於50億元的公司，較易被主力操縱。

獲利能力 （100第2季）		**最新四季每股盈餘**		**最近四年每股盈餘**	
營業毛利率	4.67%	100第2季	0.32元	99年	10.50元
營業利益率	0.03%	100第1季	2.93元	98年	1.69元
稅前淨利率	1.61%	99第4季	3.64元	97年	8.03元
資產報酬率	0.45%	99第3季	3.99元	96年	9.15元
股東權益報酬率	0.67%	每股淨值：45.68元			

◎資料來源：Yahoo!股市

或計程車司機都會向你報明牌，此時股價通常接近高峰，宜減少持股或退場觀望。若週遭朋友的股票都被套牢、慘賠出場，投資人瘋狂賣出基金，基金公司面臨贖回壓力，書報攤有關股票的書賣不出去，此時通常股價已跌至谷底。

圖3-1-7 大盤窒息量

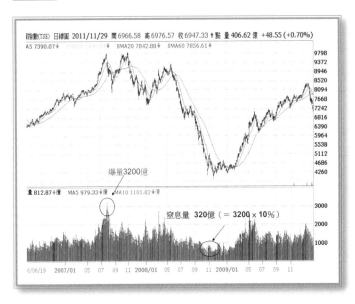

這個名詞怎麼解釋

❶ 股息（dividend）與股利

股息就是股票的利息，是指公司按照票面金額的一個固定比率向股東支付利息。紅利雖然也是公司分配給股東的回報，但它與股息的區別在於——股息的利率固定，而股利數額通常不確定，可隨公司每年可分配盈餘的數額上下浮動。因此，有人把優先股的收益稱為股息，而股利則專指普通股的收益。

❷ 籌碼（chips）

一般是指賭局中的代幣，在此可解讀為股票。而我們常在新聞裡聽到的「籌碼面」，也等於是指「這時候股票在誰身上」的意思。還有當籌碼面乾淨時，表示目前股票都持有在大股東手上，在外流通股數少；籌碼面凌亂則是說，目前有多方人馬持有這支股票，大家都有賣出可能，對於投資人較不利。籌碼面，當然就是愈乾淨愈好。

❸ 股價漲跌＝f（景氣、資金、籌碼、消息、心理）

這是一個標準的函數程式y＝f（x），其中的x，就是表示會影響 y 的因子，亦即股價會漲、會跌，就是由景氣、資金、籌碼、消息、心理這些因素所影響。

❹ B／B值

就是訂單出貨比（Book-to-Bill Ratio，簡稱B B值）。半導體廠商本月份向設備商下了多少設備訂單，設備廠本月份出了多少貨給半導體廠的比率。例如訂單量791.8／出貨量744.2，B／B值就是1.06，表示這個月設備廠平均接到了106美元的訂單。當B／B值大於1表示產業前景看好，未來營收會增加。當B／B值小於1，表示產業前景不樂觀，未來營收會衰退。

❺ 美國次貸危機

即次級房屋信貸危機的簡稱。是由美國國內抵押貸款違約和法拍屋急速增加，所引發的金融危機。它對全球各地銀行與金融市場產生了重大的不良後果，發源於20世紀末，以2007年4月美國第二大次級房貸公司新世紀金融公司破產事件為標記，由房地產市場蔓延到信貸市場，進而演變為全球性金融危機。

❻ M₁b

想了解 M_{1b}，必須先知道什麼是 M_{1a}，M_{1a} 指的是通貨淨額、支票存款、活期存款的總和，也是俗稱的準貨幣；至於 M_{1b} 就是M_{1a}再加上活期儲蓄存款。因此可知 M_{1b} 是通貨等變現性更高的存款，可隨時投入股市，一向被視為觀察台股資金動能是否充沛的指標。

❼ 證券劃撥餘額

投資人買賣股票前，必須到證券公司開立「證券保管劃撥」及「存款劃撥」兩個帳戶，再經由集保公司及證券經紀商指定的金融機構，依據證券經紀商編製的憑證，在規定交割日自行在帳戶內存入所需金額，完成交割。

❽ 窒息量

許多股友依照歷史經驗推估大盤窒息量的換算，係以日成交最高量×黃金切割率0.382來獲知股市底部，但也有股友認為成交量在600億左右時即是底部。例如大盤本月份高點在9309點，日成交最高量能是1,814億元，因此當某日的成交量來到692.95億元（=1814×0.382）就是所謂的窒息量。另外也有投資人用股價高點附近的最大量，乘以10%為窒息量的標準。2007年7月股價最高點為9200點，當時成交量為單日最高3200億，所以股價下跌的窒息量，約在320億左右（=3200×10%），但上述說法並非絕對，亦即股價到底時，不見得可用以上方式推算出來。

❾ 基本面

公司獲利、營收、財務報表（現金流量、股東權益、損益表）……等訊息，都會公布在公開資訊觀測站。常使用雅虎網站的話，也不妨從Yahoo首頁進入左側「股市」欄目→鍵入【個股名稱】或【代號】→再搜尋該股的【基本資料】欄即可。例如表3-1-4中美晶的基本資料，從許多數字中，可以發現它各自代表的涵義。

你不能錯過

　　產業的景氣脈動其實就是指產業的景氣循環，全球景氣有其循環期，各產業也是一樣。例如1998年到2000年高科技產業因為科技產品的需求增加，邁向成長期，2000年後高科技泡沫化發生，科技景氣向下。2003年起中國成為世界工廠，需要大量原物料，原物料產業如鋼鐵、塑化、紡織大好，此時台塑、遠東新股價大漲。2009年中國轉型為全球消費市場，中國內需成為當紅炸子雞，內需通路如旺旺、康師傅、全家、統一超成為大家追逐的標的。所以投資人經常可以在報紙看到下列新聞，諸如太陽能景氣回暖，昱晶（3514）看好前三季；台塑化（6505），石化業第三季全面衰退；南紡（1440），棉花價跌影響Q3紡織獲利；中航（2612）散裝景氣2014年才會轉好……等等財經訊息。從這些訊息裡，投資人可以提早布局，也可比他人提早抽離壞市。

3-2 如何挑選上市櫃公司股票

　　一般而言，景氣回溫股市上漲，多頭市場通常持續時間為二～四年，然後進入不景氣，股市行情下滑股價呈現空頭走勢，最後進入打底期，接著再進入另一個新的多頭市場，周而復始，不斷地循環。在多頭市場的初升段，帶頭上漲，屢創新高價紀錄的，必然是那些成長股。而基礎產業包括化學材料業、化學製品業、石油及煤製品業、橡膠製品業、塑膠製品業、金屬製品業等產業的股票，上漲速度則較為遲緩。

　　投資人必須了解各家公司公布各季獲利的情況，交易所規定上市櫃公司季底加45天以前要公布季報。通常在發布消息之前的一～四週，某些股票會有不尋常的動向。但也有可能在同一產業其他股票行情大好時，它的股價卻躊躇不前，這些都是利多或利空消息發布的徵兆。當某些公司在預定發布業績的日期過後，仍遲遲不發布業績報告，投資人就必須提高警覺。

選擇公司經營現況與展望佳的股票

　　首先要清楚該公司的本業為何？有哪些主力商品？**產品生命週期❶**、供需情形、技術層次、產品進入市場的門檻、佔有率，來衡量市場的景氣、飽和程度和轉機情形。對一般人而言，一時之間想蒐集足夠的資訊以整理出上述輪廓並不容易，不妨藉類股比較，與集中市場中相同類股的資本額、每股盈餘及市價對照，推敲出該股票合理的買進價位。例如2021年5G快速成長，5G概念股是市場注目的焦點。

選擇財務狀況佳的股票

　　從財務報表中可一窺公司的財務狀況，特別是各種財務比率，對公司體質的研判極具參考性。不過財務報表顯示的是過去的成績，對於前景的研判則端

圖3-2-1　台積電 財務狀況佳

台積電(2330)	13:30:00 530s ▲5.00 +0.95% 29903張				
2019.3Q	112,336.27	39.47	13.59	261,063.36	-8.86	10.07

營運分析（合併）

單位：百萬

期別	2019	2018	2017	2016	2015
營收	1,069,985.45	1,031,473.56	977,447.24	947,938.34	843,497.37
營業毛利	492,698.50	497,986.04	494,830.96	474,861.17	410,379.77
營業利益	372,701.09	383,623.52	385,559.22	377,957.78	320,047.78
業外利益	17,144.25	13,886.74	10,573.81	8,001.60	30,381.14
稅前淨利	389,845.34	397,510.26	396,133.03	385,959.38	350,428.91
稅後淨利	345,263.67	351,130.88	343,111.48	334,247.18	306,573.84
毛利率(%)	46.05	48.28	50.62	50.09	48.65
營益率(%)	34.83	37.19	39.45	39.87	37.94
每股營收(元)	41.26	39.78	37.70	36.56	32.53
每股稅前盈餘(元)	15.03	15.33	15.28	14.88	13.51
每股稅後盈餘(元)	13.32	13.54	13.23	12.89	11.82
每股淨值(元)	62.53	64.67	58.70	53.58	47.11

賴基本面分析來配合，像本益比（P/E）及每股盈餘（EPS）等，報刊登載的都是已發生的資訊，往往已在股價先行反映。對上市櫃股票的前景而言，預估每股盈餘及預估本益比則須多加推估，投資人同時應衡量公司的淨值及負債比率、持有不動產、閒置資產及背書情形，若有其他轉投資，其效益是否顯現？是否影響公司的績效？這些情況皆應予以審視。一旦景氣轉好，股票會在沉潛一段時日後開始成長，掌握較佳介入時點是長期投資的不二法門。

選擇籌碼集中的股票

每家上市櫃公司在掛牌後，依規定大股東須將一定比例的持股存放在集中保管機構，兩年內不得隨意釋出，此即所謂的「集保條款」，對資本額小的公司小股東更具保障，可防止短視近利的大股東趁上市櫃之便，將公司掏空後丟給投資大眾去承擔。

公開說明書中詳列董監事及大股東的持股比例，投資人不妨看看董監事們整體的結構及形象，是否用心經營本業？與其他集團關係為何？這些因素或多或少會影響投資人持股的信心。

某些股票的發行數量很大，要拉動它的股價得耗費一番功夫。要使這些股票的價格上揚，必須有強勁的市場需求。反之，發行數量少的股票，只要市場需求稍稍轉旺，股價就會迅速上揚。倘若有兩種股票，其中一種發行量為1000萬股，另一種的發行量為6000萬股，那麼，當其他因素相同時，發行量較小的股票表現一定好得多。

如果兩種股票發行量一樣，而兩公司大股東所持有的股票百分比不等，則**大股東持股**❷愈多，流通在外的股數就愈少，這種股票也就愈值得投資。如1986～1989年國內股市狂飆，即因上市公司的家數太少，進入股市資金龐大所

報你知

裕隆轉型電動車代工廠

市場傳出鴻海、裕隆(2201)合資公司鴻華先進新推出的MIH電動車開放共用平台，有望供應給蘋果Apple Car，激勵裕隆25日股價帶量上漲。

裕隆集團與鴻海集團雙方合資成立的新公司，日前宣布名稱為鴻華先進公司。裕隆和鴻海集團合作創立鴻華先進公司，雙方合作發展電動車，裕隆集團執行長嚴陳莉蓮指未來鴻華先進公司將與台灣產業共同轉型升級、邁向全球。

鴻華先進訂下2年內推出首款電動車、5年內搶下全球10%市佔率目標。

市場傳出鴻華先進有望為蘋果代工生產Apple Car，鴻海、裕隆均不予評論。法人指出，依照蘋果的專利發布及獲利率考量分析，蘋果推出車用系統、軟體的機會大過整車生產；身為蘋果重要夥伴的鴻海，有機會透過新推出的MIH電動車共用平台切入Apple Car供應鏈，鴻華先進有機會為Apple Car打造硬體底盤平台。

造成，當時小型股每股動輒高達200～300元就是這個原因。流通在外的籌碼太少，而想在股市淘金者日眾，因而只要眾多的散戶不管股價多高，盲目跟風吃進，股價就會直線上漲。

選擇高成長率的股票

選擇股票時，每股盈餘的增長率是極重要的指標，**每股盈餘❸**增長率越高越理想。但如果最近的盈利微乎其微，因而只要增加一點，增長率就會很高，這種情況就是例外。例如，每股盈餘由0.5元增為2元，固然其增長率高達400%，但這種增長遠不如由5元增為10元來得有意義，儘管後者的增長率只有100%。很多股票投資人只看到股票價格便宜，買進那些當季盈餘並無增長，甚至下跌的股票，這種作法有失偏頗。如果一家公司的獲利情況不佳，它的股票價格也不會好到哪裡去。

有些投資人或投資機構喜歡買進獲利減退的股票，理由是這類股票的價格較低，認為比較「合算」；另一方面是抱有僥倖心理，期待過一陣子後它們的盈利會大幅度回升。有些時候這樣做是對的，但更多時候其結果適得其反。可供選擇的股票越來越多，何必去碰前景並不確定的股票，而捨去那些每股盈利仍在持續增長的股票呢？總之，股票必須有較高的每股盈利增長率，這樣才會降低投資風險。2020年台灣半導體產業為高成長率的一年，台積電、聯電，世界先進表現不凡。

選擇不斷有創新產品的股票

股價若想飆升，一些新東西是必要的，所謂「新東西」是指新產品、新服務、管理階層大變動、所屬的產業發生重大的利多變化，如發生缺貨、漲價等情況，或者有新的技術出現，使得產業內所有公司都受惠。例如，1999年上櫃

的軟體、網路股狂飆，就是因為創新的結果。

　　大部分新發明，轟動市場的新產品、新服務，大都是那些具有創新意識，富於企業精神的中小企業所推出。一家大企業即使能推出暢銷的新產品，對股價也未必有太大的影響，因為大企業的產品種類繁多，一種暢銷產品的營業額及盈利可能只佔公司整個營業額和盈利的一小部分而已。精明的投資人應該物色那些在推出新產品、新服務，管理階層發生更迭，或所屬的產業有興旺趨向的公司。當這些公司的股票經過長期調整徘徊而逐漸迫近新高點時，就要把握適當時機介入。

選擇法人機構投資的股票

　　幾乎每一檔上市股票都會經過投資機構仔細研究篩選，投資人可以研讀法人機構出刊的個股研究報告，來挑選出好的股票，投資人也可由三大法人公告的買賣超個股來研判哪些股票值得買進，哪些股票必須出脫。

報你知

閒置資產鹹魚翻身

　　2011年5月工商時報報導，擁有豐厚資產的大同（2371）、東元（1504）、三洋電（1614）等老牌家電廠，因陸續開發閒置資產，身價水漲船高。大同不只著手進行板橋舊廠地目變更，也打算配合台北市政府都更計畫，評估將中山北路總公司搬遷而將上萬坪土地進行開發；三洋電泰山廠2.30萬坪土地，前方位於新莊捷運線的丹鳳站出口、後方則被機場捷運站所包夾，另一筆2,500坪土地則位於二省道附近，也接近機場捷運站出口，只等新北市政府辦理公辦都更；東元在新北市淡水、新莊都有工業用地。新莊逾1.1萬坪、位於捷運新莊線頭前庄共構站旁，早就被台北縣列入捷運新莊沿線的都市更新案，地目將變更為商業用地。

圖3-2-2 江興鍛4528 大股東持股比率高

董監持股			
職稱	董監事	持股張數	持股比例(%)
董事長兼總經理	江木山	25,243	32.99
董事	廖素鑾	9,425	12.32
副總	江立夫	4,708	6.15
大股東	富邦人壽託野(股)	2,073	2.71
大股東	江雅品	1,630	2.13
監察人	江秋桂	1,314	1.72
大股東	林鈺臻	1,103	1.44
大股東	林佩頤	1,100	1.44
大股東	江淑姿	994	1.30
協理/財會主管	郭永義	558	0.73

圖3-2-3 長榮2603 財報虧轉盈 股票大漲

財報				
期別	2020.3Q	2020.2Q	2020.1Q	2019.4Q
加權平均股數(千股)	4,812,974	4,812,974	4,812,974	4,536,809
每股淨值(元)	16.68	14.93	14.24	14.55
毛利率(%)	24.46	17.24	6.77	7.35
營益率(%)	20.15	11.84	1.14	1.84
稅前純益率(%)	19.27	9.77	-1.42	-0.16
稅後純益率(%)	17.24	8.76	-1.69	-0.68
營業利益(百萬)	11,091	5,194	496	884
業外利益(百萬)	-487	-906	-1,114	-960
稅前純益(百萬)	10,604	4,288	-618	-77
稅後純益(百萬)	8,185	3,192	-442	-228
EPS(元)	1.70	0.66	-0.09	-0.05
負債比率(%)	73.74	75.49	76.75	76.00
股價淨值比	0.95	0.72	0.65	0.85

❶ 產品生命週期

一個產品大約可分為下列四個階段：一、上市期；二、成長期；三、成熟期或飽和期；四、衰退期。在初上市階段，產品銷售的增加速度相當地緩慢，直至其產品漸為人所知，流通性暢通之後，則銷售會進入快速成長的階段，有一段較長的穩定而緩慢增加之成熟期；隨後其他競品陸續出現，產品價格日漸走低，最後變成遲緩或迅速衰退的局面。這幾年看到的面板業生命週期，幾乎就是以這樣的型態出現。

❷ 大股東持股

可從公開資訊觀測站（http://mops.twse.com.tw/）→左列【基本資料】→點選【董事、監察人、經理人及大股東持股餘額彙總表】→鍵入市場類別、產業別及資料年月，即可表列出此類型產業所有選項→再挑選你想查詢的某個股的代號及年月份。

❸ 每股盈餘（Earnings Per Share，EPS）

是公司的獲利指標，等於盈餘／流通在外股數。對於有公開市場股票交易的公司而言，每股盈餘和公司的股價都有一定的連動性，因此這也是公司現有股東與潛在投資人衡量公司獲利的關鍵要素之一。每股盈餘高，代表著公司每單位資本額的獲利能力高，這表示公司具有某種較佳的產品行銷力、技術能力、管理能力等等，使得公司可以用較少的資源創造出更好的業績。每股盈餘，可從公開資訊觀測站精華版查得。

報你知

電子紙的創新科技

電子紙是一種包含許多「微小球體」（膠囊）的導電高分子材料，其外表和特徵跟一般的紙張相似，具有柔軟度、又可重複顯示資料。電子紙導電的特色為可受到外界驅動電壓的改變，因此材料需要是電的導體。電子紙使用高分子材料，強調其可撓性（flexible）的特色，因此可以像一般紙張被撓曲。不久，也許我們只要帶著幾張電子紙，就可以重複閱讀幾百頁的書籍或文件了。

3-3 由報紙圖表尋找潛力股

投資人必須每日研讀報紙證券金融版或相關證券刊物的新聞與資料,從這些資訊中尋求買賣時點與潛力股,並掌握大盤的方向。

由法人機構買賣動向掌握大盤走勢

法人機構在台灣股市的影響力與日俱增,法人機構分為外資機構、投信基金與證券自營商。由於法人機構有專業經理人在操盤,因此在預測波段行情與選股上,一向有其獨特之處。發現法人機構買超逐日增加,表示法人機構正在進貨,此時投資人可適度跟進;當投資人察覺法人機構賣超逐日增加,表示出貨訊號,投資人可反手作空。雖然同為法人機構,有時候看法卻截然不同。常常可以看到外資機構大舉購進股票,但是國內投信基金卻大賣持股。此時投資人應多蒐集其他資料,做為判斷的基礎。

由外國法人買賣超看選股策略

報紙上常見的外資買賣資訊有:「外資當日買賣超表」、「外資累計買賣超前十名統計表」與「外資買賣金額統計表」等。外資掌握的產業訊息通常較國內法人來得快而準確,這些國外法人不乏國際上知名的投資機構,投資人不妨觀察外資的進出狀況,做為投資的依據。

從外資買賣表中可約略估算其買進成本,如果判定外資仍在默默吃貨,可大膽買進。通常外資皆為中長線操作,而非短線進出;投資人可設定獲利點,到了獲利點再出脫持股。但外資有時對國內的政經環境無法全盤掌握,難免也會造成短期套牢,故投資人應考慮此因素。

由自營商進出表看買賣時機

　　自營商的資訊有：「自營商買進或賣出較多股票表」、「各自營商進出股數金額表」。前者可以看出哪一檔個股較受自營商歡迎，後者可以看出自營商的心態是偏空或偏多。

　　當大盤因突發性利空持續下跌，而自營商在低檔承接，此時投資人應積極跟進；當自營商均大筆買進，投資人可加碼買進；當自營商開始調節持股時，投資人當減少持股；若自營商僅小額進出，投資人應退出觀望。自營商通常皆有財團背景，因此在取得國內政經消息上比外資快而正確，投資人可運用各種圖表，對照運用。自營商進出比較偏短線操作，投資人可視為短期指標。

圖3-3-1 長榮2603 主力進出表

主力進出								
12/08券商買超				12/08券商賣超				
買超券商	買進張數	賣出張數	買超張數	賣超券商	買進張數	賣出張數	賣超張數
統一	16,754	6,501	10,253	元大-草屯	284	7,427	7,143
摩根大通	11,884	2,114	9,770	大慶-富順	110	6,176	6,066
凱基	8,531	443	8,088	凱基-台北	6,822	8,855	2,033
瑞士信貸	7,969	310	7,659	宏遠證券	1,371	3,303	1,932
美林	10,385	6,042	4,343	國泰證券	784	2,360	1,576
凱基-大直	3,710	108	3,602	日盛-三重	467	1,989	1,522
元大-竹科	3,551	255	3,296	中國信託-忠孝	673	2,121	1,448
元富-台中	3,332	134	3,198	兆豐-北高雄	575	1,985	1,410
新加坡商瑞銀	3,267	98	3,169	元大-北成功	535	1,789	1,254
國票-桃園	2,535	280	2,255	凱基-復興	216	1,382	1,166

由券商受託買賣表看主力動向

主力大戶也是透過證券商進出股票市場的，由於主力與券商有相當的默契，例如給予**手續費退佣❶**、資金融通等優惠待遇，因此主力大都固定在某一券商操作下單。由券商受託買賣比重較大個股表，可看出目前主力大捧的特定股票；同時觀察其買超或賣超、買賣總值佔成交總量的百分比等數據。

表3-3-2 法人機構投資股市概況　　單位：千元　　2011年4月20日

類別		期間	買進金額	賣出金額	買（賣）超
外資	境內外法人	本　日 本週累計 本月累計	28,850,435 58,876,124 304,567,807	22,615,160 64,720,487 271,443,566	6235,274 （5,844,362） 33,124,214
	境內外僑	本　日 本週累計 本月累計	25,134 94,126 371,533	52,132 108,506 385,347	（26,998） （14,380） （13,814）
	境外外僑	本　日 本週累計 本月累計	2,106,772 3,750,975 14.619,460	978,795 3,522,050 13,889,198	1,127,977 228,925 730,262
	合計	本　日 本週累計 本月累計	30,982,340 62,721,225 319,558,800	23,646,087 68,351,042 285,718,110	7,336,253 （5,629,817） 33,840,689
投　信		本　日 本週累計 本月累計	3,033,664 7,293,197 29,105,050	2,821,851 8,551,240 34,328,690	211,813 （1,258,042） （5,223,639）
自營商		本　日 本週累計 本月累計	5,322,480 11,985,870 52342,260	4,119,370 13,731,150 49,288,310	1,203,110 （1,745,280） 3,053,950
合　計		本　日 本週累計 本月累計	39,338,484 82,000,292 401,006,110	30,587,308 90,633,432 369,335,110	31,671,000 （8,633,140） 31,671,000

外資當日買進 70 多億

本土法人當日買進 300 多億

由共同基金持股比率看類股表現

一般而言，共同基金偏向長期投資，國內的共同基金皆屬於權益憑證。若大盤下跌，持股基金仍未出脫該類型股票，表示基金經理人認為後市可為，投資人可以買該類股。由於基金公司持有股票都以長波段為主，投資人也可考慮用長線投資因應。各家基金均看好某一類股票而買進已久，且持股滿檔，漲幅頗大，投資人不宜此時追高介入，以免在其出脫時慘遭套牢，畢竟基金經理公司也是要賺錢的。

從成交量排行榜看熱門股

成交量排行榜是將每日成交量最多的個股依序排列。基本上，證券市場

圖3-3-3 外資買超個股

排行	股　票	買進張數	賣出張數	買賣超張數▼	持股比率
1	元大滬深300正2 (00637L)	22,117	10,519	11,598	12.10%
2	強　茂 (2481)	16,462	5,072	11,390	18.07%
3	鴻　海 (2317)	12,847	5,921	6,926	45.81%
4	中　鴻 (2014)	10,019	3,387	6,632	5.84%
5	華　夏 (1305)	6,960	1,040	5,920	20.28%
6	開發金 (2883)	12,429	6,903	5,526	23.67%
7	臺企銀 (2834)	7,962	2,608	5,354	19.03%
8	明基材 (8215)	6,352	1,194	5,158	13.04%
9	國　喬 (1312)	6,659	1,546	5,113	31.99%
10	台　聚 (1304)	5,971	1,045	4,926	39.12%

是由資金堆出來的，當股票脫離**盤整區❷**，無論是向上突破或向下跌破，成交量都必須放大。由表3-3-4中可以找到當時的熱門股與適合短線進出的個股，但投資人不宜長抱，有賺就跑。如果持續買超，代表主力看好該股；如果高檔震盪而且成交量放大，表示主力正在出貨。

由技術指標看短線策略

技術指標包括移動平均線、RSI、買賣平均張數、價量關係、KD值、OBV、OBOS、寶塔線、DMI、ADX與MACD等。這些指標可提供投資人做為短線進出的參考，第六章將詳加說明技術指標的運用。

圖3-3-4 外資買賣超統計表

排行	股票	買進張數	賣出張數	買賣超張數▼	持股比率
1	元大滬深300正2 (00637L)	22,117	10,519	11,598	12.10%
2	強 茂 (2481)	16,462	5,072	11,390	18.07%
3	鴻 海 (2317)	12,847	5,921	6,926	45.81%
4	中 鴻 (2014)	10,019	3,387	6,632	5.84%
5	華 夏 (1305)	6,960	1,040	5,920	20.28%
6	開發金 (2883)	12,429	6,903	5,526	23.67%
7	臺企銀 (2834)	7,962	2,608	5,354	19.03%
8	明基材 (8215)	6,352	1,194	5,158	13.04%
9	國 喬 (1312)	6,659	1,546	5,113	31.99%
10	台 聚 (1304)	5,971	1,045	4,926	39.12%

報你知

觀察自營商買進賣出的訣竅

證券自營商就是證券公司以自有資金操作股票的部門。理論上，自營商進出的股票代表這家公司的操作部門對市場個股的看法，但由於現在券商發行的商品種類繁多，如各種權證，加上承銷部門認購客戶的股票進出，這些避險部位的建立與賣出也都是在自營商的帳號下進行，所以就很難純粹從自營商的進出去研判這家公司的操作部門對市場個股的看法。例如你看到自營商今天賣超台塑，未必就是自營商看壞台塑，有可能是因為台塑的權證到期，將手上避險的部位賣出。

這個名詞怎麼解釋

❶ 手續費退佣

大多數券商收取折扣約為5~6折之間，但若營業員為了替公司爭取更多業績，而且你又是個「大咖」級人物，因此看在你驚人的業績貢獻度上，給你手續費的特別優惠，例如只收你手續費的2.5折，換個方式就是退你佣金7.5折（沒有金額門檻）直接將手續費的差價退還給你。千萬不要小看這千分之3的手續費，長時間累積下來金額也是很可觀。

❷ 盤整區

股價的走勢就是「上漲」、「下跌」及「盤整」三種，其中的盤整就是指，投資人處於觀望的狀態，買到手的捨不得放、還沒進場也還無法下定決定出手，常被說成最索然無味的一個狀態，不論作多或作空都佔不到便宜，這時候的交易量也會低得出奇，甚至不到600億。

圖3-3-5 外資買賣超統計表

	買超				賣超			
代碼	名稱	買超張數	持股張數	持股率%	代碼	名稱	賣超張數	持股張數	持股率%
00637L	元大滬深300正2	11598	68465	12.10	2344	華邦電	-51551	774227	19.45
2481	強茂	11390	60171	18.07	00632R	元大台灣50反1	-42315	3012782	28.57
2317	鴻海	6926	6351520	45.81	2303	聯電	-34475	5575096	44.87
2014	中鴻	6632	83909	5.84	3481	群創	-27057	2724812	28.05
1305	華夏	5920	112253	20.28	2888	新光金	-23706	2627151	20.17
2883	開發金	5526	3544898	23.67	2409	友達	-22538	2796008	29.05
2834	臺企銀	5354	1425823	19.03	6005	群益證	-11563	411958	18.97
8215	明基材	5158	41841	13.04	1605	華新	-4920	824564	25.55
1312	國喬	5113	290107	31.99	1718	中纖	-4685	201575	12.43
1304	台聚	4926	465150	39.12	2618	長榮航	-4243	962832	19.83
2891	中信金	4868	6797634	34.86	2104	國際中橡	-4164	113555	11.53
2330	台積電	4608	19839776	76.51	00715L	街口布蘭特油正2	-3854	61558	3.18
1309	台達化	4447	44761	13.00	2601	益航	-3605	21557	3.13
2027	大成鋼	4408	310806	18.74	1513	中興電	-3070	25901	6.16
1802	台玻	4273	254953	8.76	2610	華航	-2499	497482	9.17
2393	億光	4208	177214	39.96	3149	正達	-2472	9435	4.57
3711	日月光投控	3870	3249509	74.90	2867	三商壽	-2452	181061	7.23

你不能錯過

　　網友們推薦，對於喜歡做趨勢交易的投資者，MACD是一個非常有用的趨勢跟蹤工具。而對於喜歡短線交易的投資者，RSI和KD則是很好的時機信號工具。

3-4 財務報表分析

　　財務報表分析是投資股票最基本的工作，初學者在衡量股價以前，應先了解發行公司的財務報表。財務報表可以了解該企業最詳細的報告，包括財務結構是否健全、管理經營績效的好壞、長短期償債能力的強弱、盈利情況等。分析財務報表可做為投資的判斷。

資產負債表

　　資產負債表為顯示公司資產、負債及資本淨值情況的報表，上市公司編製資產負債表的基準日期為每年的年底（12月31日），或者每一季結束（3月31日、6月30日及9月30日）。為便於閱報表者了解企業財務狀況，資產與負債除列明其名稱或科目外，並按性質劃分若干類。資產有流動資產、固定資產及其他資產等類；負債有流動負債及長期負債等類。在正常情況下，企業資產總額應該大於負債總額（資產＝負債＋淨值），其差額稱為淨值，因此企業的資金欄總數一定等於負債欄數額與資本淨值的總數。資本淨值也稱為股東權益。

損益表

　　投資人可從損益表了解公司的盈餘狀況。損益表通常分成若干段落，首先是營業毛利，即銷貨收入－銷貨成本的餘額。其次是營業盈餘（或虧損），為營業毛利－營業成本支出的差額。再其次是稅前純益（或純損），為營業盈餘加（減）營業外收入（支出）所得的淨額。最後是稅後純益，為稅前純益－預估所得稅的餘額。營業外收入及營業外支出，是指從事非經常性業務所發生的收支或意外損失，前者如有價證券的股利或利息，後者如火災、風災帶來的損失；存款利息收入及借款利息費用，亦屬於營業外收支出。

　　營業毛利為企業一般開支及盈餘的最大來源，自有列明的必要，至於將營

177

業外收支與營業收支區分的作用，主要係便於報表閱讀者預測未來，因為前者既然是非經常性業務所發生，其金額多寡不會有規律；但後者通常有一定的**趨勢**，可據以推斷將來的情況。

相關財務比率

公司公布的資產負債表與損益表，可以求得相關財務比率，這些比率可供操作股票時參考。

1. 淨值：淨值的增減本來就是因公司歷年盈虧累積所致，故可由此看出公司歷年經營的績效，淨值高的公司常會獲得投資人信任、喜愛，股價常居高不下。一般而言，淨值包括股本、資本公積、保留盈餘。

2. 自有資本比率：淨值合計除以資產總計，等於自有資本比率。自有資本比率愈高，負債比率就愈低，財務結構愈健全，對於資金調度與運用方面自然

報你知

拋開本益比迷思

本益比反應的是過去的資料，股價反應的卻是未來的狀況，亦即所謂的人氣指標。一位朋友對友達（2409）一直情有獨鍾……雖然他曾在金融風暴時曾經套牢在60幾塊（2007年末的高點）。2009年他又買進了幾張，理由是他用友達當時32元左右的股價除以上半年每股賺了$2.04，計算出本益比15.6的低倍數。但友達屬於景氣循環股，這類型的股票通常該賣在公司最賺錢、本益比最低的時候，然後在公司虧錢、面板價格止跌反彈的時候買進，但他正好反向操作，以致再度賠錢出場（2011年11月友達只剩13元股價）。緩慢成長股、穩定成長股及資產股都算是低本益比的股票，本益比愈低愈好。快速成長股則是高本益比的股票，但還是得視它的未來營收或獲利成長而定。

較能得心應手，有利於企業的經營競爭；尤其景氣欠佳時比較不會受到利息負擔拖累，承受衝擊能力較強，所以自有資本比率高的公司常受投資人喜愛。

　　3. 每股盈餘：每股盈餘，就是公司稅後損益除以股本，也稱EPS。當EPS愈高表示公司獲利佳，EPS愈低表示獲利不佳，EPS為負數，表示公司經營虧損。

圖3-4-1 友達股價走勢圖

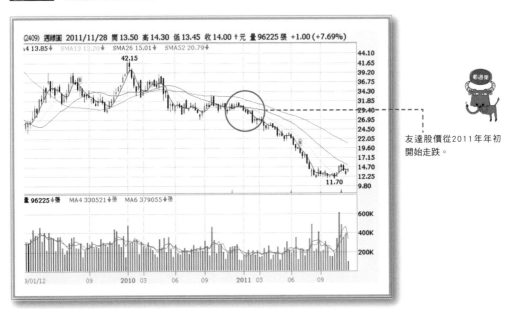

友達股價從2011年年初開始走跌。

圖3-4-2 友達買進時點

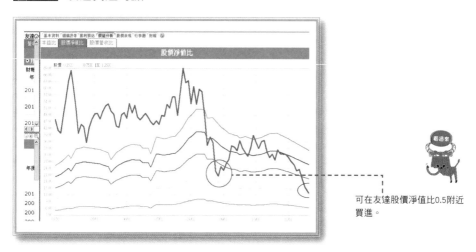

可在友達股價淨值比0.5附近
買進。

圖3-4-3 聯電月營收統計表

營收						
●月營收 ○季營收 ○年營收						單位：千元
財報截止年/月	營業收入	月增率(%)	去年值	年增率(%)	累計營收	年增率(%)
2020/11	14,725,559	-3.65	13,891,904	6.00	161,532,945	19.80
2020/10	15,282,825	5.15	14,587,122	4.77	146,807,386	21.39
2020/09	14,533,813	-2.08	10,826,223	34.25	131,524,561	23.67
2020/08	14,841,818	-4.21	13,184,069	12.57	116,990,748	22.47
2020/07	15,494,823	6.26	13,728,148	12.87	102,148,930	24.05
2020/06	14,581,494	-1.11	11,706,642	24.56	86,654,107	26.29
2020/05	14,745,577	-2.08	12,242,267	20.45	72,072,613	26.65
2020/04	15,059,189	3.35	12,082,275	24.64	57,327,036	28.35
2020/03	14,570,408	7.08	10,325,739	41.11	42,267,847	29.72
2020/02	13,606,421	-3.44	10,461,743	30.06	27,697,439	24.44
2020/01	14,091,018	5.39	11,795,477	19.46	14,091,018	19.46
2019/12	13,370,032	-3.76	11,385,275	17.43	148,201,641	-2.02

正確的策略，加深你口袋的長度－投資策略篇

表3-4-4 中鋼 季度財務報表

期別	2020年3Q	2020年2Q	2020年1Q	2019年4Q	2019年3Q
營收	76,649.04	72,609.41	77,918.88	84,435.09	90,695.07
營業毛利	3,029.48	1,917.08	913.05	2,946.13	6,377.35
營業利益	-155.06	-1,036.59	-2,379.43	-590.79	2,608.00
業外利益	428.76	-216.37	-187.06	-225.13	481.24
稅前淨利	327.70	-1,252.96	-2,566.49	-815.92	3,089.24
稅後淨利	-696.69	-1,407.84	-2,255.54	-527.77	2,156.82
毛利率（％）	3.95	2.64	1.17	3.49	7.03
營益率（％）	-0.20	-1.43	-3.05	-0.70	2.88
每股營收（元）	4.96	4.70	5.04	5.46	5.87
每股稅前盈餘（元）	0.02	-0.08	-0.17	-0.05	0.20
每股稅後盈餘（元）	-0.05	-0.09	-0.15	-0.04	0.14
每股淨值（元）	18.48	18.63	19.07	19.58	19.95

表3-4-5 台泥 年度財務報表

期別	2019年	2018年	2017年	2016年	2015年
營收	122,783.01	124,594.60	98,311.78	89,564.31	93,679.08
營業毛利	35,910.25	35,591.54	18,912.91	17,981.00	14,528.02
營業利益	30,156.72	28,180.90	13,962.89	13,034.14	9,673.70
業外利益	2,476.70	2,363.52	-138.23	-1,518.80	-1,007.68
稅前淨利	32,633.42	30,544.42	13,824.66	11,515.34	8,666.02
稅後淨利	24,211.08	21,180.82	7,594.25	6,358.45	5,775.99
毛利率（％）	29.25	26.96	19.24	20.08	15.51
營益率（％）	24.56	22.62	14.20	14.55	10.33
每股營收（元）	21.70	23.47	23.15	24.26	25.37
每股稅前盈餘（元）	5.97	6.30	3.70	3.12	2.35
每股稅後盈餘（元）	4.43	4.37	2.03	1.72	1.56
每股淨值（元）	34.23	34.20	32.11	28.92	29.06

3-5 股票操作策略

　　股市詭異多變，不僅一般人無法正確掌握買賣時機，有時候專家也會跌破眼鏡。因此，投資人自應有一套策略，不要一味地搶進搶出。一般而言，股市投資策略有下列幾種：

固定價位投資法

　　固定價位投資法是指投資組合中，股票部分的市價保持常數。因此，當股票上漲時，投資人必須及時賣出部分股票，使持有股票部分的市價維持常數。股票下跌時，投資人必須再買進股票，使持股的市價等於這個常數。簡言之，就是維持持有股票的總市值在一定的「價位」，以股票上下漲跌決定投資的方法。例如，A投資200萬元購買股票，若股價上漲，使得他持有的股票總市價上升到240萬元，則他可以出清中約40萬元的持股。若股價下跌，使得他持有的股票總市值下降到180萬元，則他應該再拿出20萬元來購買股票。此法最大的優點是單純，易於執行。投資人容易決定買進賣出的數量，而且不用預測股價可能上漲到什麼幅度。唯此法在量大時的急漲急跌，會造成失誤。這樣的投資策略可用在大型股、權值股或股票型ETF。

比率投資法

　　比率投資法分為變動比率投資法與固定比率投資法二種。

❶ 變動比率投資法

　　是以股票的市價變動為基礎，改變投資組合中所持有的個股比率執行追高殺低的投資策略。例如多頭市場尾聲轉為空頭市場時，投資人開始出脫持股往下減碼，最後只擁有5%的股票，95%現金。在股市打底轉為多頭市場時，開始

慢慢增加持股，一路追價買進最後持有95%的股票，5%的現金或其他。執行此法時必須評估買賣時點及中間價位，也就是何時股票與現金的比率應相等。這樣的投資策略，適合運用在成長型的主流股和強勢股。

❷ 固定比率投資法

投資組合中，攻擊性股票與防禦性股票的價值維持一定的比率。投資人在股價上漲時，必須出售防禦性的股票，轉為攻擊性股票，使兩部分的股票價值維持一定比率。當股價下跌時，投資人必須出售部分攻擊性的股票，轉為防禦性股票。所謂攻擊性股票，是指漲跌幅皆大於大盤的股票，通常是一些小型績優股，防禦性股票則是股票波動不大的大型股，通常為大型權值股如中華電、台積電等。

平均投資法

平均投資法，通常能有效降低時機研判錯誤所產生的風險。平均投資法分為定時定額平均投資法和定價定額平均投資法，定時定額平均投資法是在一段

報你知

注意三角形投資的變形

在市場上還聽股友們提過「收斂三角形」這個名詞，據說是剛開始時震幅較大，但愈到後期，參與的成交者愈少，所以震幅逐漸縮小，短線投機也就愈來愈熱烈；等到最後的收斂發生，其實就是暗示股價已經平穩，待時機成熟，長線大戶就正式出手；於是新的一波趨勢發動，形同掃單；收斂末端受傷最重的，往往就是之前在微小獲利嚐到甜頭而加碼投機的短線散客。不能不注意啊！

時間中分段買進或賣出股票；在每段時間中，運用同等金額購買股票。假設你不知道股價何時上漲或下跌，可以時間間隔同量買進，來平均你買進的成本。

另一種定價定額平均投資法，其資金的劃分成為平均投資法的重心。尤其在股價低檔時，投資人需買進大量股票，此法更具效用。而當股價上漲時，運用平均投資法的投資人，其平均成本會比股價水準低。假定投資人準備購買十張元大金的股票，他可以分批買入。當股價在18元時買入二張，上升到20元時再買二張，上升到22元時再買二張，下跌到20元再加買二張，最後上升到22元再買二張，也就是每隔2元的價位買入股票，購買成本會相對便宜。賣出股票時，也可用相同的方式。這樣的投資策略股息殖利率高，可用在景氣循環股的存股和股票型ETF。

三角形投資法

所謂三角形投資法，簡單的說就是正三角形方式買進，倒三角形方式賣出。三角形買進，是在股價下跌的過程中一路向下買進，隨著股價下跌的每一階段，買進的數量不斷增加。當股價回升時，則逐漸減少買進的數量。從買進股數及價位的分布狀況看，上述買進形態呈正三角形，故稱之為正三角形買進。至於倒三角形賣出，則是在股價上漲的過程中一路向上賣出，賣出的數量隨股價的上漲而增加，一直到將股票賣光為止。

3-6 股票操作技巧

　　股市這些年來的興衰變化，使得投資人較有中長期投資的體悟，政府也努力改善國內金融投資環境，透過調節資金供需的方式來穩定市場，未來股市應能穩定的進入另一個循環週期。

　　想在股市中獲利，不但須花時間研究，而且不要貪心，以確保戰果。選擇買賣時點，觀察成交量的變化，留意公司的業績和展望，是立於不敗之地的不二法門。投資股票除要花時間研究，還要懂得適時獲利了結，不要貪心。賣點的選擇有一個原則可以掌握，就是當自己買進的股票中大部分都開始下跌時，就是獲利了結，退出觀望的時候。當股市已經漲了一段以後，個別股價漲不上去的家數越來越多，大部分股票開始回跌的時候，代表人氣開始減退，動力逐漸缺乏，應該是賣出獲利的時機；相反地，股市下跌一段，股價跌不下去的股票家數越來越多，大部分股價開始反轉上升時，則是買進訊號。

　　依據前述原則觀察大勢之後，投資人應該勤作功課，注意大勢和個別股票的最新動態。在弱勢市場裡，若某家公司股票股價不跌，表示有人大力接手，則介入該股票的風險不大；股市持續重跌後，在少數股票帶動下，很多股票的價格紛紛上升，出現反彈的機率就會大增。

　　要致勝一定要花時間研究，對大勢或個別股票股價的**支撐區、壓力區**的資料，前一天都要注意。當消息面並未轉壞時，重要的支撐區附近應有相當的支撐，可以考慮介入。不過，投資人不太容易把握住一天中最佳時點、最佳價位進出，宜分批買進或賣出確保戰果。

　　例如圖3-6-2正新（1216）壓力72元／支撐62元，如果你認為正新為箱型整理行情，股價會在壓力72元和支撐62元間做整理，你應在62元買進，72元賣出。若基本面變好，股價有可能突破72元往上漲，此時反而是買進點；但是若基本面變壞，股價有可能跌破62元往下，此時反而是賣出點。

圖3-6-1 支撐與壓力線怎麼看

A區：支撐線8850
B區：支撐線8850，壓力線9100
C區：支撐線8400，壓力線8850
D區：支撐線7250，壓力線7900

圖3-6-2 正新股價走勢圖

正新在這個區間呈現所謂的箱型整理行情，股價在62元～72元之間滑動。

一般投資人都愛追隨大戶操作動向，但應考慮指數是在高檔或低檔，若是高檔則勿貿然跟進。此外也應多注意公司的業績和展望，萬一被套牢了才有翻身的機會。對於技術面的一些特殊現象，例如成交量的變化及相關指標的變化也應多予注意，才能跟得心安。

　　投資人在買賣股票時應學會設定獲利了結的目標區。通常在盤局時，獲利一成就應考慮退出，情況轉好時則考慮設定三到四成。如買的股票下跌，應設定停損點，先認賠賣出，再逢低買進來攤平成本。在現金方面，大多頭市場時保留三成已足，平常則保留五成左右比較妥當。

　　至於個股究竟適宜以短線操作或中長期投資，應以當時情勢來判斷，一般說來，績優股、大型股買賣都比較容易，比較適合中長期投資。短線操作偏重技術性分析；中長期操作應注重產品生命週期及總體經濟展望。

　　一般說來，景氣復甦初期，資金會重返生產事業，所以交易量短期內很難見到過去動輒上千億元的日交易量。指數下跌不深的情形下，績優股的市場認同將愈高，這是多頭市場初期與後空頭市場的特徵，投資人操作上宜放棄過去享暴利的企圖，最好以長期投資參與配股、配息為佳，即使是短線操作，也應以10%左右價差做為獲利滿足點。

支撐區VS.壓力區

支撐及壓力只是參考指標。支撐通常是股票買進的參考點，壓力則是股票賣出的參考點。在支撐及壓力點上，表示該價格有較大的成交量，但實務上，並非表示跌破就不買，漲過就立即賣出。萬一突然跌破這個價位，若不是因為營運或展望有問題，就是絕佳買點；再來，若是帶量而過，就是多頭上攻主力強，會創新高點。

3-7 停損點與獲利滿足點的運用

「買股票容易，賣股票難」，一語道破股市操作的技巧要點。買入股票後，就應該在心中預設「獲利點」與「停損點」。當股價漲至獲利點時，即獲利了結；當股價跌到停損點時，即忍痛賣出。沒有一個投資專家每次都能買到最低點，賣到最高點。投資的最高原則是買在相對低點賣在相對高點，大賺小賠，最後是賺錢即可。但總體而言仍是賺錢。

為何要設停損點

顧名思義「停損」就是停止損失，就是我們常說的斷尾求生法。買入股票後股價隨之下跌，此時一般人通常認為只是小幅拉回而已，自己的運氣應該不會那麼差吧！結果事與願違，股價一路下挫。面對這種情況，如果不停損賣出，可能的下場是長期套牢。如果坐視不管，則資金長期凍結；如果狠下心來賣掉，又怕賣到最低點，真是左右為難。

「留得青山在，不怕沒柴燒」，此話可為停損賣出作最佳的註腳。大多數投資人在股票套牢之後，通常不願意賠錢賣出，對未來仍抱著一絲希望。如果手中仍有現金，可分批向下承接，攤平成本，一旦股價反轉向上，可早日解套。一般而言，散戶的資金並不多，低檔買進攤平的操作策略並不容易。如果不知何處是低點，則不妨運用停損點，可以讓你在股市中立於不敗之地。

如何設停損點

停損點的設立主要是根據技術分析的線圖分析。當股價跌破重要支撐時，停損賣出。所謂「重要支撐」是指某個價位經多次測試，當股價跌到這價位時都可守住；可是一旦跌破，將有一大段跌幅。也可把停損點設在波段的1/3、1/2和2/3處，依據**艾略特波浪理論**，這三個點皆為重要關卡，一旦跌破也將有

一段跌幅。

為何要設獲利點

　　股價每天漲漲跌跌，只要不賣出，其損失或獲利都是帳面上的。「獲利」就是讓帳上利益實現，把錢放進口袋。一般投資人在股價上漲時，都是愈看愈高，一直期待有更高的賣點，運用獲利點可以克服人性的貪婪。在股價運動的過程中，沒有一路飆升的狀況，再樂觀的行情，也有反轉下挫的一天。因此買入股票時就應設定一個獲利點，股價到達獲利點時即應賣出持股。

如何設獲利點

　　獲利點的設立主要是依據技術分析的線形，當股價到達壓力區，通常無力再上攻、且會向下拉回，把獲利點設在壓力區附近，才能賣到波段的高點。也可把獲利點設在波段的1/3、1/2和2/3處，依據艾略特波浪理論，這三個點皆為重要關卡，不易突破。

艾略特波浪理論（Wave Principle）

顧名思義，就是教導你如何在大海上衝浪的絕招。知名技術分析大師艾略特（R.N.Elliott）在63歲時創立，被公認為現存最好的一種預測工具。利用道瓊工業指數平均做為研究工具，發現不斷變化的股價結構性形態反映了自然和諧之美。根據這一發現他提出了一套相關的市場分析理論，歸納出股票市場的13種型態（Pattern）或波浪（Waves），在市場上這些型態重複出現，但是出現的間隔及幅度大小並不一定具有再現性。

3-8 融資、融券操作技巧

　　在股市信用交易中，**融資與融券❶**餘額代表多空勢力的消長。當眾人看好後市，就會用融資的方式擴張信用買入股票；看壞後市，就會用融券的方式放空股票。投資人可由報紙證券版得知前一日股市融券融資的變化。使用融資買賣股票的投資人，可將資券變化做為投資時的重要參考指標。

　　使用融資融券來擴張信用，所能創造的槓桿效果為2.5倍，比用現金買股票的投資人高出許多，且融資利率通常高於市場正常的利率水準，故使用融資融券的投資人多是追求短期的獲利。但此法獲利快，虧損的速度也快，所以融資券者敏感度往往高於一般人，其持股的週轉率亦較高。

　　作多的獲利想像空間無限、損失有限（最大的損失就是股票下市）；但作空的獲利有限，損失卻是無限，故融券放空的投資人其危機意識更高，市場上軋空壓力也較容易形成。融資、融券的申請手續簡便，一般投資人多以此工具來擴張信用，融資、融券的增減往往被解釋為散戶進出的指標。

報你知

買到下市的股票怎麼辦？

　　萬一發現買到的股票後來不幸下市了，可以打去投資人保護中心尋求協助，也可上經濟部商業司（http://gcis.nat.gov.tw/）查詢公司是否還在？若是：股票還是有效，可想辦法轉讓；若否：清算後是否有剩餘財產、是否繼續營業？台灣證券交易所也有網頁可查詢近期下市的公司名單。

融資、融券跟著趨勢走

就長期的走勢來看，若是大盤向上、向下的趨勢明顯，則融資的增減與大盤走勢應當是同向的，只有市場對後勢產生疑慮的時候，兩個指標才會有相左的走勢，所以當大盤急漲之後，若是出現資增，價不漲、或是價漲，資未增的情形，投資人都應當保持高度的戒心。因為資增價不漲，顯示自有資金買進者已有出脫持股的跡象，融資碼浮動性則相對較高；而價漲資未增，則表示人氣有逐漸退潮的跡象，價漲僅架構在投資人的惜售之上，若是成交值也出現萎縮的跡象，投資人就應更加的小心。

若是當大盤在長期跌勢、或是長時間整理之後，出現資增價不漲的情形，代表的意義卻又是完全相反。因為資增價不漲，顯示股價雖然未大幅上漲，但股價振幅已吸引較投機的資金（融資以一搏二）進場。加上若是空頭之後仍然存活的融資戶，多屬於市場老手，其市場靈敏度應比一般人來得高，所以融資的底部區應會先於股價出現，但頭部的確認則較不一定，有時融資先於股價，有時則是股價先於融資。

以資券的變化情況來看，融資增加、融券減少，代表大盤預期作頭，股價即將往下跌。萬一融資減少、融券增加，則大盤預期打底，股價即將回落。自1991年以來股市出現四次低點，其資券與大盤的變化過程，都是融券先創新低量，接著大盤創新低點，最後是融資創新低量。三次出現高點，其時間順序也是融券先創新高量，接著股價大量創新高點，最後融資創新高點。七次經驗中，有時候會有時間重疊的現象，例如1993年3月22日、4月7日，與1994年1月6日即是。總之，若資券雙向增

表3-8-1　資、券、量的關係

資增／券增／量增→買
資增／券增／量縮→賣
資增／券減／量增→找賣點
資減／券增／量增→找買點
資增／券減／量縮→賣
資減／券增／量增→買

加，盤勢將為上升行情；反之亦同。

　　看淡股票的後市時，先行融券賣出，等股價跌到一定程度再買回還券，就是俗稱的「放空」。由於國內股市對融券的條件和額度限制，遠比融資來得嚴格，所以融券賣出的風險也比較大，除非投資人在股市已有多年經驗，否則最好不要輕易放空。常有投資人由於放空股票無法回補，演變成違約交割。台灣股市對於放空限制特別嚴格，故不利於放空，在選股、時機以及過程上都要有相當的經驗和技巧，否則很容易演變成被「軋空❷」的窘況。

　　放空應該避免選擇小型股、或是籌碼集中的股票，因為小型股票流通籌碼少，常是主力炒作的目標，很容易被「軋空」，或是補不回來。大眾往往以為融資融券餘額表上，某支股票融券數量逐漸增加到和融資數量接近，表示這支股票放空的人越來越多，可以跟進放空。這個推論並不正確，因為在現行融券的券源來自融資，融資數量一減少，券資比就會拉高隨時有人準備補回股票，股價可能即將反彈。面對股價屢創新高，不合理逆勢上漲的股票，投資人千萬不要因為「看不順眼」就輕易放空，因為這種股票可能有特定主力介入，或是有重大利多使股價上漲，放空時也很容易被軋。

　　在放空的時機上，一支股票線路上未形成頭部前先不要放空，等到頭部已經形成，下跌一段時間後，出現反彈的「逃命線❸」才是放空的最好時機。放空不要期望剛好放到最高價，就好像買進股票時不要苛求買到最低價一樣。還要留意該股短期內是否要除息或除權，如果不久就要除權或除息，現在放空，沒幾天就必須回補，相當不划算。

　　放空還要配合大勢，多頭市場最好避免作空，等到大勢下跌型態確立後再放空才有較大勝算。並要先確定是短空、或中長空；要是短空，一有短期低檔就應補回，要是作中長空，可以等到股價止跌，形成底部才回補。由於台股先天上就不利作空，一般投資人最好不要輕易放空。

圖3-8-2 台塑2011年8-11月資券變化圖

1301 台塑 資 券 變 化					單位:張數
日　期	融資買進	融資賣出	融資現償	融資餘額	融資限額	資券相抵
100/11/21	498	396	2	4745	1530226	1335
	融券買進	融券賣出	融券現償	融券餘額	融券限額	券資比%
	368	425	0	1530	1530226	32.24%

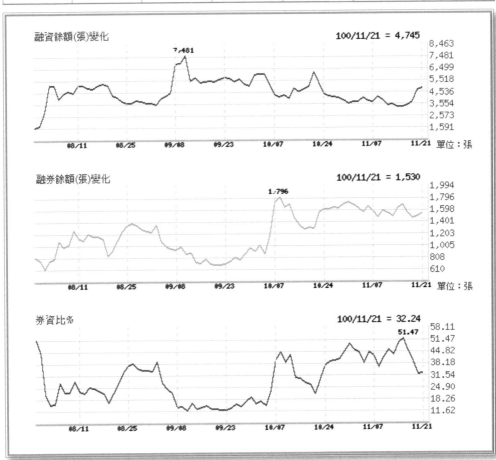

◎資料來源：Yahoo!股市

軋空行情

　　股市行情大起大落，自然令投資人膽戰心驚，但最恐怖的股市軋空戰術，則是天時、地利、人和缺一不可才能成功演出。有人說，融資買股票，股價跌下來，固然可能會出現追繳、斷頭壓力，但只要資金能週轉得過來，還是有一張股票在；但是放空股票，股價大漲，被軋空後，假使主力硬是不放出籌碼，就算你有錢，也買不到股票來回補，那種恐懼煎熬的滋味，絕對不輸套牢。

　　主力在製造軋空行情前，首先必須取得金主的支援與大股東的認可，畢竟一場軋空秀要動用龐大的資金與籌碼的鎖定；其次，主力要以融資方式買進股票，一方面增加鎖碼的功效，另一方面擴大融券的可用餘額；接著便是透過媒體等管道放出不利公司的言論，誘使空頭放空；等到資券比達到50%或60%以上，再強行上拉股價，軋空該股，直到融券戶棄甲投降。從歷年幾起著名軋空事件可發現，融券戶都以慘賠收場，縱使炒作主力受到法律制裁，融券戶都早已陣亡殆盡。喜歡針對問題股放空的人，實應引以為鑒。

❶ 軋空行情造成資券比失衡

　　軋空戰縱使在主管單位出面關切後，主力有可能因順應輿情，釋出籌碼供融券戶認賠回補，而軋空主力也可乘機將部分籌碼獲利了結。但更恐怖的現象其實還在後頭，假使軋空主力短期間將融資籌碼大量出脫了結，使信用交易面資券比嚴重失衡，則將融資股票出借給融券戶放空的證券金融公司，在券源不足的情形下，勢必得天天到證交所標借股票。由於標借費用最高可達到價金的5%，而這筆費用又得由所有融券戶平均分攤。以1995年的高興昌股軋空標借事件為例，融券戶光是借券費用，至少又多賠上１億多元。同時，由於高興昌股幕後財力出奇雄厚，一度也讓檢調單位懷疑是中資介入台股，結果卻發現是國際票券員工楊瑞仁藉假票券，陸續挪用國票資金數百億元，交由市場主力鄭楠興等人炒作高興昌股，並因此引爆國票案這場規模空前的金融弊案。

❷ 軋空秀年年上演

歷史帶給人類最大的教訓，就是人類永遠無法從當中學得教訓。事實上，細數台灣股市軋空史，從1980年復華證券金融公司開業，融券制度正式建立以來，台灣股市幾乎年年都會發生重大的軋空、標借事件。從最早發生的合發興業標借案例，由證交所、復華等相關單位，邀請大股東出借股票，雖然順利擺平券源問題，但卻衍生出1981年萬有紙廠股軋空事件。還有1979年翁大銘結合已故草頭大戶蔡克寬介入華新電纜股票，軋得華新焦老闆住進醫院，最後破了大財，高價回補，才保住經營權；翁大銘也一戰成名，不僅演出精彩的現代版王子復仇記，也從此繼承乃父翁明昌大戶排場。同樣的劇情、結局，也出現在1987年雷伯龍拉抬廣豐股票，軋賀老闆空；1992年主力阿丁介入長榮運輸股，軋張榮發空，最後都是大股東向市場派投降，賠上價差解決問題。

以上例子還算和平收場，但近年來發生的長億、榮聯、億豐等股軋空事件，最後幾乎都是融券戶以慘賠局面收場，縱使炒作主力多半會受到法律制裁，但都是幾年以後的事，融券戶則是早已陣亡殆盡。

❶ 融資&融券

融資是指你若預期未來股價會上漲，但手中的資金不夠，於是繳交部分保證金給證券公司，向他們借錢買股票，之後再伺機高價賣出該股票，賺取買低賣高的價差。而融券就是當你預期未來股票會下跌，但手中沒有該股票，於是繳交部分保證金，向證券公司借股票賣出，之後再於市場上買入下跌後的股票來償還。

❷ 軋空 (Corners)

市場上有人稱為「壟斷證券來源而形成壓迫」，是指證券市場上的某一操縱集團，將證券市場流通股票吸納集中，致使證券交易市場上的賣空者，沒有其他來源補回股票，軋空集團乘機操縱證券價格的一種方式。比如，股市上的股票持有者一致認為當天股票將會大跌，於是多數人搶賣放空、賣出股票，然而當天股價並沒有大幅度下跌，無法低價買進股票。股市結束前，做空頭的只好競相補進，從而出現收盤價大幅度上升的局面。

❸ 逃命線

在艾略特波浪理論中的第B波，常會出現假象，製造多頭陷阱，讓你誤認為多頭市場再度來臨而大舉加碼買入，最後慘遭套牢。B波表現經常是成交量不大，一般而言是多頭的逃命線。此時走勢多為投機性的情緒化表現，市場結構脆弱，成交量不會太大。此時為出清持股的最佳時刻，因此第B波又稱為逃命線。

 **你不能錯過**

　　你可能在媒體聽到過「台積電概念股」，這是指台積電的原料商、設備商和協力廠商，當台積電增加資本支出他們的營收就有機會成長。

第三站

3-9 除權行情的運用

　　除權，就是公司以有償或無償的方式，配發股票給股東。無償配股包括**盈餘轉增資❶**與資本公積轉增資兩種，公司將獲利以股利方式發放給股東；有償配股一般是公司需要現金增資，股東拿出現金來認購新股，為了鼓勵原股東認購，認購價格通常比市價低。

　　除權日當天的開盤參考價，等於前一日的收盤價減去權值（就是股息、股利）。例如，除權日前一天的收盤價是80元，權值為5元，除權當日的開盤參考價即為75元。是否有除權行情，端賴該股票是否能**填權❷**，也就是除權日後股價能否上升至80元以上。長期投資的人參加除權是相當划算的，因為數年下來「股子、股孫」必定繁衍不斷，尤其是往年皆有高權值的類股，如電子股、銀行股等。如果是短期投資，就必須分析參加除權的個股能否順利填權，若否，則可能產生不賺反賠的結果。

大股東左右除權行情

　　因為大股東手上握有大量股票，若全數參與除權，所得稅的負擔必定十分沉重。因此，大股東通常傾向於除權日前賣出股票，除權日後再行回補。問題是，賣出與買入股票的時點為何？許多個股在主力及公司派人士的介入之下，會在除權前展開一波飆升，好讓大股東賣好價錢，在這種情況下，投資人應及早進場等著別人抬轎。除權日後，大股東有可能壓低股價，再補回股票，也有可能強拉股價完成填權。

公司業績與展望

　　上市公司如果年年發放現金股息，投資人持股信心較強，公司展望較佳，例如台塑、南亞等。一般權值愈大者，填權期間較為漫長，甚至無法填權；有

時候權值愈大愈能吸引投資人參加除權。例如台積電，從1994至1999年間，每年皆有3～5元的股票股利到了2019年宣布採季配息，每季至少配2.5元，吸引不少長期投資者介入。

　　除權個股能否順利填權，與大盤走勢息息相關。大盤穩步上揚，填權就較為順利；如果盤跌，則填權能力相對較差。1995年台灣股市大盤呈空頭走勢，當年度個股的除權行情皆黯淡無光，1997年台灣股市大盤呈多頭走勢，當年度個股的除權行情則是表現得相當亮麗。

這個名詞怎麼解釋

❶ 盈餘轉增資

公司利用盈餘的一部分轉增資發行股票，依比例配發給公司持股的股東，股東獲取新股、無須另繳股款，稱為無償配股。若是公司將資產增值的部分每年以某一比例配發給持股者，亦屬無償配股。公司如果要再投資，賺的錢不分配給股東，但是要依實施需用項目支用編製經費預算書，核實支用。因為公司是把錢用於再投資，可以使用盈餘轉增資方式，分配股票股利給股東，再把留下的錢拿來做擴廠、增添新設備，以使名實相符。

❷ 填息

公司營運如果順利，每年於股東會時皆會報告當年盈餘及預配發的權息，如配發現金股利5元，所以持有1張股票可配息5,000元（5元*1000股）。除權息後的股價就需扣除發放之股利價格。例如遊戲大廠智冠（5478）2011年10月6日除權息，該公司配發6.5元股息，除權前一天股價為72.2，除權息參考價為65.7元（=72.2-6.5）。一周後智冠股價順利突破72.2元，表示填息完成。

3-10 股市的風險控管與避險策略

投資有價證券有二種風險，一種是系統風險（例如美國次級房貸和歐債危機），另一種為非系統風險。系統風險就是整個市場的風險，整個市場的漲跌影響到投資人的得失；非系統風險就是個別公司經營績效影響股價的風險。雖然在多頭市場，但公司經營不佳也會使股價下跌。

股市的風險控管

一般而言，金融市場的風險有價格風險、信用風險、**流動性風險❶**和**國家風險❷**等。風險控管的方法如下：

❶ 整體部位的控管

所謂部位，就是投資人的可用資金額度。假定投資人投入200萬元買股，他的部位就是200萬元，因這200萬元隨時面臨跌價的可能性。將部位設定在可以忍受的範圍內才是明智之舉。

❷ 投資標的的控管

「不要把所有的雞蛋放在同一個籃子」，應該把購買標的分散到不同類型的股票中，以規避非系統風險；但過度分散也會造成獲利率降低。

報你知

非系統風險

2010年7月發生的台塑化六輕OL-1（輕油裂解一號廠）因蒸餾塔塔底泵浦軸破裂、流體外洩引發火災，造成台塑股價連番下挫，就是典型的非系統風險，非系統風險也就是個別公司的營運風險，和產業或全球景氣無關。

❸ 資金流動的控管

　　買入股票後第二個營業日為付款日，賣出股票後第二個營業日為收款日。雖然股票在所有金融工具中屬於流動性較高的投資工具，但仍要控制好資金的進出，應定期補登存摺，查閱資金進出與買賣交易資料是否吻合。每個月證券商多會寄出月對帳單（或以電子郵件寄出），供投資人核對。

❹ 信用交易的風險控管

　　投資人運用融資、融券方式買賣股票稱為信用交易。以信用交易方式操作股票可擴張投資人的信用，達到財務槓桿原理以小搏大的目的。但是擴大信用也相對擴大了投資者的風險，若方向作錯，可能遭到斷頭。因此，對信用交易的額度與自有比率應設定一個限額。

以分散投資標的規避風險

　　投資者可以將資金分散成四部分：第一部分投資於績優大型股，以獲取比較穩當的利潤；第二部分投資於小型投機股，以求取高獲利；第三部分以可轉換公司債與國內基金為標的；第四部分以現金方式保留，做為後續投資準備。分散投資標的可以規避部分系統風險，才不會因為個別股票的表現而影響到應有的獲利。

以股價指數期貨規避風險

　　股價指數期貨是以股價指數為投資標的的期貨，投資人可以作多亦可作空。投資股價指數期貨只需關心整個大盤走勢，不必專注在個別股的表現，也就不會有「賺了指數，賠了股價」的遺憾。也就是說，系統風險是投資股價指數惟一要考量的。

　　當投資人在股票市場買入股票，所面對的是價格下跌的風險，因此可賣出股價指數期貨來規避風險。一旦股價下跌，投資人在期貨上的獲利可以彌補股票市場的虧損；相反地，當投資人在股票市場賣出股票，他所面對的是價格上漲的風險，因此可買入股票指數期貨來規避風險，當股價上揚，投資人可用期貨市場上的獲利來彌補股票市場的損失。

以認購權證規避風險

　　認購權證是基金公司所發行的受益憑證，此種受益憑證與股市漲跌呈正比，例如摩根史坦利發行的營建類股認購權證。以認購權證做為規避風險的工具，與股價指數期貨有異曲同工之妙，所不同的是認購權證不能作「空」，只能先買後賣。這點投資人宜多加注意。

這個名詞怎麼解釋

❶ 流動性風險（Liquidity Risk）

市場上若因成交量不足、或缺乏交易的對手，導致未能在理想的時點完成買賣的風險。例如，某客戶的呆帳問題造成銀行重大損失，可能會引發流動性問題和人們對該銀行的疑慮，這足以觸發大規模的股價下跌，或導致其他金融機構和企業為預防該銀行可能出現違約，而對其信用額度實行凍結。

❷ 國家風險（Country Risk）

通常是指在國際經濟活動中，由於國家的主權行為所引起的造成損失的可能性。在主權風險的範圍內，國家做為交易的一方，通過其違約行為（例如停付外債本金或利息）直接構成風險，經由政策和法規的變動（例如調整匯率和稅率等）間接構成風險。歐債危機就是很典型的代表。

3-11 國內主力大戶的操作技巧與策略

　　主力大戶在國內股市扮演雙重角色：活絡股市交易，發揮為上市公司籌措長期生產性資金與提供社會大眾投資的管道，有助於經濟成長；同時並能為其跟隨者（抬轎的散戶）創造財富，對社會不無貢獻。惟市場主力介入股市太深，導致交易呈現過度活絡，則會使股票市場成為短線投機的場所，嚴重影響股市的安定；而且當主力介入操作某支股票時，會使該股股價呈現大幅波動，造成散戶損失。一般而言，市場主力的操作方式可分為下列四個階段：

鎖定籌碼，掌握基本持股

　　於股價低時大量買進，並向公司董監事等大股東情商以巨額轉帳方式轉進大筆股票，聯合操作。但你如能在主力進貨階段即買入，並在主力出貨的高檔時期跟著獲利了結，自然可以大賺一筆。但一般投資人往往無法事先知道這些情報。因此保本之道，首先要認清主力操作股票最終目的是在高檔出貨，因此要避免在股價已向上拉升一大段後再去搶進；其次，要培養基本分析與技術分析的能力，利用各種資訊了解上市公司的實際營運狀況，以及該公司歷年股價之漲跌情形，不要單憑市場消息進出股票。

誘使散戶跟進

　　當市場主力買足某支股票後，即可鎖住籌碼，股價自然上升，再用大成交量突破整理區，並透過外圍人士放出利多消息，甚至與公司董監事等大股東聯合大幅拉抬，以誘使散戶跟進。

進行洗盤

　　市場主力在操作股票過程中為誘使散戶和短線轎客出貨，常會進行洗

盤。洗盤的方式有三種：

1. 震盪洗盤：即指市場主力在盤中高出低進，讓散戶搞不懂原因，終致信心不足而脫手，結果往往造成散戶高進低出。

2. 向下洗盤：當某支股票經過一段上漲，逐漸為一般投資人認同，持股信心大增，抱股不賣，此時主力為求股價長期上漲，乃故意大量出貨，壓低行情，迫使短線浮額釋出。此為市場主力最常用的方式。

3. 向上洗盤：當股市走勢不佳，市場主力故意拉高股價，但始終不讓該股漲停，以誘使散戶逢高買進。由於向上洗盤的成本較高，一般不常使用。

順利出貨

主力大戶操作股票的最終目的為順利出貨，賺取價差。主力可能配合發布利多消息，逐步出售手中持股，也可能利用行情震盪時調節出貨。通常市場主力會鎖定小型股加以操作，由於小型股成交量較小，主力會在當天左手買右手賣製造熱絡現象，誘使散戶在高檔區買進，以利主力出貨。

有時市場主力操作某支股票太久，其動態已漸為投資人所注意，操作時會

報你知

主力出貨前有跡可循

每天收盤後，證券交易所都會公布券商個股買賣張數排行表。這時若是有主力在出貨，那麼排名前幾名的券商賣出數量總是超過買進數量非常多（但因為他是在出貨，所以他的買進是要維持股價不跌，讓投資大眾誤以為股價尚有可為勇於跟進，因此他的買進量不會很大），此時你再把這張表的日期拉到前一個月就會發現：該券商買進不少這支股票！接著再看看股價日線圖，你會發現短期股價就有不小的漲幅，而融資餘額（有時候主力會使用融資）當天卻減少了很多。

礙手礙腳，不易隨心所欲地靈活進出，於是炒作不同股票的主力就會協議互換股票操作，此時表面上是相互看好，互相捧場，實際上已在私底下達到順利出貨之目的。有時市場主力操作某支股票一陣後覺得力有未逮，便將手中持股以巨額轉帳方式轉出部分給其他中實戶，以便共襄盛舉。如此一方面可增加自己的買進力量，另一方面亦可藉眾人之力達到拉抬股價的目的。

　　雖然市場主力一般採取上述四個步驟操作股票，但各市場主力的實際作法亦有顯著差異。有些市場主力偏好短線頻繁進出，以賺取差價；有些較厚道的市場主力用分批買、分批賣的方式持股，中長期投資，如此一來散戶賺小錢，主力賺大錢，皆大歡喜。至於那些有雄厚資金為後盾的企業大老闆當市場主力，為照顧自己公司股價，並逃避證管會的追查，常利用自己的投資公司，將公司股價拉高後，大量出售手中持股，再等候低價補回。

報你知

主力出貨的另一招

　　比如一檔股票主力從10元開始往上拉抬，但欲出貨在100元附近，則由於股價從10元漲至100元漲幅高達十倍，一般投資人很可能覺得股價已經過高而不願意追價，因此主力可能持續往上拉抬至150元，達150元後開始往下出貨，順勢出貨後將股價壓低至100元以下，此時由於股價已經下挫三成，投資人相對將覺得夠便宜，同時主力於此時釋放出準備已久的大利多，引誘另一批投資人進場買進追價，因此股價再度往上拉抬，而於此同時若利多能順利發酵，散戶大量買進，主力將開始大量出貨，因此往上拉抬階段將出現爆量、而股價不一定大漲現象，主力將於此段時間來回震盪出貨，達到完全出貨目的。

3-12 長抱股票輕鬆當贏家

　　如果你沒有時間分析、研究股市行情，或者殺進、殺出，虧損累累，建議你買進大型績優股，長期持有，幾年下來必可累積一筆比定存優厚的利得。至2020年8月股市的開戶人數高達1101萬人，雖然投資人口這麼多，交投如此熱絡，但並非每個人都能賺錢。根據非正式的統計，股市中僅有三成的人賺錢，另外七成的人幾乎都處於賠錢狀態。

　　股市一直有漲有跌，即使在空頭行情的年度，也會有上漲的股票。照理說，投資人並非沒有賺錢的機會，但要看準行情，卻必須下功夫研究，再加上幾分運氣。台灣股市絕大多數是散戶，自然成為大戶和主力坑殺的對象。

聽明牌，跟著主力跑，小心被套牢

　　一般散戶在股市中進出大都是聽明牌，卻不分析明牌的來源，分辨正確性。說穿了，明牌的來源不外乎大戶、股友社和報紙雜誌，散戶得到的早已是七、八手的資訊，該上轎的早就上轎了，散戶只有抬轎的分，運氣不好就成了「最後一隻老鼠」。

　　證券公司的從業人員置身第一線，而且每家公司或多或少都有主力級客戶，對於市場主力的動態最清楚，甚至因此向一般散戶報明牌，但這麼多年來，那麼多主力大戶一個個地倒下去，可見聽明牌、跟主力大戶作股票是不可靠的。筆者並不是完全排斥明牌，只是建議在聽到明牌後，應加上自己的判斷。畢竟你想賺錢，主力大戶也想賺錢。

技術分析要謹慎使用，否則靠不住

　　一般投資大眾不了解基本分析和技術分析，因此才會亂買、亂賣，造成股市的大幅波動。但現在證券公司常會請專家解盤，營業員也多少會做分析供投

資人參考，何以絕大多數投資人仍然虧損累累？基本分析或技術分析都有其盲點，有人會自嘲說「證券分析的準確率和擲銅板差不多」。有些人學習得不夠透澈、或資料的蒐集不完全，也常在行情判斷上出錯。

由於基本分析、技術分析有時不見得管用，很多投資人就順勢而為，在行情好的時候，抓住大漲的主流股孤注一擲，甚至擴充信用，融資買進；在行情下挫時，融券賣出，反手作空。這樣做有時的確可以大撈一票；不過一旦行情逆轉，這些人也賠得比別人快。

長期投資績優股，股子股孫繁衍快

買股票還是作長線比較容易賺到錢。股票放得久，獲利應不輸定期存款，投資人不妨買些股利高的股票，參加除權，長期下來應該可以填權，之後領到的股子、股孫才算是賺的。筆者有一位長輩，年輕時就進入台積電上班，他只要有閒錢就去買台積電股票，幾十年下來，除了員工配股，向其他同事收購的股票，以及那些股子股孫，算一算也有上億元的價值。

報你知

具公信力的大型績優股

以下是台灣50基金的成分股，也是專家票選出具公信力的大型績優股：台積電（2330）、華碩（2357）、國泰金（2882）、中華（2204）、中鋼（2002）、中華電（2412）、台塑化（6505）、鴻海（2317）、聯發科（2454）、南亞（1303）、廣達（2382）、矽品（2325）、統一（1216）、裕隆（2201）。

圖3-12-1 長期投資績優股實例1

IC代工龍頭台積電（2330）每年EPS約為20元-25元，且平均每年配息10元以上，
為長期投資標的，即使經歷2008年金融海嘯，長期投資仍然有不錯的獲利。

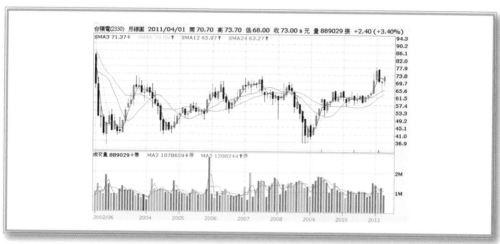

圖3-12-2 長期投資績優股實例2

台塑集團的母公司台塑（1301），經營穩健，產業前景明朗，每年配股配息穩
定，為長期投資標的，即使經歷1997亞洲金融風暴，2000年高科技泡沫，2008
年金融海嘯，長期投資獲利仍然很亮眼。

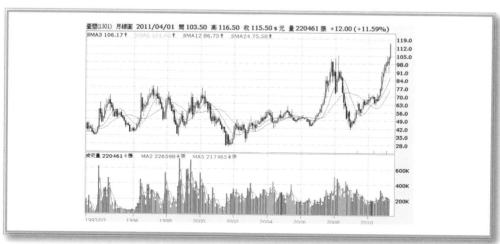

3-13 效法老前輩的**買股祕訣**

德昌證券總經理林成宗先生是證券金融界的老前輩，也是我非常景仰崇拜的學者，他的睿智和傑出的才能，一直是我學習的楷模。他從基層金融做起，深知整個證券金融業的脈動，對於選股與買賣時機更有其獨特的見解。他常告訴我一些投資證券的原則，我一向將其奉為圭臬，多年來受益匪淺，特在此介紹與各位投資人。

❶ 分散投資、長抱績優股

選擇三、四家經營正派，所從事業務又有潛力的公司股票，一有錢就買進，長期下來，隨著經營者及公司的成長，再加上配股配息，未來將可累積一筆可觀的財富。

❷ 漲時重勢，跌時重質

股票的價格是資金堆積起來的，必須經過不斷的換手，才能將股價往上推升；因此，上漲的過程首重氣勢，氣勢足的股票才能在多頭市場有所表現。在股票下跌時，投資人會殺出手頭體質、業績不佳的股票；因此，在空頭市場中，體質佳的股票跌幅較小。

❸ 細心觀察經濟景氣循環

股市是經濟的櫥窗，股市的漲跌與景氣有密切的關係，股市表現是景氣循環的領先指標。就長期投資的觀點而言，投資人應在景氣谷底時買進股票，景氣復甦時加碼，景氣繁榮時出脫持股。

❹ 掌握適當的買賣時點

買進的時點：一、人心樂觀，人氣旺盛；二、人氣轉淡，退出觀望；三、銀根較鬆，游資充斥；四、技術指標出現買進訊號；五、上市公司經營績效持

表3-13-1 主要國家消費者物價指數（CPI）年增率

單位：%

地區別	2010年	2011年		2011年預測值		2012年預測值	
		9月	1-9月	Global Insight	IMF	Global Insight	IMF
全球	2.8	4.3	4.1	4.1	5.0	3.1	3.7
美國	1.6	3.9	3.1	3.0	3.0	1.3	1.2
歐元區	1.5	3.0	2.6	2.5	2.5	1.8	1.5
日本	-0.7	0.2*	-0.3	0.2	-0.4	-0.6	-0.5
中國大陸	3.3	6.1	5.7	5.6	5.5	4.1	3.3
台灣	1.0	1.4	1.4	1.5 (2.0)	1.8	1.5	1.8
南韓	3.0	4.3	4.5	4.1	4.5	2.0	3.5
香港	2.3	5.8	5.1	5.0	5.5	3.8	4.5
新加坡	2.8	5.5	5.1	4.9	3.3	2.9	3.0
印尼	5.1	4.6	5.8	5.4	5.7	5.4	6.5
馬來西亞	1.7	3.4	3.2	3.2	3.2	2.9	2.5
菲律賓	3.8	4.8	4.8	4.7	4.5	4.2	4.1
泰國	3.3	4.0	3.8	3.9	4.0	4.0	4.1
越南	9.2	22.4	18.2	18.7	18.8	8.5	12.1
印度	12.1	9.0*	8.9	8.5	10.6	7.0	8.6

與他國相比，台灣的CPI不算高，但也是屬於緩慢成長的狀態。

◎資料來源：行政院經濟建設委員會

續成長。

賣出的時點：一、股價急漲，逢高脫售；二、銀根吃緊，利率上升；三、技術指標出現賣出訊號；四、上市公司出現經營危機；五、股價漲至投資人預先設定的獲利點；六、股價跌破停損點。

❺ 勤作功課，首重模擬分析

買賣股票，先做紙上模擬訓練，不但可避免損失，還可提高日後實際進場時得勝的機率。多花時間做技術分析與基本分析，有助投資人的判斷力。

❻ 不可盡信專家，信人不如信己

專家也有跌破眼鏡的時候，原因在於股市走向有時候不近常理，專家的話僅供參考。奉勸投資人還是多運用自己的智慧、常識，化險為夷，自己才是最值得信賴的投資顧問。

❼ 量力而為，切忌盲目擴張信用

投資股票應量力而為，不可盲目擴張信用。大量運用融資融券，雖然在行情判斷正確時獲利倍增，若行情判斷錯誤也將一敗塗地。

❽ 留意法人與投信機構的操作

法人與投信機構的影響力與日俱增，多觀察其操作方向與類股，可做為投資的參考。此外，投信機構出版的刊物亦是投資者重要的資訊來源。

報你知

銀行寬鬆銀根，避免雨天收傘

2008年由雷曼兄弟倒閉所引發的金融海嘯，各國央行紛紛緊急提供短期融資額度，避免貨幣市場出現流動性危機，央行隨後也緊急宣布調降存款準備率。從政府角度，為確保信用緊縮不會發生，能做的就是放鬆銀根與降息，避免雨天收傘。央行透過調降存準率，讓銀行資金更多，進而投入股市，穩定金融市場。

4-1 水泥類股

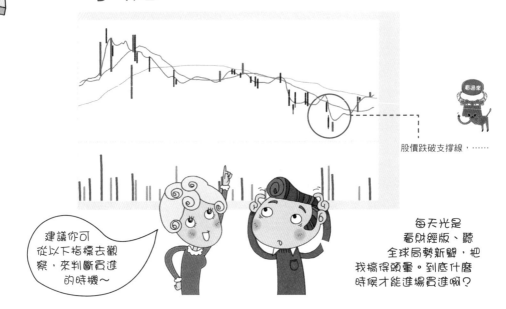

股價跌破支撐線，……

建議你可以從以下指標去觀察，來判斷買進的時機～

每天光是看財經版、聽全球局勢新聞，把我搞得頭暈。到底什麼時候才能進場買進啊？

　　台灣水泥業前四大公司為台泥、亞泥、嘉泥和環泥，佔國內50%以上的市場。國內水泥業為高度**寡佔市場❶**，且是完全內需的產業，價格多由賣方決定。水泥的原料是石灰石、爐石、鐵渣和煤碳等，早期水泥專業區多分布在南部高雄附近，近年來南部石灰石漸漸枯竭，因此往東部花蓮移動。由於水泥屬於高污染性的產業，經常受到地方政府反對及環保人士抗爭，再加上政府的水泥發展政策不明朗和原料取得困難，形成水泥業發展的障礙。

　　國內的水泥品質都已標準化。水泥因笨重、不耐長距離運輸，易受潮無法久存，故以內銷為主。進口水泥則以日本、韓國和東南亞為主要來源。由於國內廠商不看好市場需求，且已有部分停產，預估該產業將漸走下坡；且土地多在石灰石山區，開採後的土地利用價值不高。水泥業的景氣大致落後營建業半

圖4-1-1 水泥產業供應鏈

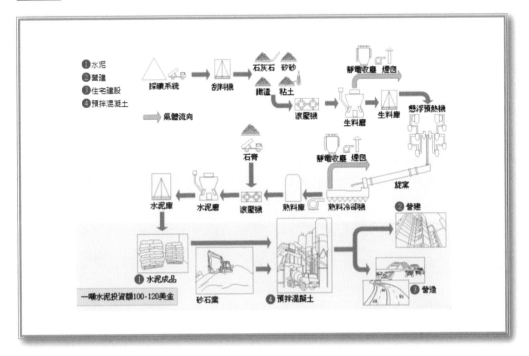

年到一年的時間，其景氣有賴營建業的復甦與政府加速公共工程來推動。

　　水泥窯主要分成兩大類，立窯跟旋窯。立窯進入門檻低，僅能生產低標水泥，對環境帶來高污染，也耗費大量能源。旋窯則相反，進入門檻高，可生產低標及高標水泥，但需要高資金及高技術，對環境帶來的傷害較低。生產1公噸的水泥約需要1.4公噸的石灰石、300公斤的黏土、60公斤的矽砂，將以上原料研磨成粉後成為「水泥生料」，再經過1,500度高溫燒製成為「水泥熟料」，然後邊研磨邊加入適量石膏而成為「水泥成品」。大多數業者為了降低成本，在水泥成品攪拌製成預拌混凝土的過程中，會添加爐石粉或飛灰，藉此減少普通水泥用量。

　　設立一座年產能150萬噸的水泥工廠，須投入的生產設備及建廠成本高達

50億元，此外，取得採礦權的龐大資金、土地成本、水泥成品的昂貴運輸設備及各種儲存裝置，也是不小的負擔，自然而然形成高進入門檻。考量到開採及運輸問題，多數水泥廠大多設立於石灰石礦區，因此石灰石礦權是水泥廠的命脈。水泥的熟料燒成屬於連續性生產，因此很少停窯，生產過程中使用的能源包括電力、燃煤及油三種，平均 1 噸水泥耗用能源400度電力及139公斤的煤炭，佔生產成本比重在三～五成。部分業者為了節省成本，因而增設**汽電共生設備❷**，或是利用石油焦、廢輪胎等代替燃料。

　　台灣本島的水泥市場成長有限，2000年各大水泥廠都已前往中國大陸設廠，中國是全球第一大水泥生產國，總產量佔全球比重近五成。台灣水泥廠以台泥、亞泥最為積極，近年來在大陸的投資效益已經逐漸顯現。水泥產業在台灣股市不是主流產業，水泥股因為股息殖利率佳，是標準的存股標的。

❓ 這個名詞怎麼解釋

❶ 寡佔市場（Oligopoly Market）

是指一種市場競爭的型態，意思是只有少數幾家生產者壟斷著這個市場；市場指的就是一種商品，所以寡佔就是指少數幾家廠商生產該種商品。廠商數目少（約2~20家）、廠商之間的決策相互牽制，大部分是屬於高成本、高投資的產業，如電信業、石化業、水泥業等。為了避免彼此間的競爭，寡佔市場的廠商會採取聯合行為，以追求利潤的極大化。以石油為例，目前台灣採用每周浮動油價，當國際原油價格變動時，中油和台塑化會依公式調整。

❷ 汽電共生設備

以瓦斯引擎發電機發電，使用熱水吸收式冷凍機回收引擎夾套熱水生產冷氣，廢熱蒸汽鍋爐回收排氣，廢熱生產蒸汽供應蒸汽吸收式冷凍機產製冷氣，並應用板式熱交換器回收引擎潤滑油、空氣冷卻器廢熱以提供溫水游泳池溫水。本套設備能源轉換效率高達80%，且使用瓦斯為燃料，不會衍生環境污染問題，適用於辦公大樓、觀光大飯店、醫院、住商綜合大樓。

4-2 塑化類股

　　石化業在國內產業中具有舉足輕重的地位，中油公司提煉原油成為乙烯、丙烯、丁二烯和苯等塑化上游原料，提供中游廠商如台塑（1301）、華夏（1305）、國喬（1312）、台苯（1310）等公司製造中間原料，最後供應聚酯化纖、乙二醇、純對苯二甲酸酯等石化原料，提供下游製造商做成鞋襪、成衣、皮包、雨衣、泳衣、塑膠袋等上萬種民生用品。

　　由於國內石化產業上中下游一氣呵成，產品與原料價格環環相扣。影響石化價格最主要因素是原料成本和消費成品的需求量。中國大陸對國內石化業影響極深；但歐美經濟景氣，仍是影響全球石化業最重要的變數。在國內塑膠製造商紛紛至大陸設廠的情形下，大陸加工出口業所使用的塑膠原料，多由國內轉口，對石化業而言，中國大陸的經濟政策將是日後觀察重點。而歐美經濟景氣對石化業的影響也頗深遠，因為歐美是石化產品的消費大國。觀察的項目包括：美國汽車及房屋銷售成長率，海灣區原油現貨報價，國際各大廠產量預估等。

　　1995年初開始，石化業開始呈多頭走勢，肇因於美國經濟復甦，歐美日大廠因爆炸、乾旱而供給減少，下游業者在缺貨的恐慌心理下奮勇搶進。1996年上半年漲勢依然凌厲，下半年因美國景氣明顯降溫，而且在遠東區各國紛紛擴建產能的情形下，石化產品行情演出數十年來最慘烈的崩盤走勢，國內塑化股也開始一蹶不振。

　　到了2000年中國崛起，需要大量的塑化原料，台灣的石化業因技術及品質優於大陸的廠商，因而快速取得中國市場的先機，各塑化類股的股價也快速飆升。2008年由於全球景氣因美國次貸風暴而下滑，塑化的需求也因而減少，股價順勢下滑。長期而言，台灣的塑化產業有其競爭優勢，特別是台塑集團的**台塑四寶❶**，更是長期投資的首選。

　　乙烯是供應塑膠射出成品的最重要原料；亞聚（1308）生產的低密度聚乙

圖4-2-1 國際油價走勢圖

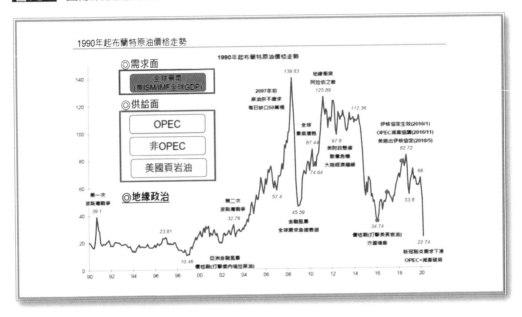

烯可製成塑膠袋、積體電路板；台塑生產的高密度聚乙烯可製成硬管、水管、薄膜；台塑、華夏、南亞生產的聚氯乙烯（PVC）可製成塑膠皮布、塑膠管、塑膠板等；台苯、國喬生產的苯乙烯供應各式建材原料與汽車零件原料。

　　ABS樹脂是由AN、丁二烯及苯乙烯三種單體聚合而成，具耐熱、耐衝擊、硬度佳、成型加工性優等特色，並具有工程塑膠的特性，主要應用在家電、辦公室、資訊產品等，如電腦外殼、筆記型電腦外殼、手機外殼等。台灣是全球最大ABS生產國，產量佔全球供應量兩成以上，主要廠商奇美實業年產能高達約100萬公噸。國內年需求量僅20餘萬噸，因此，ABS樹脂主要外銷大陸。但因ABS樹脂供過於求，**毛利率❷**並不高。

　　SM（苯乙烯）是由苯與乙烯經化學作用而形成的產品，下游產物包括PS、ABS、SBR等。由於SM是易燃液體，且若放置過久可能會起化學反應而變成PS，因此，庫存量往往不會太高。換言之，一旦下游需求快速上升或生產

圖4-2-2 塑化股產業相關圖

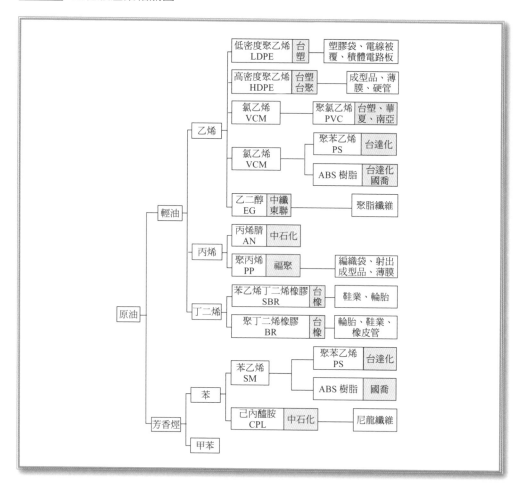

線發生意外，往往會造成SM供給相當吃緊，因此，SM報價波動較為劇烈。目前國內SM自給率仍不足，必須依靠進口，使得國內SM報價往往會與遠東區現貨價連動，加上SM又是國際流動性相當高的商品，也使遠東區SM報價與美國海灣區SM報價走勢連動性很高，可說是受國際現貨價影響最深的塑膠原料。國內生產SM的廠商包括台苯（1310）、國喬（1312）及台化（1326）。其

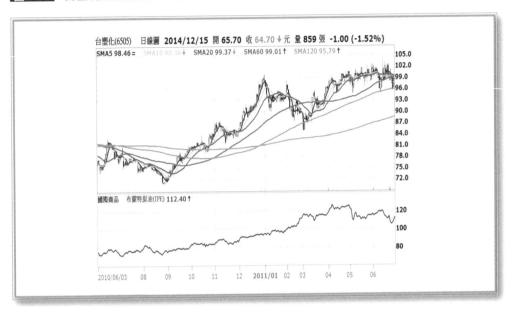

圖4-2-3 台塑化股價走勢和國際油價的關係圖

圖4-2-4 台塑化股價走勢和國際油價的關係圖二

中，台苯營運專攻SM，因產品單一化，股價表現與SM報價連動性最高。

　　塑化產業的原料是石油，所以油價的漲跌影響到塑化公司的營收和獲利。由於塑化產業產品的售價是可以反應成本的。當油價上漲，塑化公司為了反應成本而提高售價，此時整個產業鏈欣欣向榮。反之，當油價下跌，塑化公司也必須調降售價，此時營收和獲利減少。因此當國際原油上漲，投資人要搶進塑化類股。

❶ 台塑四寶

指的是台塑（1301）、南亞（1303）、台化（1326）、台塑化（6505）這四家。目前台塑是國內聚氯乙烯（PVC）第一大廠，若加上台塑美國廠，已是全球最大PVC廠；南亞是全球第三大乙二醇（EG）廠，並在電子特用化學品上大有斬獲，轉投資南科（2408）、南亞電路板；台化是國內最大苯乙烯（SM）與聚丙烯（PP）廠，而台塑化是國內唯一民營的煉油廠，與中油並駕齊驅。

❷ 毛利率（Profit Margin）

又稱銷售毛利率，是一個衡量盈利能力的指標，通常用百分比表示。其計算公式為：毛利率＝銷售收入－銷售成本／銷售收入×100%。毛利率越高，表示企業的盈利能力越高，控制成本的能力越強。但是對於不同規模和行業的企業，毛利率的可比性不強；亦即單用毛利率來評斷兩家不同類型公司的獲利程度並不正確。

4-3 紡織類股

紡織的原料來自棉紗、毛料和人造纖維，以國內而論，人纖製品才是市場主力。紡織業可分為上、中、下游三部分。上游廠商如中纖（1718）、東聯（1710），將乙烯提煉成乙二醇（EG）供給南亞（1303）、遠東新（1402）、東和（1414）等公司製造聚酯粒、聚酯絲和聚酯棉。中游廠商將這些原料紡成紗，例如遠東新和大東（1441）的TC混紡紗，力麗（1444）、宏洲（1413）、聯發（1459）和集盛（1455）等加工絲。下游廠商接手將紗織成布、並經過染整，最後交給成衣廠，製成各種紡織成品。

紡織業從原料特性分析，可分為天然纖維及人造纖維，天然纖維包括棉花、羊毛及蠶絲，而人造纖維包括聚酯棉、聚酯絲、尼龍絲、亞克力棉及嫘縈棉等產品。其中，PTA（純對苯二甲酸）及EG（乙二醇）是生產聚酯棉及聚酯絲的原料；CPL（己內醯胺）及AN（丙烯腈）用於生產尼龍絲、亞克力棉。

聚酯棉、亞克力棉及棉花屬於短纖原料，可織成短纖布，或與加工絲混織成長短纖布，而聚酯絲及尼龍絲是長纖原料，可織成長纖布。就生產面來看，上游的聚酯絲、聚酯棉、尼龍絲及亞克力棉等，依然是我國紡織業的主力；中游的短纖紗及長、短纖布逐漸萎縮；至於下游成衣業已轉型為全球代工的一環，成為我國紡織業的重要族群之一。

CPL（己內醯胺）是產製尼龍6纖維和樹脂的重要原料，使用量分別為九成及一成。尼龍6纖維用以生產地毯、衣料、襪類和工作纖維等，而尼龍樹脂則是成型品、薄膜和塗料的原料，中石化是國內唯一生產CPL的業者。

PTA（純對苯二甲酸）是將PX（對二甲苯）經由觸媒的轉化，並以醋酸為溶劑，於高溫及適合壓力下進行氧化，再精製而成。國內八成多的PTA用以生產聚酯纖維，再製成紗、布、成衣、汽車安全帶等，其餘則用來製成聚酯粒，再加工成為寶特瓶、聚酯薄膜、媒體視聽器材、醫療X光片等產品。國內PTA

廠包括台化（1326）、杜邦遠東（未上市）及東展（未上市）。

下游紡織品的產業競爭力已明顯衰退，產業規模日縮，難與東南亞國家競爭；因而對國內上、中游廠商需求減少，使原料廠更加仰賴外銷市場。反觀東南亞新興國家對該國紡織業的輔導不遺餘力，而且上中下游一氣呵成，對國內紡織業產生一定程度的威脅。

國內紡織業以出口為導向，最大市場是美國，因此台幣的升貶對紡織業影響頗大，台幣升值不利出口。大陸的政策左右國內紡織業的榮枯，例如1996年5月大陸大幅調降進口關稅，化纖產品降幅約50%，長纖布降幅為48%，使得大陸訂單陸續回籠。

2007年及2010年由於國際棉花價格暴漲，加上中國內需市場快速發展，對紡織品的需求與日俱增，台灣紡織產業搭上這一波熱潮，整體紡織業表現不俗，特別是化纖類的紡織產業更是營收、獲利向上攀升。既然紡織業的基本面不佳，且易受景氣循環的左右，因此必須從其他方面去發掘利基。

國內紡織產業是相當成熟的傳統產業，很多廠商也遷廠到中國或東南亞。早期開辦紡織廠要有廣大的廠房、土地。近年來，這些當年在郊區的土地大多成為都市計畫內的土地。許多紡織股都成為資產概念股。

一旦土地重劃或開發，淨值提升。就成為市場追逐的標的。

報你知

紡織業的回顧與展望

依據官方資料顯示，2009年我國紡織業產值為3,748億元，較2008年減少16.1%；出口值94億美元，較2008年衰退14%；進口值較2008年衰退19%。展望2010年，可望較2009年成長18.7%，恢復至金融海嘯前將近4,500億元的水準。不過，2010年對台灣紡織產業仍是充滿挑戰的一年，面對後金融海嘯、歐美失業率的居高不下，市場消費能力的回升不如預期，台灣紡織產業除應藉勢進行資源整合外，亦應朝著深化紡織技術、提升紡織品附加價值等方向發展。（本文取自：紡織產業綜合研究所 ITIS計畫副工程師李信宏）讀者可上中華民國工業總會服務網（http://www.cnfi.org.tw/）→【財經文摘】→【產業透視】一窺精彩全文。

報你知

易隨天候變化漲跌的紡織業

2010年秋冬適逢歐美大雪，抗凍劑需求強，且棉花大漲後，下游紡織業增加人造纖維之用量，帶動EG需求；中纖（1718）啟動近年來最大規模的擴產計畫，基本面有撐。

一、典型中國概念股：積極在大陸設廠生產或開拓大陸市場的紡纖股，例如嘉裕（1417）、南紡（1440）、遠東新（1402）、中纖。惟有打入大陸內銷市場，提高市場佔有率，才能使紡織業有另一個春天。

二、資產概念股：老牌的紡纖上市公司大都擁有相當多土地，增值潛力雄厚。如勤益（1437）的新店廠，新紡（1419）的士林廠，都可做為炒作題材。

三、低價股：由於低價股投資風險不高，適合長期投資。因其價位偏低，每次大盤反彈時也會有較為突出的表現。

圖4-3-1 紡織類股產業分析圖

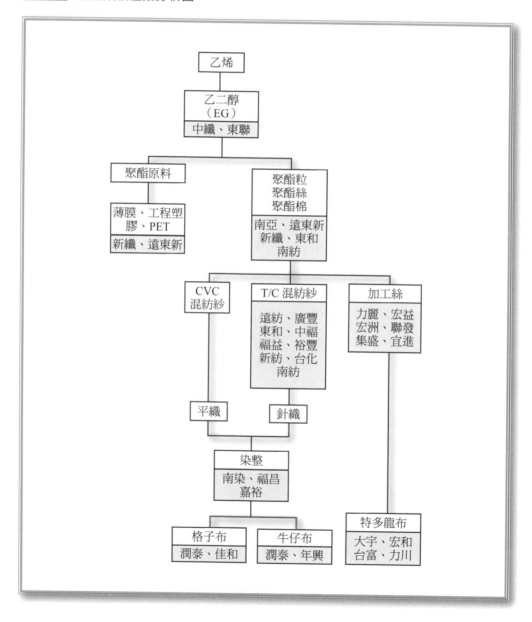

4-4 造紙類股

　　造紙業是耗能源、高污染的產業，不僅原料進口依存比例甚大，也是資本與勞力密集的內需型產業。由於設備及技術無法快速移轉，造紙業的結構較其他產業不易改變。且紙廠所排放的廢水有高度污染性，故各紙廠皆位於河川的交會處。

　　國內造紙業分為上游的紙漿業、中游的造紙業與下游的紙器業。紙漿的原料是木片、蔗渣與廢紙。國內生產紙漿的工廠僅華紙（1905）與台紙（1902）兩家。國內紙漿因不敷中游廠商使用，必須仰賴國外進口，因此價格易受國際行情波動影響。

　　中游的造紙廠有製造文化用紙的永豐餘、正隆、台紙；製造家庭用紙的榮成、永豐餘；製造工業用紙的永豐餘和榮成等。文化用紙、家庭用紙量與國民

圖4-4-1 國內最大紙廠 永豐餘營收比例

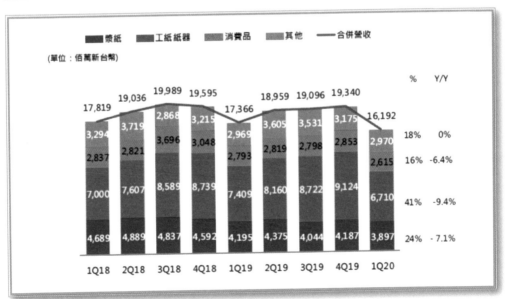

◎資料來源：永豐餘

所得息息相關；工業用紙（瓦楞紙）與景氣有密切的關係。下游的紙器廠則有永豐餘、正隆和榮成等。

　　國際木片的木源，在全球環保意識抬頭下大量減少；而各紙廠投入龐大資金購置防制污染設備則更加重業者成本負擔；加入ＷＴＯ後，國際紙品可能傾銷台灣；再加上勞力不足，外勞申請不易，在在使得造紙業前景難以樂觀。但造紙業普遍擁有龐大的土地資產，在獲利皆不高的情形下，往往轉投資土地開發以賺取業外收益。

圖4-4-2 造紙類股產業分析圖

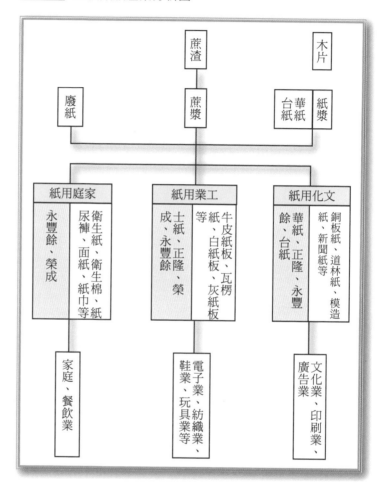

操作造紙類股須注意下列要點

1. 紙漿原料上漲時：國內造紙業的原料，如木材、木漿、廢紙等幾乎均仰賴進口，自產原料極為不足。在國際紙漿或木材價格上漲時，應買入華紙、台紙股票。

2. 出口暢旺、選舉熱季時：工業用紙大都供應出口廠商產品包裝用，出口暢旺時工業用紙銷售大增，此時應買入永豐餘、正隆等股，文化用紙與國民所得成正比，在選舉熱季用紙量相對增加。

3. 房地產景氣熱絡時：應買入擁有大量不動產土地的永豐餘、正隆和台紙、士紙。

4.電子商務旺季：近年來線上購物盛行，產品都要用紙箱包裝才能出貨。中國1111光棍節紙箱用量大增，紙箱價格大漲，帶動造紙產業股價上漲。

這個名詞怎麼解釋

WTO

世界貿易組織(WTO)，成立日期：1995年1月1日。成立目的為確保進出口貿易順利流通，減少經商的不確定性。其功能為最重要的全球性貿易組織，透過談判制定貿易規則，並監督會員對規則之執行，使國際貿易有秩序可循。以「不歧視」為基本原則：會員對進口產品或服務應一視同仁，不可因為來源地不同而有差別待遇。WTO決策須全體會員同意，即所謂共識決(consensus)，極少數情況可用投票方式進行表決。會員之間如有貿易爭端，WTO有解決機制，是會員維護自身合法貿易權益的重要管道。WTO所做的裁決，會員必須遵守。

4-5 鋼鐵類股

　　鋼鐵業的景氣與汽車、營建等產業息息相關。雖然鋼鐵業是內需型產業，但對台灣市場而言，不像水泥業屬寡佔市場。鋼鐵業是市場價格的接受者，而非主導者，經營效益決定於原料成本、生產效率、市場需求與匯率變動。鋼鐵業是**資本密集**❶與勞力密集的產業，產能效率、作業一貫化是掌控市場的利基，中鋼集團、燁隆集團等都朝這個方向努力。

　　台灣鋼鐵業的產能大部分未達經濟規模，再加上中鋼獨佔上游市場，業者多往下游發展，呈現正三角形架構；原料如廢鋼、小鋼胚、不鏽鋼多靠進口，受制於人；高級鋼種產品自製率不足，常受日本牽制，加上我國鋼品進口關稅低，台灣鋼鐵市場遂成為各國進口貨競爭的市場。

　　上游以中鋼的高雄煉鋼廠與進口鋼胚、鋼錠為主。中游以線材、棒鋼、型鋼、鋼板和冷熱軋鋼捲為主，代表廠商為中鋼（2002）、高興昌（2008）與中鴻（2014）。下游的鋼鐵成品分為營建用的H型鋼、鋼筋、鋼結構等，工業用的螺絲螺帽、角鐵和黑鋼管，貨櫃用的貨櫃角，代表廠商有春源（2010）、春雨（2012）等。

　　煉鋼的方法主要有「高爐煉鋼」及「電爐煉鋼」兩種。「高爐煉鋼」是全球主流的煉鋼方式，但投資金額大，國內只有中鋼、中龍（未上市；中鋼

報你知

燁隆的新生

由林義守創建的鋼鐵集團，2001年以前原名叫「燁隆集團」，但因全球鋼鐵不景氣，燁隆集團向財政部申請紓困，2000年以每股7.6元賣給中鋼。燁隆歸入中鋼集團的子公司後，為免外界印象混淆，前董事長林文淵在2004年決定改為中鴻。

圖4-5-1 鋼鐵產業

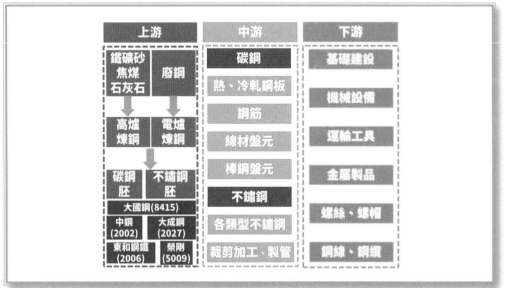

◎資料來源：產業價值鏈資訊平台

子公司）採用這種生產方式。中鋼是產業龍頭，也是國內鋼鐵原料的最主要供應商，而中鋼盤價的漲跌也成為影響國內各種鋼品行情起落的最關鍵指標。「高爐煉鋼」的主原料是鐵砂、焦煤等，中鋼每生產1噸鋼品，平均耗用鐵砂1.6噸、煤炭0.85噸。而「電爐煉鋼」是以廢鋼為主原料。國內採用「電爐煉鋼」的業者頗多，碳鋼有東鋼（2006）、豐興（2015）、威致（2028）、海光（2038）等，主要產品是條鋼上游原料小鋼胚。而不鏽鋼有燁聯（9957興櫃）、唐榮（2035）等，產品包括平板及條鋼兩大類不鏽鋼品。

不鏽鋼的材質依添加鎳成分的不同，分為200系列（含鎳1-4%）、300系列（含鎳8%以上）、400系列（不含鎳，只添加鉻）等三大系列產品。其中，300系列的市場佔有率約八成左右，是主流產品。鎳佔不鏽鋼成本比重極高，鎳價漲跌對不鏽鋼行情影響極大，使鎳價成為不鏽鋼行情的領先指標。

　　鋼鐵業與國際景氣息息相關，而台灣鋼鐵市場較國際行情易於暴漲暴跌，因此，鋼鐵類股的股價波動較大。以景氣週期來看，鋼鐵業經過1992到1993年盤整期，於1993年7月突破盤整區後，足足走了兩年的多頭行情，到1995年5月來到頂點，隨後反轉直下。美國雖為國際鋼鐵市場的龍頭，但對台灣市場影響有限；亞太地區則以日本、大陸和韓國較具舉足輕重地位。

　　在全球主要鋼鐵消費國中，中國是帶動近年鋼鐵需求成長的關鍵國家，而印度的需求成長雖轉強，但2007年總消費量僅中國的12.4%，因此，決定未來鋼鐵景氣盛衰的關鍵仍在中國市場需求的強弱。在鋼品下游應用市場中，營建及汽車分別佔有市場三成及一成多，是最關鍵的兩大市場。而在中國大陸，家電市場也是重要的鋼材消費市場。

　　國內鋼品的自給率，以上游原料扁鋼胚、小鋼胚、**盤元❷**、熱軋不鏽鋼捲較低，須仰賴進口，而中下游產品的自給率多超過100%，須仰賴出口消化產能。中國市場是台灣鋼品的最主要外銷地區，因此其鋼價也是影響國內鋼價走勢的關鍵因素。平板鋼品的最上游原料是扁鋼胚，而扁鋼胚軋製的熱軋鋼品是平板鋼品的最主要原料，國內最大供應商是中鋼。

報你知

昔日的鋼筋龍頭－桂宏

　　位於台南的桂宏鋼鐵公司1993年股票上市，中鋼持股30%，為國內鋼筋龍頭大廠，年產能高達80萬公噸。主營鋼筋、三角鐵及槽鐵。轉投資的事業有：桂豪金屬、桂億投資、桂宏投資、桂慶投資及桂永實業等多家子公司。2000年桂宏鋼鐵總經理謝裕民等人因涉嫌掏空公司33億元，鉅款流向不明遭收押。被告坦承，從1998年10月開始利用下達指示的方式，由桂宏鋼鐵旗下的子公司匯入鉅額資金，同時也因股價連續下跌，違約交割3100萬元。

條鋼的最上游原料是小鋼胚，下游最主要產品是鋼筋。中部大廠豐興每週開出的廢鋼、鋼筋盤價，是市場景氣好壞的重要觀察指標。不鏽鋼景氣的最重要領先指標是鎳的行情走勢，而國內不鏽鋼煉鋼廠產能規模最大的燁聯，定期開出的盤價也是不鏽鋼景氣盛衰的重要觀察指標。

這個名詞怎麼解釋

❶ 資本密集型產業 (Capital Intensive Industry)

主要是指鋼鐵、一般電子與通信設備製造、運輸設備製造、石油化工、重型機械工業、電力工業等，是發展國民經濟、實現工業化的重要基礎。發展此型產業需大量技術設備和資金。中國人口多，資金緊缺，技術落後，大規模地發展資本密集型產業有困難，但又是實現現代化所必經之過程。

❷ 盤元

鋼胚加熱軋延製成。以小鋼胚為原料，經軋延後製成盤元，再加工後可生產螺絲、螺帽、鋼線等下游產品。依含碳量不同，可區分為高中低碳盤元，其中含碳量在0.45%以上者為高碳盤元，含碳量在0.22%~0.45%區間者為中碳盤元，含碳量在0.22%以下者為低碳盤元。依中鋼的分類標準，直徑14mm以上者稱為棒鋼，14mm以下者稱為線材，二者合稱為棒線。

 你不能錯過

　　2011年鋼價一直無法有較好的表現，加上中國政府迫於通脹壓力，削減信貸供給，導致中國鋼鐵消費增長放緩。全球最大的鋼鐵貿易公司董事長杜弗克表示：「歐洲某些等級鋼材的價格處於災難性水平，不是恰恰處於、就是僅略高於讓公司實現盈虧平衡的水平。」目前來看，中國仍是世界上最大的鋼鐵消費市場，然從長期而言，印度勢必將成為全球鋼鐵新增消費的主角。

4-6 營建類股

營建業素有火車頭工業之稱，與多種產業具關聯性，例如鋼鐵、水泥和電機等，因此極容易影響其他相關產業的榮枯。台灣由於土地資源有限，價格長期居高不下，對營建公司而言，不論是土地取得、建案行銷或施工興建，都需要龐大的資金與長期投資。整體而言，營建業可說是資本、技術、勞力密集的產業。

營建業入帳，可分為全部完工法及完工比例法，全部完工法是指營建個案全部完工交屋後才認列損益，而完工比例法是指預售契約超過估計工程總成本、買方支付價款已達契約總價的15%，即可按照施工比例認列損益。不動產產業主要分成營建業跟營造業兩部分，當中營造業主要是承攬房屋建築及公共工程，因沒有土地庫存漲價利益，且業績受建材價格波動較大影響，利潤較營建業微薄。營建業的負債比率往往較其他產業來的高。核發建築執照及核發使用執照是觀察營建業的指標。1970年以來，台灣的房地產共經歷如下五次景氣循環週期。

• 第一波發生於1971年至1974年，主要係因國際石油價格飆漲，造成能源危機，物價大幅上揚，民眾保值心理推動房地產價格上揚。

• 第二波營建業景氣發生在1977年至1980年，由於國際油價上漲與通膨壓力，其主因與第一波相同。

• 第三波營建景氣發生於1986年至1990年，此次主因於台幣匯率看升，國外資金湧入，再加上國內市場資金流竄，先造成股市狂飆到一萬二千點，之後投資人追逐不動產，使得房地產價格呈倍數增加。

• 第四波營建業景氣發生在1994年，台灣因電子科技產業發達，台灣景氣向上攀升，購屋需求增加，房地產也順勢走高，直到1997年亞洲金融風暴而告一段落。

．第五波營建業景氣發生在2004年，此時台灣結束2000年y2k高科技泡沫化的洗禮，全球降息，資金氾濫，湧向房地產市場，造成房市飆升。第六波營建業景氣發生在2008年，馬英九將贈與稅降到10%。在大陸經商成功的台商更將大筆資金投入台灣房市，引發新一輪台灣房市的榮景。第七波是2020年美國為了挽救新冠肺炎所造成的經濟重挫，降息6碼，同時進行無限量化寬鬆。台灣央行也降息1碼因應，資金 鬆導致房價居高不下。

營建業的股價與該公司業績和景氣呈正向關係，房地產景氣，營建公司獲利增加，股價自然上漲，反之亦然。操作營建類股有下列重點：

❶ 觀察經濟景氣

我國房地產素有「七年一循環」的說法，也就是說，建築業由景氣谷底翻升至頂點再衰退，共需七年的時間。如何判斷景氣循環的位置呢？一般而言，我國營建業景氣大幅攀升前，都有一至二年的高經濟成長率、高貨幣供給額年增率的情形。但隨著房價漲幅已大，追漲動力漸減，造成房產交易高峰形成；政府著眼於抑制房價，打壓房地產價格，使漲幅原本趨緩的房市雪上加霜。

報你知

營建業新龍頭

遠雄集團以壽險、建設為雙引擎，迅速茁壯。遠雄建設並在短短十年之間取代國泰建設（2501），躍居龍頭寶座。因住宅建案的大手筆投資已進入收割期，遠雄集團總資產規模高達2550億元，十年來大幅成長逾十五倍。目前股價表現較佳的營建類股，則有遠雄（5522）、長虹（5534）、華固（2548）、皇翔（2545）、興富發（2542）、國建（2501）、三圓（4416）及龍巖（5530）。

❷ 觀察政府政策

政府政策一向左右房地產的榮枯。1997年，政府宣布空地限期建築，並追查建築資金來源；1989年，銀行實施選擇性信用管制，造成營建業衰退。1974年，解除高樓禁建；1995年，央行與經濟部宣布多項利多措施，其中有土增稅減半徵收，企圖挽救低迷的房地產市場，事後整個市場亦有正面的回應；2009年政府降低贈與稅和遺產稅到10%，海外資金回流購買不動產，再度造成房地產價格上揚；2011年由於房地產過熱，政府推出奢侈稅來抑制過高的房價。

接著在2012年推出房地合一豪宅稅，壓住房價上漲的氣焰，但到了2016年台商回流，房價再次飆升。2020年新冠疫情大爆發，央行降息救市，又引爆房地產大漲。

 你不能錯過

2011年年初奢侈稅的效應流放到市場後，台灣房地產再次受到了不小的衝擊，成交量萎縮。但台北市中心還是相對抗跌的，房價幾乎沒什麼波動。首購族不妨考慮新北市一級房市區、或是捷運沿線住宅，這些地段的房子即使在房價低迷的日子裡，抗跌表現依然不差。

4-7 汽車類股

　　位於美國中西部的底特律,不但是美國工業大城,更是美國汽車產業的重鎮,也為美國勞工階級創造出無數的就業機會。不過,2008年美國次貸風暴改變了全世界汽車工業的生態。美國三大車廠嚴重受創,大舉關閉生產線,導致失業人口暴增。根據美國勞工部統計,全美50州中底特律所在地的密西根州,2009年10月失業率達15.1%,高居全美之冠,係因三大汽車關廠所致。

　　自2008年第三季到2009年第二季放眼望去,美國車市可說是一片漆黑,但中國大陸瞬間成為全球汽車產業的新亮點。隨著經濟改革開放,經濟成長快速起飛,民眾個人所得有顯著提升(2019年人均所得10276美元),進而帶動購車意願,加上中國在十一五計畫當中,對於汽車產業的大力扶植。緊接著在2009年推出一連串的「**汽車下鄉❶**」、「汽車購置稅減半徵收」等刺激汽車銷售的措施,更使得中國汽車銷售量一舉超越美國,全年銷售量突破1300萬輛,成為全球最大的汽車消費國。中國是繼美國、日本之後,全球第三個汽車年產量超越1000萬的國家。不論就生產或銷售,中國正邁向汽車大國之路前進,無怪乎歐美日等各大車廠紛紛大力加碼投資中國。

　　汽車產業是相當龐大的產業體系,其**供應鏈❷**既深且廣,由整車組合、零組件、配件、銷售、維修等串成的火車頭工業。國內的整車組裝廠為裕隆(2201)、和泰車(2207)、中華(2204)、三陽(2206);而零配件廠有生產輪胎的正新(2105)、建大(2106)和南港(2101);生產保險桿的東陽(1319),

表4-7-1 中國汽車下鄉汽車零組件相關廠商		
相關大陸車廠	**台灣相關廠商**	**合作關係**
東南汽車	中華汽車	持股
長安汽車	東陽	下游供應商
哈飛汽車	開億	下游供應商
奇瑞汽車	東陽	下游供應商
東風汽車	東陽	下游供應商

生產車燈的大億（1521）、帝寶（6605）和堤維西（1522），空調機電系統的永彰（4523），鍛造的和大（1536）、江興（4528）等。當汽車產業向上，這一類股雨露均霑，但是當汽車產業業績日下，這一群產業就要面臨蕭條的寒冬。

表4-7-2 汽車產業分類表

整車	裕隆、中華、三陽
銷售	裕日車（2227）、和泰
輪胎	正新、建大、南港
保險桿	東陽
車燈	帝寶、大億、堤維西
空調機電	永彰
融資	裕融（9941）
鍛件	和大、江興、至興（4535）

　　台灣汽車產業發展多年，構成完整的汽車零組件衛星體系。基本上，汽車零組件的供應鏈大致可分為原廠採購（簡稱OEM）及售後服務（After Market，簡稱AM）兩種模式。所謂的OEM是指零件生產出來後，直接交給整車廠組裝。而又可細分為一階零組件（Tier 1）供應商或二階、三階。一般若要成為一階供應商，通常需要經過原廠認證；再者，各家車廠本身都已有固定合作的供應商，因此國內汽車零組件業者要切入OEM市場的困難度相當高。相較之下，台灣廠商如帝寶

報你知

有關帝寶二三事

　　2004年上市、現金股利4元的國內車燈業龍頭帝寶，是一家獲利高，卻又充滿草根味的公司。帝寶工業受到古都鹿港的人文薰陶，孕育無比的信心與毅力。DEPO即DEer POrt（鹿港）的簡稱。帝寶主要生產尾燈、角燈、邊燈、塑膠燈零件。鹿港總部包含營運本部、研發部、模具部、射出製造部、TUV認證配光室／環測室、生產裝配線、倉儲出貨中心。目前帝寶的自有品牌為Lucid、ESDEPO、DEPO，及OEM之各項車系，產品開發數量傲視同業。據估，負責人許敘銘及其家族持有帝寶七成股權，身價達數十億元。

（6605）、開億（1523）在全球AM副廠零件市場則是佔有一席之地，包括車燈、鈑金等零組件，在美國市場的市佔率高達九成。

電動車

根據市調機構資料，2021 年全球電動車銷量將達 355 萬輛，較 2020 年成長69%。長期而言，2030 年全球電動車銷量預估將會達到 2,200 萬輛，較目前的市場規模成長 10 倍，且未來 10 年每年平均複合成長率將達 27%，未來前景看好。

受到疫情影響，2020年上半年北汽、比亞迪、福斯等大型電動車廠出貨量衰退2~3成，只有Tesla電動車出貨量一枝獨秀成長達30%，故我們預期2020年起Tesla在全球電動車市佔將可持續往25~30%邁進，Tesla 仍是未來消費者購買電動車時的首選，台廠將隨著 Tesla 電動車出貨量大幅成長而受惠。

圖4-7-3 電動車至2025年全球電動車銷售量變化暨預測

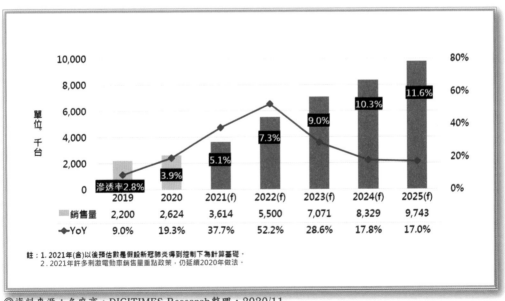

註：1. 2021年(含)以後預估數是假設新冠肺炎得到控制下為計算基礎。
2. 2021年許多刺激電動車銷售量重點政策，仍延續2020年做法。

◎資料來源：各廠商，DIGITIMES Research整理，2020/11

圖4-7-3 電動車主要電廠擴大電動車產品線年銷量以百萬台為目標

車廠	電動車銷售／發展計畫
福斯集團	2020年將銷售20萬台電動車；至2023年電動車事業累計投資金額將達300億歐元。
豐田汽車	2020年與比亞迪於中國成立純電動車合資公司，致力於強化純電動車事業及產品線。
Tesla	2020年預計純電動車銷售達50萬台。
通用	於2020年3月「EV Day」表示未來5年將投資共200億美元於電動車及自駕技術。
戴姆勒集團	無新的引擎製造計畫，取而代之是電動傳動系統及電池的開發。
BMW	2023年(含)以前將推出25款電動車，其中13款為純電動車，其餘12款為HEV及PHEV。
日產	預計2022(含)年以前推出20款電動車，年銷量達100萬台。

◎資料來源：各廠商，DIGITIMES Research整理，2020/11

這個名詞怎麼解釋

❶ 汽車下鄉

中共國務院會議決定，從2009年1月20日到2009年底，1600cc以下小客車購置稅從10%減徵為5%；大陸政府在3月啟動汽車下鄉補貼政策，從2009年3月1日到年底斥資人民幣50億元，以一次性補貼協助農民更換已報廢的三輪車或小貨車。原本該政策預計截至當年年底為止，後來又延至2010年12月31日，足足展延一年。未來，中國政府僅針對符合標準的節能車款和新能源車款進行補貼。

❷ 供應鏈管理（Supply Chain Management，SCM）

1985年由Michael E. Porter提出。供應鏈管理就是指對整個供應鏈系統進行計畫、協調、操作、控制和優化的各種活動和過程，目標是要將顧客所需的正確的產品，能夠在正確的時間、按照正確的數量、正確的質量和正確的狀態，送到正確的地點，並使總成本達到最佳化。

❸ 年複合成長率（Compound Annual Growth Rate;簡稱CAGR）

若產品甲2010年預估銷售值為1956元，2012年時可達2263元，這兩年的產值成長15.69%〔2263/1956 * 100〕，則（1+X%）的平方為1.1569，X就等於1.1569開平方根再減1，可得到7.6%，因此，甲產品的年複合成長率為7.6%。

4-8 通路百貨類股

　　通路產業是整個產銷供應鏈中相當重要的一個產業，早期在台股市場中，這個產業並不受到投資人的重視，但隨著中國大陸內需的崛起，能到中國布局的通路百貨產業，無論在營收或是獲利上都有相當突出的表現，近一年來股價表現也是異常亮麗。

　　通路百貨產業大致上是和民生必需品連結，例如販賣電子產品的全國（9937）電子、燦坤（2430）3C賣場，到大陸的藍天；另一種是百貨公司，表現最好的是遠百（2903），此外連鎖超商統一超（2912）和全家（5903）二大體系由台灣打到大陸，至於量販店則是由潤泰全（2915）、潤泰新（9945）所轉投資的大潤發。

　　在所得持續成長下，民眾的消費行為漸漸從傳統式零售店，轉向到商品種類更多、店面更舒適的大型連鎖便利商店購買。三大龍頭統一超、全家與萊爾富全國超過10,000家，全台人口2,300萬人，平均約2,500人養一間便利店，期望能在競爭激烈的市場中突圍勝出。

　　由於國內便利商店屬成熟產業，以往透過快速展店的經營模式已不易提升整體獲利，目前便利商店所採取的策略是增加鮮食營收比重，以及提升大坪數新型態店數比重為未來營運趨勢。

　　遠百是一家以台灣、中國為主要銷售地的百貨業，目前在台灣的市佔率約24～25%。在台灣的遠百、SOGO以及中國太平洋百貨是主要獲利來源，目前在台灣的遠東百貨加上花蓮店開幕，合計共10家，同時也轉投資SOGO百貨與愛買量販店。為因應陸客來台觀光的需求與偏好，公司近年均積極調整商品結構與改裝部分分公司，且目前尚有加開分店的計畫，2012年遠東百貨板橋中本店、台中店加入營運，為營收增加新動能。

　　在百貨通路中POYA寶雅是後起之秀，為個人美妝生活用品專賣店的代名

詞，自1985年成立以來，以其核心價值優勢、穩定成長茁壯，迄今全國總店數已達252家，會員人數已超過600萬人，在店數發展、年度營收及市場佔有率皆為業界之冠！

從國內外美妝保養品、開架及醫美保健品牌、各式帽襪、內著服飾、百搭配件、生活良品、居家美學、各國休閒食品飲料、繽紛飾品、品牌專櫃等多元品類，提供多達5萬多項的優良嚴選商品。

寶雅秉持一貫地服務熱誠，以貼近顧客生活及融合時尚元素為精進動力，

表4-8-1 通路百貨股分類

電子通路	藍天（2362）、聯強（2347）、全國、燦坤
百貨公司	欣欣（2901）、遠百、三商行（2905）、統領（2910）
連鎖量販	特力（2908）、潤泰全（2915）
連鎖零售	麗嬰房、統一超（2912）、滿心（2916）、全家（5903）、寶雅（5904）

提供顧客最專業便利、最新奇多元的購物體驗，其賣場坪數平均為400多坪，為求營造明亮寬敞、豐富精彩的購物環境，滿足顧客一次購足所需用品的期待。

2020年受到新冠肺炎影響，台灣在疫情最嚴重的上半年，電商產業營收年增18%，創下十年來最大增幅。疫情間會員人數、品牌數增長，消費習慣改變，將電商滲透率持續提高。長期而言，電商業者也將善用線上的會員及數據資源，深入線下發展，進行虛實整合，持續提高電商滲透率。相關個股為富邦媒(8454)、網家(8044)。

疫情前台灣電商產業2010-2019年即以年複合成長率12%成長至2,873億元，優於台灣整體零售業年複合成長率1.1%。台灣網購市場仍具有成長空間，尤其是行動網購市場，係因台灣網路基礎設施完善，上網率90%為亞洲第三高，行動寬頻普及率 111%，均優於中國、泰國、印尼，然台灣網購使用率78%低於上述國家的80%以上。在後疫情時代，消費者從線下轉往線上消費為長期趨勢，且電商平台仍能夠透過價格優勢，創造強勁的成長動能，疫情過後電商產業仍有望維持強勁成長。

根據GlobalData預測，台灣電商營業額2020-2024年將以年複合成長率9%成長，除消費者習慣改變外，疫情期間政府補助1,000家零售業者最高10萬元上架電商，電商平台品項數持續增加，亦帶動電商營業額持續成長。

4-9 金融類股

　　國內金融業上市上櫃公司的形態可分為：商業銀行、企業銀行、壽險公司、產險公司、票券公司、證券金融及證券商七大類，個別差異甚大，惟共同點是金融業與景氣同步，景氣暢旺時也是金融業的盈餘高峰期；在景氣連續藍燈時，金融業仍難有表現。以金融產業在股票市場的分類，可分為金控類、銀行業、保險業和證券業。

　　金融業的主管機關是金管會與中央銀行，其政策影響不可小看。在金融國際化及自由化的趨勢下，金融業不但要面對國內新興金融同業的競爭，也要迎接國際金融機構的挑戰。今後在邁向亞太金融中心的目標過程中，金融業開放的幅度必定加速。

　　央行為了穩定金融市場，可運用公開市場操作、調整**存款準備率❶**與**重貼現率❷**等金融工具。一般而言，調高流動準備、降低法定存款準備率，可降低銀行持有資金成本。畢竟存、放款業務為銀行的基本業務，央行的貨幣政策直接影響市場利率和銀行業務的利基。

　　1992年政府核准的新銀行紛紛成立，使得商業銀行市場被瓜分；接著是新票券公司、新金融證券公司的成立，使得老字號的票券業飽受威脅；人壽保險、產物保險也陸續開放。整個金融市場處在群雄並起的戰國時代。

　　在存款方面演出資金爭奪戰，銀行最喜歡的活期性存款，被票券、債券附條件、開放型基金搶走不少客戶。放款方面也是困難重重，好公司不缺錢，中小企業發行商業本票籌資，銀行只能面對體質較弱的客戶。有些銀行轉向消費性金融業務，爭得另一片天，較成功的銀行有美商花旗、中信銀與玉山銀行。

　　影響金融業的另外兩大因素還有股市與房地產。股市處於低檔，金融業的轉投資收益將明顯減少；房地產若不能復甦，則壽險業不動產投資必將無法獲利；銀行更受不動產跌價，而有擔保品不足，衍生逾期放款大增的危險。金

融業與景氣同步，景氣不復甦，金融業就不會復甦；銀行業要復甦，股市、房地產的推動力不可少；同理，若股市、房地產由高檔反轉下滑，必將拖累金融業。操作金融類股時，可觀察指標股的動向，例如銀行股的三商銀（彰銀、第一金、華南金），金控股的國泰金、元大金等。

❶ 銀行業

銀行業以從事存、放款業務為主，放款業務與國內經濟成長率、投資、消費成長有密切相關。銀行業的放款業務以企業放款佔大宗，對消費者貸款的比重約佔三成多（以房貸為主，另外包括車貸、個人消費性貸款等）。銀行可分為商業銀行及專業銀行兩類，最大的差別在於專業銀行有放款對象限制。在專業銀行方面，中小企銀對中小企業的放款必須達總放款的60%以上，由於地方淵源較深，因此以往呆帳問題較為嚴重，不過目前中小企銀僅剩臺企銀一家，其餘皆已改制為商業銀行。目前在台灣掛牌的純銀行，有彰銀、台中銀、京城銀、萬泰銀等。

報你知

金融類股選前盤勢

金融類股價一向與政治議題連動高，台股自從2011年8月股災以來，就反覆的重挫再反彈，震盪相當劇烈。直到12月1日七大央行救市，歐債危機有機會舒緩，選前台股行情在國際經濟動盪情勢趨緩下，金融股領頭衝，早盤漲逾6個百分點。由於金融股被視為選舉行情啟動的指標，早盤類股飆升也大幅提升投資人信心。官股行庫兆豐金、第一金、彰銀等指標股亮燈漲停，而原先引起海外投資市場疑慮的壽險概念股也一掃陰霾，富邦金、國泰金、新光金也同登漲停價。上市金融股盤中超過半數漲停，加計上櫃漲停檔數逾20家。

❷ 保險業

　　保險業可分為人壽保險（壽險）和產物保險（產險）兩大類，另外，中再保（2851）則是國內唯一本土的**再保險公司❸**，主要從事國內壽險及產險公司再保險的業務。保險業的營收以業務收入（保費收入、收回保費準備）佔大宗，其次則為財務收入（即資金運用收入），至於費用主要為保險給付及理賠、提存準備金等。由於同業競爭激烈，在保險本業上大多僅能維持收支平衡，因此資金運用的收入往往是主要獲利來源。

　　壽險公司的新契約保費收入，通常必須扣除高額的佣金等成本，並須提存準備金，因此往往需要約七年的時間才可以損益平衡，因此新公司或是當年新契約大幅成長的公司，帳上虧損金額也較高。國內產險公司規模普遍較小，承保能量也不高，業者以低價搶得的業務幾乎都再保分出，由國外再保公司承擔

表4-9-1　金融保險股分類

金控	華南金（2880），富邦金（2881），國泰金（2882），開發金（2883），玉山金（2884），元大金（2885），兆豐金（2890），中信金（2891），第一金（2892），日盛金（5820），合庫（5854）
銀行	彰銀（2801），京城銀（2809），台中銀（2812），台企銀（2834），高雄銀（2836），萬泰銀（2837），聯邦銀（2838），遠東銀（2845），大眾銀（2847），安泰銀（2849）
保險	旺旺保（2816），中壽（2823），台產（2832），新產（2850），中再保（2851）、第一保（2852）
票券	華票（2820）
期貨	元大期（6023），群益期（6024）
證券	統一證（2855），元富證（2856）、群益證（6005），凱基證（6008），宏遠證（6015）、康和證（6016），大展證（6020），大慶證（6021），大眾證（6022）

承保風險，國內業者僅賺取固定的再保佣金收入，同時也形成殺價競爭的惡性循環。純保險業掛牌的有旺旺保、第一保等。

❸ 證券業

綜合證券商的業務主要可分為經紀、自營、承銷三大範疇。經紀業務包括手續費收入、融資利息收入及融券手續費收入，經紀手續費收入多寡依股市成交量大小而定，一般都以經紀業務市佔率來評估券商經營規模的大小，至於融資業務主要以賺取利差為主。在自營業務方面，主要是自營部買賣股票的利益，通常損益的波動性極大。而承銷則是協助發行公司上市、上櫃或自資本市場募集資金，主要收入來自於承銷手續費收入以及包銷股票的出售利益。近年隨著權證、期貨、選擇權、結構型商品等新金融商品的問世，券商營運日益多元化，創造獲利的管道也增加。

❹ 金控業

基於我國未來金融制度將朝「股權集中化、組織大型化、經營多角化、監理透明化」等方向發展，引進金融控股公司管理機制，可望發揮金融綜合經營效益、促進我國金融業的國際化並提高國際競爭力。金融控股公司法准許銀行、保險、證券三大金融業務跨業經營，國內金融合併風起雲湧，將進入一個全新的春秋戰國時代。

金融控股公司出現將產生「快速洗牌」的合併效應，大幅牽動國內各大集團金融版圖重整，提供消費者「一次購足（One Stop Shopping）」的金融百貨化商品，也將全新挑戰未來台灣金融業的態勢，未來台灣的金融市場一定是規模愈大、家數愈少、外資進來，最後，國內大約會整合至剩下五到六家大型金融集團。

我國金融控股公司法是透過間接的方式來進行金融業跨業整合。金融控股

公司本身是純粹以投資、控股為業的公司，並不能直接從事金融業務或其他商業行為；但它可投資控股的範圍，則包括了銀行業、票券金融業、信用卡業、信託業、保險業、證券業、期貨業、創投業、外國金融機構等。選擇以金融控股公司的方式來開放跨業合併，著眼點在於它的靈活與彈性。金控公司成立後，各地可設立一區域作業中心，每一中心大樓包括銀行、證券、租賃、期貨等各分公司，屆時各公司經營據點專司業務承作，後端作業集中轉交區域作業中心處理，各公司作業系統共享同一資訊平台，產生成本整合節約效果，同時各金融集團因而產生經營綜效。

金融控股公司可透過**交叉行銷**❹提供消費者理財套餐，保險、股票、信用卡、基金、債券，各式各樣的金融商品包在一起套裝販售。利用交叉行銷管道，可提供客戶更多元化的金融服務。目前國內掛牌的金控公司有富邦金、國泰金、中信金、台新金、開發金、兆豐金、日盛金等十四家。

❶ 存款準備率（Reserve Requirement）

也叫做銀行存款準備金比率，是指商業銀行的初級存款中不能用於放貸部分的比例。為保障存款人的利益，銀行機構不能將全部吸納的存款全部用於發放貸款，必須保留一定的資金繳存在中央銀行，以備客戶提款的需要，這部分的存款就叫做存款準備金。而存款準備金與存款總額的比例，就是銀行存款準備金比率。例如準備率是20%，該銀行可以把餘下的80%存款拿來放款。

❷ 重貼現率 (Rediscount Rate)

是指銀行拿合格的貼現票據，再重新向中央銀行貼現所必須支付的利率。當銀行資金減少時，以其對顧客貼現所得票據向中央銀行請求給予融通，此時銀行必須付給中央銀行的利率，就稱為重貼現率。如央行調降重貼現率，表示其貨幣政策趨於寬鬆。簡單的說，重貼現率指銀行以合格票據為擔保品，向中央銀行融通短期資金所適用的利率。

❸ 再保險公司 (Reinsurance Company)

指專門從事再保險業務、不直接向投保人簽發保單的保險公司，即保險公司的保險公司。保險公司為了分散風險，把一些大的承保單位再分保給另一保險公司。接受這一保單的公司就是再保險公司，一般出現在財產保險中比較多。目前台灣十幾家產物保險公司，幾乎都同時兼營再保險業務。

❹ 交叉行銷 (Cross Selling)

交叉行銷是透過把時間、金錢、構想、活動或展示空間等資源整合，為任何企業提供一個低成本的管道去接觸更多客戶。簡單來說，就是向擁有本公司 A 產品的客戶推銷本公司 B 產品。它有兩大功能：第一，增強客戶忠誠度；第二，可增加利潤。

你不能錯過

　　根據資策會MIC的調查顯示，2011年台灣大型企業的ICT（金融業資通訊）投資將微幅成長5%，其中台灣金融業的ICT投資比重佔整體產業的36.4%，預估投資金額將達到新台幣300億元，較2010年成長7.2%。硬體投資規模將減少3.1%，軟體投資將成長1.7%，服務投資則受惠於國際會計準則（IFRS）、個人資料保護法等議題，年成長率也將達到12%的水準，軟體與服務投資則成為2011年的主要成長驅動力。

4-10 電子IC類股

　　IC產業是國內電子業相當重要的產業之一，由最上游的IC設計，IC代工，到最後的**封裝測試❶**，這一連串的產業鏈在台灣可說發展的相當成熟。IC半導體產業在電子產品的應用相當廣，根據TRI的統計，半導體在應用領域上，因受智慧型手機、平板電腦、**體感偵測器❷**等新時代商品的影響，比重逐漸調整，消費性與通訊相關的比重逐年成長。2011年為平板電腦元年，業界普遍認為平板電腦將使消費性電子商品應用的比重年年提高。

　　IC可分為記憶體IC、微元件IC、邏輯IC、類比IC四類。記憶體IC主要用於儲存資料，根據儲存的方式，又可分為揮發性記憶體與非揮發性記憶體。揮發性記憶體必須通電，才能夠維持所記憶的資料，而非揮發性記憶體則不需要，目前市場上使用最普遍、價格最低廉的記憶體仍以DRAM為主。

　　類比IC是屬於光、聲音、速度、溫度等自然現象的連續性訊號，做為連結這些物理訊息與各式電子裝置或儀器系統的重要媒介，因此只要與電有關聯的產品中，幾乎都可看到類比IC的存在。目前類比IC的市場仍以美國為領導，意法半導體、德儀、英飛凌、國家半導體、飛利浦等都是國際知名大廠，國內業者在全球的市佔率僅有一成左右，雖有國外大廠TI、Maxim競爭壓力以及匯率的變數，但TV、手持裝置以及LED照明成長潛力仍不可小覷，業績不致受到太大的影響。

IC設計

　　雖然目前中國大陸的威脅已相當明顯，面臨過渡期，國內的IC設計業者在業績也確實受到不小的影響，過去本益比高達15-20倍的IC設計類股，現在卻被投資人打入冷宮，但不可否認，台灣在這十年來早在全球IC設計廠中奠定了一定的基礎與地位。

目前國內IC設計產業鏈，包括電視／監視器控制IC、手機IC、記憶體、TFT／LED驅動IC、類比IC、NB／PC Cam、鍵盤控制IC、MCU、USB2.0／3.0遊戲晶片等，但近期**消費性電子產品❸**最夯的，如蘋果iPad平板電腦、iPhone智慧型手機、Xbox kinect、任天堂3D NDS等，台灣IC設計廠能吃到的商機可說少之又少；加上平板電腦明顯排擠NB市場、架構及零組件也與NB不盡相同，讓過去習慣經營NB市場的台灣IC設計業者一時反應不及，錯失了良好卡位的機會。

觀察大陸的IC設計業生態，如同當年的台灣，近年來藉由模仿、複製的產品策略與具競爭力的價格，中國大陸IC設計商的規模快速成長，到2011年年底為止約有四百多家。而隨著中國國務院頒布新18號文，大陸IC設計產業將進一步提高整體競爭力，對台灣IC設計產業的未來發展將是一大隱憂。

IC製造、代工

目前台灣的IC製造業中，晶圓代工類的台積電（2330）、聯電（2303），除了業績在金融海嘯後屢創新高，更在全球具有舉足輕重的地位，產能、製程、市佔率皆是全球首屈一指的地位；反觀記憶體產業，由於資本不夠雄厚，無法與三星、爾必達等由國家所支持的大企業相比，在前幾年DRAM報價崩盤時期，整體財務結構一蹶不振，直到現在仍無法脫離負債的陰影。

基本上，IC製造業者可分為整合元件製造廠（ Integrated Device Manufacturer）與**晶圓❹**代工（Foundry），IDM廠有自己的產品，從設計、製造、封測、銷售作垂直整合，而晶圓代工廠則以替其他業者代工晶圓為主，業務相當單純。金融海嘯後IDM廠因深刻體會到必須精簡公司的規模，才能在不景氣的環境下生存，且晶圓代工業者由於專注一項業務，不管在製程、成本皆

可符合IDM廠的需求，因此釋單的趨勢相當明顯。

放眼未來，台積電的地位仍是不可撼動，以全球目前IC製造廠的製程技術、市場普遍需求的製程、應用的商品來作交叉比對，除了英特爾、台積電、三星等世界級大廠以外，沒有太多廠商擁有如此大的高階製程產能，但目前市場上使用高階製程的商品卻已相當普遍。可以得知台積電先進製程進展無虞，5奈米（nm）：目前已在量產，公司預估2021 年營收佔比可能高達20%。預估5奈米2021年7、8 月達到公司平均毛利率，推估將在2022 年達到公司平均，2021 年仍將稀釋公司毛利率2至3 個百分點。4nm：與5nm 同一家族，風險生產4Q21，2022 量產。3nm：全新製程，首先應用在手機與HPC，預估2022 年下半年量產，依然穩坐台灣電子與全球晶圓代工龍頭寶座。

IC封裝、測試

IC經由代工產業製造完成後，要經過最後一道封裝測試的程序。國內封裝測試廠商基本上多跟IC代工廠商結盟，例如台積電的封裝測試廠為日月光投控（3711）、台星科（3265）。當IC代工業績展望佳，營收接單暢旺，封裝測試廠的表現也會不俗；反之亦然。

圖4-10-1 IC上、中、下游關係圖

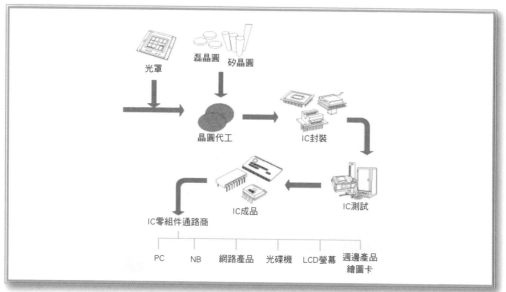

資料來源：XQ全球贏家

表4-10-2 IC產品分類表

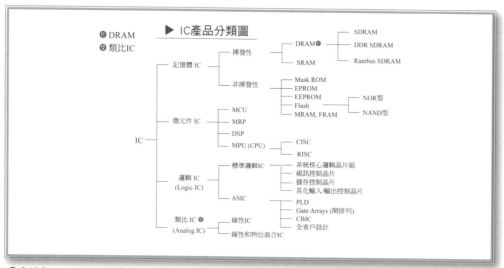

◎資料來源：XQ全球贏家

這個名詞怎麼解釋

❶ 封裝測試

在半導體製程上，主要可分成IC設計、晶圓製程（Wafer Fabrication,簡稱Wafer Fab）、晶圓測試（Wafer Probe），及晶圓封裝（Packaging）。封裝就是將晶圓封入黑色塑膠裡面，測試就是將每顆封裝好的IC在溫度、時序、電壓、電流、寫CODE，讀CODE等流程，是否能夠正常運作，以確保功能正確並把瑕疵品排除，整個過程就叫「封裝測試」。封裝測試算是IC製造最後一個步驟，封裝代表廠商：日月光、矽品；測試代表廠商：欣銓（3264）、京元電（2449）、安可（3516）。

❷ 體感偵測器

2010年微軟推出的體感裝置，就像深獲年輕人喜愛的體感遊戲，突破以往單純以手柄按鍵輸入的操作方式，改由肢體動作變化來進行的新型電子遊戲，如Wii，iphone。又如2011年華碩（2357）推出最新的Xtion Pro，就是一款針對醫療與研究機構所設計的體感偵測器。

❸ 消費性電子產品（Consumer Electronics）

是指供日常消費者生活使用的電子產品。屬於特定的家用電器，例如電話、音響器材、電視機、DVD播放機等。消費電子產品於世界各地均有製造，尤其集中於中國大陸這個低成本生產的地區。產品的重要特性是，它們全都會隨著時間而有價格降低的趨勢。

❹ 晶圓（Wafer）

是指矽半導體集成電路製作所用的矽晶片，由於其形狀為圓形，故稱為晶圓。晶圓是生產集成電路所用的載體，一般意義的晶圓多指單晶矽圓片。晶圓是最常用的半導體材料，按其直徑分為4英吋、5英吋、6英吋、8英吋、12英吋，甚至研發更大規格（14英吋、15英吋、16英吋……20英吋以上等）。晶圓越大，同一圓片上可生產的IC就越多，可降低成本；但對材料技術和生產技術的要求更高。一般認為矽晶圓的直徑越大，代表著這座晶圓廠有更好的技術。

4-11 光電類股

　　光電是政府積極推動的「二兆雙星」產業，也是電子產業中相當重要的應用產業。光電分為光吸收、光儲存與光放射三大類。所謂光吸收就是把光源和影像吸收，包括：鏡片、鏡頭、數位相機和太陽能板；所謂光儲存是指光碟片產業，而光放射是將光源射出，包括TFT-LCD面板產業、LED產業。

　　光電產業的領域很廣，周邊的配套產業也很多，每一個次產業都可衍生出更多周邊產業，例如面板產業就是一個近年來相當重量級的產業，它涵蓋了偏光片、背光模組、驅動IC等，也是電視、監視器等產品的主要元件。

面板（TFT-LCD）產業

　　受惠於電視機、筆記型電腦、平板電腦和公共顯示器的強勁增長，全球大尺寸TFT❶液晶面板出貨量創新高，2010全年達到 6 億 6 千 5 百萬片。根據DisplaySearch季度大尺寸TFT LCD出貨報告指出，如此快速的增長表示面板產業已從2009年的經濟危機中復甦。就數量而言，目前面板最大供應國是中國、韓國和台灣三地。台灣主要廠商是群創和友達，韓國是三星和LG，中國是京東方。

　　中國是全球最大液晶電視消費市場，2010年總銷售達3900萬台，加上中國政府在政策的大力推動，如家電下鄉、以舊換新❷等，2010年底更頒訂平板電視能效限定值與效能等級，可望加速汰換高耗能的傳統電視機，以提升LED TV滲透率。有別於歐美感恩節及聖誕節為消費性電子的採購旺季，中國大陸有三大旺季，分別為農曆春節、五一期間及十一長假，因此，在這三大節日的兩三個月前，面板廠就會感受到下游備貨需求，影響產能利用率的關鍵。

　　根據研究機構預測，2011年全球LED背光液晶電視LCD TV出貨滲透率將達到40%～50%水準，目前多數電視品牌廠商新推出的機種，都已採用LED背

表4-11-1 光電產業分類

光電產業	光吸收	鏡片、鏡頭、數位相機	大立光（3008）、玉晶光（3406）、今國光（6209）、亞光（3019）
		太陽能	昱晶（3514）、益通（3452）、綠能（3519）、新日光（3576）、中美晶（6182）、茂迪（6244）
	光儲存	光碟片、光碟機	中環（2323）、錸德（2349）
	光放射	TFT-LCD面板	友達（2409）、群創（3481）、華映（2475）
		LED產業	億光（2393）、晶電（2448）、泰谷（3339）

光設計。尤其是中國大陸市場，因為液晶電視市場快速成長期，正好就遇上LED背光應用起飛期，使得LED背光電視普及更加快速。2011年春節假期期間中國大陸液晶電視銷售量約275萬台，年成長率約28%，其中，LED背光液晶電視比重達50%，相較於2010年中國大陸LED背光液晶電視比重僅約20%，顯示中國大陸LED背光液晶電視普及率正加速攀升。

從產業鏈來分析，TFT-LCD產業可以分為上游材料、中游面板製造、以及下游的模組製造及應用。上游材料中，包括玻璃基板、ITO導電玻璃、液晶、彩色濾光片、偏光片等。中游環節為TFT-LCD面板製造，面板與驅動IC、背光源模組、PCB、邊框等在一起組裝，製成下游的模組（LCM）。模組則根據不同的切割尺寸，可以應用在PC、通信設備、消費電子，以及儀器儀錶等。

長期以來，國內面板廠商在關鍵材料與設備大多仰賴外商所供應，從此次日本311地震中就可看出。例如應用在面板模組驅動IC貼合的異方性導電膠（ACF），主要是由日本日立化成（Hitachi Chemical）所生產，全球市佔率高達五成，因受災而停產影響到國內友達、奇美電等大廠。雖然ACF佔面板成本比重僅有1%，但卻已影響面板廠正常出貨。

此外，背光模組零組件也有不少是被外國廠商所壟斷，像是提升面板亮度

圖4-11-2 台灣TFT產業結構圖

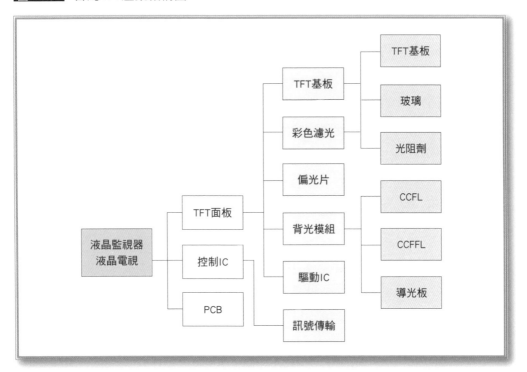

的增亮膜，主要由美商3M所主宰，全球市佔率高達80%。而擴散板部分，也
幾乎被住友化學、旭化成、帝人等三大日商所把持。不過，近來國內廠商也開
始投入上游關鍵材料領域研發，但現階段實際效益尚未顯現。目前國內發展較
具規模的則是穎台（3573），其自行研發的微結構擴散板已在市場嶄露頭角，
並成功切入友達、群創及韓國等面板大廠供應鏈。

LED產業

　　LED（發光二極體，Light Emitting Diode）是由化合物半導體材料製成的光電元件，發光原理是利用二極體內原本分離的電子和電洞相互結合時，將多餘的能量以光的形式釋放出來。由於LED元件只要在兩個電極端子間通入極小的電流便可發出光亮，因此元件壽命可長達數萬小時。

　　由於LED擁有省電、反應速度快、體積小、適合量產等優點，所以是頗為優異的發光元件，已廣泛應用在手機來電指示燈、紅綠燈的小綠人，以及捷運站與高速公路的電子看板。LED上中下游製程分別為「上游─磊晶成長」、「中游─鍍製電極、晶粒切割」、「下游─封裝」，各階段產品分別為磊晶片、晶粒、LED封裝品。

　　LED依據波長的不同，分為可產生紅、橙、黃、綠、藍、白等各種顏色的可見光LED，以及紅外光等不可見光LED。在可見光LED部分，一般亮度LED包括二元及三元LED，主要用於家電、資訊產品的指示燈；高亮度LED包括四元及白光LED，應用範圍涵蓋全彩看板、交通號誌、手機、汽車等。在不可見光LED部分，短波長紅外光LED可供紅外線無線通訊之用，如感測器、家電用品遙控器；長波長紅外光LED則多應用在中、短光纖通訊，做為光

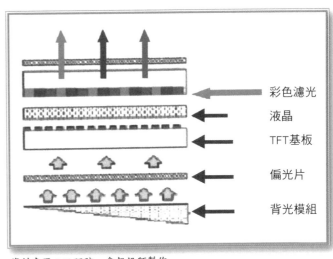

圖4-11-3 TFT面板模組結構

彩色濾光

液晶

TFT基板

偏光片

背光模組

資料來源：工研院　鑫報投顧製作

258

表4-11-4 LED台灣生產廠商一覽表

項目		廠商
上游	磊晶成長	富采（3714）、璨圓（3061）、泰谷（3339） 新世紀（3383）、華上（6289）、鼎元（2426）
中游	擴散製程、金屬蒸鍍、晶粒切割	
下游	封裝	億光（2393）、東貝（2499）、佰鴻（3031） 李洲（3066）、華興（6164）、宏齊（6168） 光鼎（6226）、立碁（8111）、光寶（2301）

通訊光源。

　　由使用磊晶材料的不同，可分為二元、三元、四元及氮化物LED四大類。二元LED指的是由兩種化學元素組成磊晶層材料，如磷化鎵，可產出紅光、黃綠光LED；三元LED是由三種化學元素組成，如砷化鋁鎵、磷砷化鎵等，可產出紅光、橙光及黃光LED；四元LED是由四種化學元素組成，如磷化鋁鎵銦，

期待東山再起的致伸

　　2007年由私募基金收購後下市的致伸科技（4915），歷經三年多整頓與布局，2010年繳出合併營收287億元、稅後純益9.5億元、EPS 2.5元的亮麗成績。致伸原本專營印表機，一度投身數位相機領域，近年來則蛻變成集電腦周邊（滑鼠、鍵盤）、手機周邊（藍牙耳機、手機照相模組）以及系統（印表機、掃描機）等三大產品線於一身的代工大廠。2010年7月曾試圖由興櫃（4915）伺機重新申請上市之審核。可由證券櫃檯買賣中心（http://www.otc.org.tw/）查詢→【興櫃股票資訊】→【興櫃股票市場現況】

可產出紅光、紅橙光、黃光及黃綠光LED；氮化物LED是使用氮化鎵做為材料，搭配藍寶石基板，可產出藍光及綠光LED。

光學鏡頭與數位相機

2020年將會帶來鏡頭不僅是數量，就連規格將會是爆發性的成長。數量部分，6大品牌手機廠在2020年銷售量不成長之下，預測鏡頭數量將會有14%YoY，其中包含從2鏡頭手機升級至3鏡頭，前鏡頭則從1顆升級至2顆，多款旗艦機種與中階款手機，將會標配ToF鏡頭。

而ToF鏡頭在2019年基期仍低，2020年將會是成長性最高的一年，約有250%YoY的成長，因此ToF深度感測相關類股也可以關注。

圖4-11-5

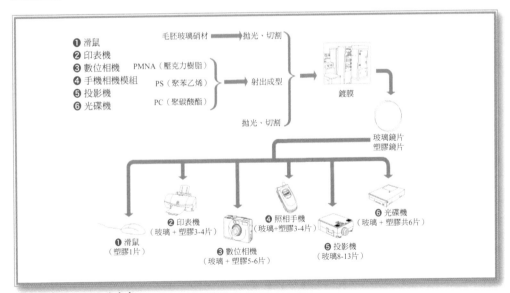

◎資料來源：XQ全球贏家

這個名詞怎麼解釋

❶ TFT（Thin Film Transistor）

是薄膜電晶體的英文縮寫，它可以主動地對螢幕上的各個獨立的圖元進行控制，這樣可以大大提升反應時間。一般TFT的反應時間比較快，約80毫秒，且可視角度大，一般可達到130度左右，主要運用在高階產品。TFT的色彩飽和度是目前螢幕材質中效果較佳者，較高階的手機多半採用TFT。

❷ 家電下鄉&以舊換新

中國為了推動內需，2009年由中國國務院推出「家電下鄉」，可使農民購買四類家電產品獲得13%的政府補貼，同時也能帶動相關產業發展。而另一個家電產品「以舊換新」方案，則是對汽車和電視機、電冰箱、洗衣機、空調、電腦等五類家電產品，以舊換新進行補貼。這兩種補貼政策，為中國內需市場中的家電、網路、農業、健康護理及汽車方面帶來正面動能，因此投資者極端看好消費類股、醫藥與節源等產業的成長空間。

❸ 基期（Base Period/Origin Period）

是相對於與另一項數值比較時，所採用的比較年度（或季／月份）。例如，今年A公司獲利率（毛利率、EPS、負債比、營業額）比去年成長15%，這時的「去年」就是所謂的基期。而基期較低者，通常是表示此類產品本身價值被低估者，反映在股價上則可說是被低估的轉機股。網友常說的「三低二高」，就是指低基期、低股價、低本益比，高成長、高殖利率，擁有這些條件的就是最好的標的股。

圖4-2-11 顯示屏產業的技術階段

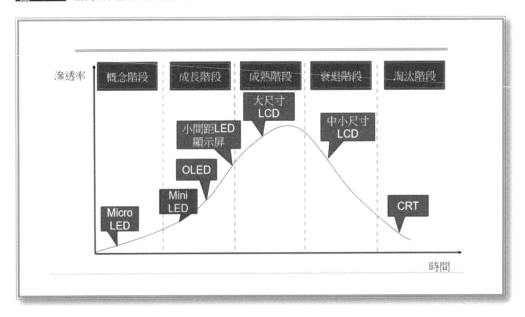

4-12 被動元件類股

相較於主動元件，被動元件在電流通過或電壓改變時，不會執行任何運算功能，主要可分為電阻、電容、電感等三種類型，功能分別為降壓、儲存、濾波，應用範圍涵蓋了資訊、通訊、消費電子、汽車、工業產品等，是各種需要電力驅動的產品不可或缺的重要零組件，相較於其他電子次產業，不易受單一產品或單一產業景氣波動影響。

過去幾年，由於廠商製造經驗不足、數以倍計的擴產，被動元件曾歷經激烈的殺價競爭。金融海嘯後，生產中高階被動元件的日本大廠產能擴充相對保守，隨著電子商品需求再起，2010年第二季被動元件出現缺貨風潮，包括晶片電阻、MLCC、電感的供需缺口拉大，加上日圓升值影響，台廠受惠於客戶轉單效應，**稼動率**攀高，營運持續回升。

被動元件的應用層面相當廣，下游終端產品，包括個人電腦、消費電子、網通、汽車及工業領域等，隨著無線通訊與手持式產品持續發展，對於小型化之電容、電阻的使用量，將因為產品的高階化而持續增加。不過目前全球被動元件供應者仍以日本為首，掌握了高階技術與關鍵材料，使得國內業者難以與之抗衡；即使國內的被動元件廠近年來致力於晶片化趨勢發展，在銷量上有所提升，但其客戶多以PC代工廠、電源供應器等大廠為主，這些大廠的議價能力強，使得傳統被動元件價格競爭日趨激烈，利潤逐漸微薄。

2010年全球景氣平穩回升，全球被動元件產業在經過金融海嘯過後，不少小廠受衝擊並遭到淘汰，而技術領導地位的日系大廠也謹慎擴廠；雖然全球的景氣回溫，但對於歐洲債信問題，及美國經濟成長低於預期的疑慮，加上日幣升值，使得全球被動元件市場擴產趨於保守。所幸在下半年對於智慧型手機及iPad平板電腦需求強勁，以及中國及印度等新興市場對於消費性電子產品需求持續成長的支撐，市場規模從2009年的350億美元成長至2010年381億美元，

2009年～2013年年複合成長率為6.5%。2018年比特幣大漲,比特幣挖礦機銷售爆增,挖礦機需要大量的被動元件,造成供需吃緊,被動元件價格一日三市。2020年,筆記型電腦、桌上型電腦需求,因疫情所引起的宅經濟而爆發。加上2021年5G普及電動車大幅成長,都推升被動元件需求。

　　就個別產品分析,整體被動元件市場以電容器規模最大,約佔整體產值的一半,電感器及電阻器次之,最後是振盪器和濾波器。電容器以日系被動元件廠為首,佔全球比重約七成,在電感器市佔率更是高達85%以上。台系被動元件廠僅在晶片電阻器保持優勢,市佔率約70%,整體被動元件市場依然由日系被動元件廠穩坐全球領導地位,約有60%市佔率。電容器若以材質可細分成三十餘種,目前國內廠商主要以生產陶瓷電容器、鋁質電解電容器為主。陶瓷電容器主要可分為單層及多層陶瓷電容器(MLCC),單層陶瓷電容器多用於耐高壓環境,屬較低階產品;MLCC則可透過SMT直接黏著,生產速度快,具有易於晶片化、體積小的優勢,應用領域包括NB、手機、GPS、消費性電子等,已成為電容器產值最高的商品。

　　MLCC依尺寸大小可區分為0201、0402、0603、0805及大於1206等規格,0805、0603規格主要應用於PC;而0402與0201規格主要應用在高階手機,如蘋果iPhone。目前全球MLCC主要供應商包括Murata(日本村田)、TDK(3673)、太陽誘電(Taiyo Yuden)、Kyocera、Panasonic,及國內的國巨(2327)、華新科(2492)等。

　　鋁質電解電容是電容器中最被廣泛使用的一種,也屬於較為成熟的產品。其優點是靜電容量大且價格便宜,目前廣泛應用在資訊工業、通訊工業、軍事及消費性電子產品,國內外供應商包括日系Nippon Chemi-con(佳美工)、Nichicon、Panasonic、Sanyo Electric為代表,國內主要的廠商則有立隆電(2472)、智寶(2375)、金山電(8042)、凱美(5317)、日電貿(3090)

等業者。由於鋁質電解電容
的充放電速度較快，可用於
電能轉換儲存的用途上。近
年國內相關業者已陸續切
入風力發電、太陽能的PV
Inverter等領域，其中以立隆
電、金山電在切入非PC領域
的成效較佳；立隆因轉投資
化成鋁箔的立敦（6175），
較具垂直整合優勢。

　　國內被動元件的盟主
是國巨（2327）。2010年
以來，在陳泰銘董事長的併
購策略下，集團日益壯大。
集團的產品包括晶片電阻
（Chip-R）、積層陶瓷電容

表4-12-1　被動元件主要應用

分類		產品
電阻器	固定式晶片電阻	晶片電阻（Chip-R）
		薄膜電阻
		排列/網路電阻
	可變電阻	半固定式可變電阻
	非線性電阻（保護元件）	變阻器
		熱敏電阻
電容器	陶瓷電容器	單層陶瓷電容
		積層陶瓷電容（MLCC）
	鋁質電解電容	傳統插件型
		SMD型
	塑膠電容	－
電感器	－	拉流線圈
		晶片電感（Chip-L）

（MLCC）、鋁電容、鉭質電容等。集團下的上市櫃公司有奇力新（2456）、
凱美（5317）、旺詮（2437）、智寶（2375）。

　　2019年更併購國際被動元件大廠KEMET，進一步跨入鉭質電容領域。

表4-12-2　主要被動元件股比較一覽表

次產業	電阻	電感	電容
公司（代號）	國巨（2327） 大毅（2478） 旺詮（2437） 興勤（2428） 佳邦（6284） 聚鼎（6224） 光頡（3624） 艾華（6204）	奇力新（2456） 鈞寶（6155） 千如（3236）	華新科（2492） 天揚（5345） 智寶（2375） 金山電（8042） 立隆（2472） 凱美（5317） 華容（5328）
主要產品別	MLCC、晶片電阻 晶片電阻 晶片電阻 熱壓敏電阻 熱敏電阻 熱敏可變電阻 薄膜電阻 可變電阻	晶片電感、鐵芯 晶片電感、鐵芯 晶片電感	MLCC、晶片電阻 MLCC 鋁質電解電容 電解液、原料 鋁質電解電容 鋁質電解電容 塑膠電容

這個名詞怎麼解釋

稼動率

稼動率是用來衡量設備使用效率的指標之一，就是將機器可運轉的時間（負荷時間）扣除因休假、保養、修復等的停機時間。例如今天A印刷機因為更換油料，累計停機2小時，則本日該機台的稼動率為（24-2）/24 = 91.67%，設備稼動率公式= 稼動時間（負荷時間－停止時間）／負荷時間。

4-13 5G產業

2020年是5G 元年，為了跟上 5G 世代的腳步，各家廠商都陸續推出了支援 5G 的旗艦機和中階機。「5G 就是讓網速變得比 4G 快很多」，過往3G：在室內、室外和行車的環境中能夠分別支援至少2Mbps、384kbps 以及 144kbps 的傳輸速度。4G：在高速行動性的環境下達到約 100 Mbit/s 的速率；在低速行動性的環境下高達約 1 Gbit/s 的速率。

5G具有高移動性、高流量密度與高連接數，低時間延遲等特性，提供更大寬頻與高更速聯網，支援更寬廣與深入的應用領域。

1G實現了類比語音通信，大哥大沒有螢幕只能打電話。2G實現了語音通信數位化，功能機有了小螢幕可以發短信了。3G實現了語音以外圖片等的多媒體通信，螢幕變大可以看圖片了。4G實現了局域高速上網，大屏智慧機可以看短視頻。

1G～4G都是著眼於人與人之間更方便快捷的通信。5G將實現隨時、隨地、萬物互聯，讓人類敢於期待與地球上的萬物通過直播的方式無時差同步參與其中。

5G基地台需求量，是4G的8倍，5G具備3項特性，一是「超高速」，5G網路速率，是4G的20倍；二是「低延遲」，在4G狀態下，網路回應時間約10到50毫秒，但5G只要1毫秒；三是「大連結」，4G基地台只能連結1萬個裝置，5G則上看100萬個。

為了因應5G發展，從材料設備、IC代工設計製造、被動元件、通訊設備、電信服務等產業，都受惠於5G發展。到底5G能帶出的商機有多大呢？根據IHS Markit在2020年預估未來15年，5G所帶來的全球經濟產值約3兆美元。

人手一機、離不開網路的生活型態，讓5G火熱，5G 概念股也容易受到資金追捧。5G的應用範圍太廣，除了電信商，IOT領域、AI領域，也都將是受惠

族群。

　　全球發展最快的5G市場–中國，中國三大電信運營商預計在2020年內開通60萬個5G基地站，整個國家政策都支持的時候，5G優勢不言而喻。

　　台灣的部分，則是推動台灣5G行動計畫，希望透過營造5G跨業合作平台、調整法規創造環境等策略，把握5G契機。

　　基站主設備需求將是4G的1.5-2倍，散熱需求當然也就是4G的1.5-2倍，PCB需求是3-5倍，光傳輸設備需求將是4G的兩倍，基站溫控設備需求有機會達兩倍。

　　5G影響的產業相當廣，網通產業有：基地台、小型基地台、Server、交換器、路由器；散熱產業有：手機散熱、edge computing、server、基地台；PCB產業有：CCL、ABF、天線；IC設計有：5G晶片。此外，物聯網、車聯網、智

圖4-13-1 中國基地台建置需求高峰將自2021年起維持數年

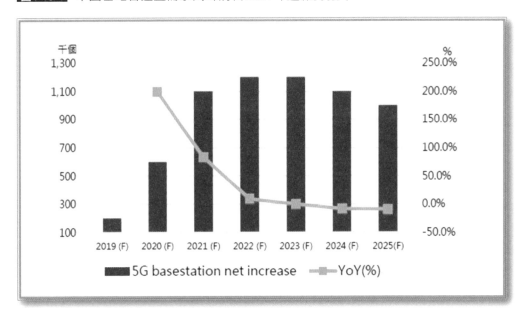

慧家庭、智慧醫療、AI+IOT、無人工廠、光通訊、主被動元件、骨幹網路、
DWDM、光模塊、PA、射頻元件、SAW等。

表4-13-2 5G概念股 延伸

次族群	股名
磊晶片	3707漢磊、3016嘉晶、3081聯亞、4971 IET-KY、4991環宇-KY
PA	3105穩懋、2455全新、8086宏捷科、4968立積
光通訊設備	8011台通、4977 眾達-KY、3163波若威、3234光環、3363上詮、3450聯均、6426統新、4979華星光
濾波器	2383台光電、6274台耀、6213聯茂、2368金像電、3037欣興、3189景碩、804南電、5234達興材、5439高技、6278台表科、6266泰詠、4927泰鼎
天線	3491昇達科、3419譁裕
通信網路	5388中磊、3596智易、6285啟碁、4906正文、2314台揚、6270宇智、2345智邦、3380明泰
散熱	3324雙鴻、6230超眾、3338泰碩、3653健策、3483力致、3071協禧、3017奇鋐

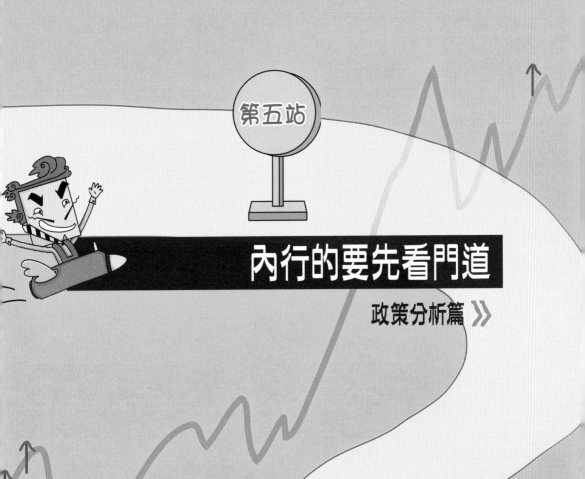

第五站

內行的要先看門道

政策分析篇 》

?！

報你知

5-1 政府定期公布經濟指標

CPI：消費者物價指數，過高會有通膨疑慮。

PMI：經理人採購指數，太少的話表示景氣欠佳。

GDP：國內生產毛額，愈高愈好囉。

MSI：貨幣供給指數少的話，表示消費緊縮，景氣會漸差。

失業指數：愈低愈好。

新屋開工率：營建業一向是經濟好壞的指標性數據。

除了知道各類股的現狀外，如果能對政府公佈的財經數據稍有了解，會更好喔！

真的嗎？
那我應該每天努力K。

　　產業活動攸關產品的供需，也影響市場資金的流動與投資人投資股市的意願，因此股市又稱為一國的經濟櫥窗。在經濟不景氣下，所有工商活動趨緩、投資意願低落，使金融借貸資金需求減少，利率也隨著降低。在經濟景氣下，所有工商活動興盛、上市公司獲利倍增，因此促使股價上揚，投資人積極參與投資活動，使資金需求增加，利率步步走高。所以，理性的投資人必須時時注意各種相關的產業活動和政府政策，做為預測股價指數的基礎。

　　在產業活動的統計指標中，可區分為領先指標、同時指標與落後指標。領先指標有助於未來市場狀況的預測，如失業率、消費品新訂單數、貨幣供給變動。同時指標和落後指標分別顯示目前和已確定的經濟活動，如國民生產毛額（GNP）、國內生產毛額（GDP）、工業生產指數、投資人信心指數和**消費者**

信心指數[1]等。這些圖表，均可上行政院國家發展委員會（http://www.ndc.gov. tw/）查詢。

一般物價水準及其變動數據，通常反映通膨壓力程度，而通貨膨脹又和實質利率水準息息相關。通貨膨脹影響投資人及交易商的投資報酬水準，因此須密切關注通膨指標的變化。一般投資人常用的物價水準指數有三種，分別是貨幣供給指數（MSI）、生產者物價指數（PPI）和消費者物價指數（CPI）。

既然股價指數反映一國的經濟成長情形，股價指數與經濟成長也應呈現正比關係。也就是當經濟成長率快速增加時，股市表現出多頭走勢；當經濟成長屬於衰退階段，股市走勢也會趨於疲軟不振。但在現實股市行情中，除考慮經濟面的因素外，尚須考量政治環境、投資意願和政府政策等因素。

投資環境常可以反映在各種經濟指標上，投資人進行股票投資時，可以參考各項經濟指標，做為買賣股票的參考。政府和相關單位會定期公布各項和經濟情勢有關的資料。

表5-1-1 GNP與GDP的比較

名目	GNP（國民生產毛額；Gross National Product）	GDP（國內生產毛額；Gross Domestic Product）
意義	指一國之國民（不管在國內或國外）從事所有生產活動，所創造產生的附加價值總和。	於一特定期間（通常為一年），在一國境內從事各種經濟活動的總成果指標。
相異點	GNP是以該國『國民』為計算基礎	GDP是以該國『國境』為計算基礎
計算方式	只計算最終產品的價值	產品附加價值的總合
關係式	GDP＝GNP－本國國民在外國生產之報酬＋外國國民在本國生產之報酬	GNP＝GDP＋本國國民在外國生產之報酬－外國國民在本國生產之報酬
範例	駐外使館人員薪資	泰勞、菲傭在台的工資所得

不可不看的經濟指標

1. 每月5日行政院主計總處會公布上一個月的消費者物價指數、**躉售物價指數❷**的統計資料。這些資料可以了解目前物價是否平穩、是否有通貨膨脹的疑慮。

2. 每個月7日，財政部會公布累計到上一個月的全國稅收，還有上一個月的出口額、進口金額和貿易差額等資料；央行在每個月15日左右，會公布上一個月底的外匯存底資料。當台幣升值時，海外投資人基於套利的理由，會將資金匯入國內賺取匯差；此時外資流入，常造成所謂資金行情，而外資投資於股市的標的股，也時常成為投資人追逐的外資概念股。相反的，當台幣貶值時，不僅外資會大舉撤離國內股市，甚至國內的資金也會基於避險的理由，流到國外或轉成外幣存款，造成股市資金失血，動能不足。

3. 每個月中旬，經濟部投資審議委員會會公布僑外來台投資、我國對外投資、對大陸間接投資等資料；每個月20日，經濟部也會公布最新的外銷訂單情

圖5-1-2 台灣物價指數WPI CPI

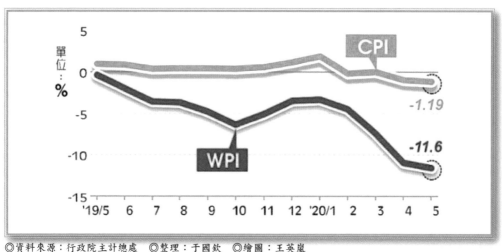

◎資料來源：行政院主計總處　◎整理：于國欽　◎繪圖：王英嵐

況和工業生產指數。從稅收可以了解政府歲入情況、和財政政策方向相關的議題；從進出口和訂單情形，可以了解我國產品在國際的競爭情況；從僑外資、對外投資多寡，則可以知道國內外投資環境是否良好。

4. 每月23日，行政院主計總處會公布到上個月為止的失業率，失業率高表示國內經濟情況不佳；反之亦然。另外，失業率加上通貨膨脹率被稱為**痛苦**
指數❸，當兩者的指標皆在高檔時，人民生活自然較為痛苦。

5. 中央銀行在每個月的25日，會公布貨幣供給額M_{1a}、M_{1b}和M_2的年增率，並且還有放款與投資餘額。前者是反映目前實際經濟景況，後者是央行貨幣政策的參考方向。每個月月底前，還有一些重要統計資訊，包括26日中央銀行會公布全國金融機構的退票張數比例和退票金額；27日行政院國發會也例行性公布最新的景氣對策信號、領先指標綜合指數、同時指標綜合指數等有關經濟發展的統計指標。

另外，每年的2月、5月、8月和11月的第四個星期，行政院主計總處會公布國民所得統計，這是官方最完整的經濟統計資料。國民所得統計內容包括：上季的經濟成長率、全年估測經濟成長率、上季國民生產毛額、上季民間消費金額、上季民間投資金額、上季國民儲蓄率等。

中央銀行每季也有國際收支統計資料，每年6月公布第一季資料，每年9月、12月分別公布第二、三季資料，翌年3月公布前一年第四季的資料。還有每年3、6、9、12月第四個星期，中央銀行會舉行理監事會議，會中會綜合各理監事的意見，決定最新的貨幣政策，並將影響中央銀行未來的貨幣政策走向，是投資人最重要的貨幣觀察指標。

上述的經濟指標，投資人都可藉由各大報紙的財經版，或是工商時報、經濟日報取得。報紙上不但有上述資料，更有翔實的報導與解說，這些都可做為投資人各項投資理財的決策參考。

❶ 消費者信心指數

是消費者對於國家當前經濟狀況滿意程度和對未來經濟走向預期的綜合性指數,它顯示人們的消費意願和程度;其數值之增減,表示人們對其財務和經濟狀況的感覺。消費者信心指數是國家重要經濟指標之一,大部分的國家通常會提早幾年調查相關方面的數據,以利於該國施政。當得點數介於0-200,以100表示中立水準。計算方式係以未來半年國內物價水準、未來半年家庭經濟狀況、未來半年國內就業機會、未來半年國內經濟景氣、未來半年是不是投資股票好時機、未來半年是不是購買耐久性財貨好時機等元素計算而得。

❷ 躉售物價指數 (Wholesale Price Index, WPI)

原意為大宗批發價格,查價階段涵蓋廠價、大盤價、中盤價等意義不夠明確,其實就是指貨物出廠時的價格。1992年物價基期已更改,將查價階段定為「出廠價格」,惟考慮法令之通用,仍維持「躉售物價指數」名稱。

❸ 痛苦指數

國際上對痛苦指數之衡量並無一致性規範。將失業率及消費者物價指數(CPI)年增率二者加總,稱為痛苦指數,原係1980年美國雷根與卡特競選總統時,為凸顯當時消費者物價高漲及失業率攀升情形所提出。但近年以來物價指數年增率不但可以降至零的水準,還可以降為負值,進而出現通貨緊縮,造成經濟停滯不前,所以物價已非愈低愈好的負向指標。但此指標並不嚴謹,且無實質意義,因為溫和的物價上升有助於激勵企業與投資擴張,帶動整體經濟繁榮成長,而通貨緊縮如果陷入惡性循環,對經濟負面衝擊遠勝於物價上漲。

圖5-1-3 營業氣候測驗點（2020年10月）

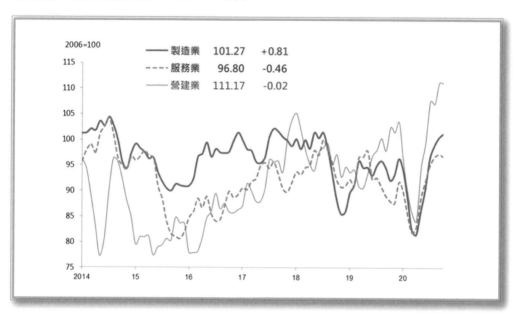

圖5-1-4 台灣製造業PMI、非製造業NMI走勢

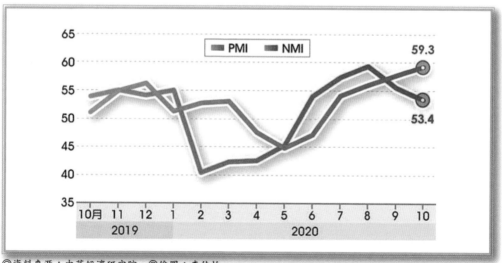

◎資料來源：中華經濟研究院　◎繪圖：李佳怡

5-2 掌握景氣循環抓住股市脈動

　　總體而言，國內經濟在1991年第三季起呈現衰退現象，成長率由8.42%一路下滑到1993年第一季的6%，此時股價指數也由1991年5月的6,365點下跌至1993年1月的3,098點，跌幅高達51.33%。投資人若在這一段期間融券放空股票，此波段的獲利平均有50%以上。

　　1993年第一季到1994年第二季，國內經濟成長率在6%到7%之間。雖然經濟成長率未能創新高，但是市場上普遍預期國內經濟景氣不致再惡化，投資者開始嘗試性進入股市投資，加上政府政策上刻意作多，使得市場瀰漫著一股投機氣氛。股價指數也在1993年1月止跌反彈，呈現五波段的漲勢，此波段最高點在1994年10月以7,228點作收，漲幅高達133.31%。投資人若在這段期間買進股票，平均獲利將可達一倍以上。

　　1995年經濟成長率再度下滑，不景氣的主因是股市、房市行情不振，政府和民間消費成長緩慢，政府交易停滯，民間投資成長有限，以及政府公共建設進度落後。1995年第三季以後國內景氣就出現疲軟現象，前兩季經濟成長率分別是6.98%和6.48%，第三季只有6.02%，第四季更滑落至6%以下。股價指數也呈相同疲弱走勢，由1995年年初的6,700多下挫到1995年的4,500點。

　　1998年台灣渡過亞洲金融風暴後，景氣開始回升，電子業一片榮景，股市也在2000年攻到10,000點，但隨著2000年y2k高科技泡沫化，政黨輪替，景氣又再度下滑，股價也一路跌到3411點。2002年隨著中國的崛起，台灣景氣也順勢復甦，股價又開始上攻，到9800點，但2008年的美國次貸風暴，隨後又把台灣的景氣下拉，台股又跌回3955的低點。到了2009年台灣景氣有效落底，台股在跌深後又開始向上彈升。到了2011年歐債危機重挫全球經濟，台灣也深受其害，股市也因而下滑。2020年新冠疫情來襲，全球經濟崩盤，台灣也無法倖免於難。

　　景氣循環分為景氣衰退期、景氣谷底期、景氣復甦期和景氣頂點期四個階段。一般投資專家會建議在景氣達到谷底時逢低買進股票，在景氣復甦期持續加碼，在景氣高峰期賣出股票。由於景氣低迷時產業活動趨緩，股價逐漸走低，政府為了維持國內經濟活動，會推出一連串振興產業的方案，中央銀行也會採取寬鬆的貨幣政策，例如調降重貼現率與存款準備率。此時股價處於相對低檔，長期而言，此時買進股票可等待下一波漲勢。在景氣復甦期，產業活動開始活絡，上市公司獲利逐漸增加，股價指數穩步上揚，此時投入股市仍有一大段獲利空間。

景氣對策信號燈

　　景氣對策信號：主要目的在於藉燈號以提示應採的景氣對策，並綜合判斷短期未來的景氣是否將進入過熱或衰退，而預先發出信號，以供決策當局擬定景氣對策參考，企業界也可根據信號的變化，調整其投資計畫與經營方針。

圖5-2-1　景氣對策訊號燈走勢圖

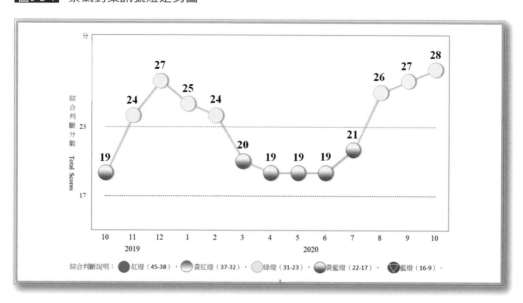

參考數據包括：貨幣供給M1b、直接及間接金融票據交換，及跨行通匯、股價指數、製造業新接訂單指數（以製造業產出躉售物價指數平減）、海關出口值（以出口物價指數平減）、工業生產指數、製造業成品存貨率（成品存貨／銷售）非農業部門就業人數等九項。另將躉售及消費者物價指數變動率，以及經濟成長率等列為參考資料。

　　景氣對策訊號燈由 9 個指標所構成，最低分為 9 分，9 分到16分為藍燈表示景氣衰退，22～17分為黃藍燈表示景氣欠佳，31分到23分為綠燈表示景氣穩定，37分到32分為黃紅燈表示景氣活絡，超過38分表示景氣過熱。景氣對策訊號燈為落後指標，本月底公告上一個月的景氣燈號，因此在判定景氣燈號做為股票投資的決策時，並非以燈號的位置而是看燈號的走向。例如2001年10月景氣燈號脫離最低分月往黃藍燈移動，此時就要進場買進股票；又例如2009年

圖5-2-2 景氣對策訊號燈統計表

		10月	11月	12月	1月	2月	3月	4月	5月	6月	7月	8月	9月 燈號	9月 %	10月 燈號	10月 %
綜合判斷	燈號															
	分數	19	24	27	25	24	20	19	19	19	21	26	27		28	
貨幣總計數M1B														12.1		12.8
股價指數														17.0		15.1
工業生產指數														9.8		7.6
非農業部門就業人數														0.05		0.00
海關出口值														-3.0		8.9
機械及電機設備進口值														-0.03		4.7
製造業銷售量指數														8.2		5.3
批發、零售及餐飲業營業額														6.8		0.6
製造業營業氣候測驗點														100.46		101.3

◎備註：1.各構成項目除製造業氣候測驗點之單位為點（基期為95年）外，其餘均為年變動率；除股價指數外均經季節調整。

　　　2.r為修正值。

1月景氣對策訊號燈由 9 分漸漸增加為10分、11分、12分，這就表示景氣有改善，此時股價也在高檔，投資人宜提防景氣下滑所引發的風險。

景氣領先指標

領先指標綜合指數是由好幾項能提前反映景氣變動情況的指標所構成，用來預測短期未來景氣變化。意義上，領先指標的高峰與谷底會比經濟循環的階段要出現得早，因此是重要的預測與規劃工具。同時指標綜合指數則是由能反映當時景氣狀況的指標所構成，用以判斷當時的景氣狀況。按照過往的經驗，經濟轉折時，領先指標綜合指數會先連續三個月出現同方向變動。例如，當領先指標近三個月出現－0.2%、－0.2%與－0.1%的同方向變動，是經濟「可能」陷入衰退的訊號；而經濟陷入衰退時，領先經濟指標「必然」會出現連續三個月的下降。

在台灣，每個月27日行政院國發會以公布「上個月」的領先與同時綜合指標數值；在美國，則是每個月月底由經濟諮商會（Conference Board）公布「當月」的領先與同時經濟指標數值。

景氣領先指標，為景氣動向指標中具有領先景氣變動性質的指標。我國目前編製領先指標採七系列經濟活動，包括：外銷訂單指數、貨幣總計數M_{1b}、股價指數、製造業存貨量、指數工業及服務業每人每月加班工時、核發建照面積（住宅類住宅、商業辦公、工業倉儲）、SEMI半導體接單出貨比。

其他指標

① GDP

GDP- Gross Domestic Product國內生產總值，亦稱國內生產毛額、本地生產總值，常被縮寫為GDP，是一個領土面積內的經濟情況的度量。它被定義

為所有在一個國家內一段特定時間（一般為一年）裡所有生產產品和貨物的總值。它與國民生產總值（GNP）不同之處在於，GDP不將國與國之間的收入轉移計算在內。也就是說，GDP計算的是一個地區內生產的產品價值，而GNP則計算一個地區的人民實際獲得的收入。

GDP最常見的計算公式是
GDP＝消費＋投資＋政府支出＋出口－進口

不同國家的GDP比較需要轉換各國貨幣，轉換方式主要有兩種：一、使用各國貨幣的國際匯率轉換，或二、根據各國貨幣與一選定標準（通常為美元）的購買力平價。通過兩種方式得到的各國GDP排名會有很大不同，因為如果使用國際匯率，就會由於發展中國家的貨幣在國際市場過弱，而低估國內消費者與生產商的購買力50～60％；但若使用購買力平價，則又無法精確計算該國在國際市場上的產品與服務。國內生產總值分為名義GDP與實際GDP。國內生產總值平減指數，用名義GDP與實際GDP比率計算的物價水平衡量指標。

❷ 失業人口及失業率

失業人口係指在資料標準週內（每月含15日當週），年滿15歲，同時具有一、無工作；二、隨時可以工作；三、正在尋找工作等條件者。此外，尚包括等待恢復工作者，及已找到職業而未開始工作、亦無領取報酬者。另失業率係指失業者佔勞動力（年滿15歲，具有工作能力及意願的民間人口）的比率。

其計算公式為
年失業率：（全年平均失業人口／全年平均勞動力）×100

❸ CRB指數

CRB（Commodity Research Bureau Futures Price Index）期貨價格指數是由美國商品研究局於1956年正式公布，它的組合成分不包含任何一種金融期貨，是一種純粹的商品指數，目前它的結構成分是由21種商品所組成，其中每種商品所佔的權數比例均相同（4.7%，亦是1/21），按類別可區分如下：

圖5-2-3 台灣GDP 走勢圖

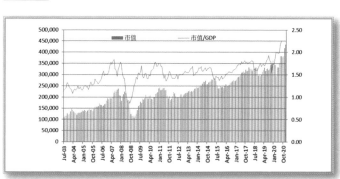

1. 穀物：小麥、燕麥、玉米、黃豆、黃豆油、黃豆粉。（28.6%）
2. 能源：輕原油、熱燃油。（9.5%）
3. 貴金屬：黃金、白金、白銀。
4. 基本金屬：銅。
5. 軟性商品：糖、可可豆、咖啡、棉花、凍橘汁。
6. 牲畜類：活牛、活豬、豬腩。
7. 其它：木材。

圖5-2-4 股價總市值 VS GDP

❹ 製造業開工率

代表製造業從事生產的熱絡程度。開工率降低，象徵工廠部分機械閒置，工人將因無事可做而賦閒

在家，出貨也減少，顯示市場消費能力不佳；而這項訊息更可能間接影響當日後景氣未能復甦時，業主大量裁員、失業率增加。而類似這樣的訊息，通常會造成原料的需求減少，貿易活動也呈現衰退，不利於一國的經濟活動，自然對於該國的外匯走勢會有負面的影響。

❺ 財政赤字

代表一國的負債狀況。由於長期負債會使預算赤字不斷膨脹，而對外貿易發展幅度若無法追上赤字成長幅度，國家財政入不敷出，將直接影響該國經濟發展的實力。解決方式通常有兩種：一、以出售黃金方式換取外匯、或是進口原物料後再加工出口，進一步爭取外匯；二、削減政府部門預算，減少開支。

❻ 營建許可執照和新屋開工率

營建業一向被視為經濟景氣指標的龍頭，除了代表消費者消費能力外，同時由於包括房屋建築的器材、原料都關係著工業生產，例如銅、鋁、水泥、鋼筋、機電重工等的需求，以及房屋長期抵押貸款所牽涉到的金融業景氣。所以景氣是否復甦，往往會以新屋開工率做為主要的觀察指標，而當景氣上揚時，不論私人或公共建設均會大量增加，導致營建許可執照和新屋開工率呈現同步上揚的局面。

第五站

5-3 貨幣供給額及股市漲跌

　　貨幣供給額如果大於貨幣的需求，表示銀行有部分資金貸放不出去，在自由競爭的原則下，會導引各銀行降低利率，以吸引外界來貸款，同時也會利用利率下降的手段，來降低民間的存款意願。而利率的走低，又會回過頭來刺激民間企業的投資貸款意願，同時也會造成產出增加，使經濟回升。

> · 貨幣供給額M1a是活期存款與流通在社會上現金的統計。
> · M1b是M1a加上活期儲蓄存款的統計。
> · M2是M1b加上定期性存款、外幣存款的統計。

資金是股市的動能

　　一輛快速奔馳的汽車必須要有充足的汽油，同樣的道理，股市若要呈多頭格局不斷上漲，必須有足夠的資金投入，再配合投資人不停的換手。評估一國的資金量，最簡單的方法是觀察「貨幣供給額年增率」。貨幣供給額簡稱M2，中央銀行理想的M2是介於15%與10%之間，M2＞20%表示資金量太多，有通貨膨脹的隱憂，如果M2＜10%表示資金需求不振，景氣趨於低迷。M1a是指通貨淨額、支存和活存總和，M1b是指M1a加上活期儲蓄存款，M2則是M1b加計定期性存款及外幣存款等準貨幣。

　　國內中央銀行透過對M1與M2的監控、重貼現率和存款準備率的操作，來調整貨幣的流通與成長。中央銀行的政策取向和措施，對利率水準和整個金融體系的貨幣供給有重大的影響。

資金大幅增加，股市屢創新高

　　既然股市的動能是資金，貨幣供給額不斷增加將使整個經濟體系內資金充

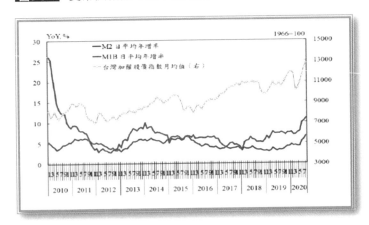

圖5-3-1 貨幣供給額年增率走勢圖

斥，最後流向股票市場，股價指數必定成多頭走勢，這個原則在台灣股市歷史中常常得到印證。投資人比較在意的是M1b，因為他是表示未來進入股市的動能，例如

2008年7月M1b開始落底反彈，到了2008年11月M1b由負翻正，此時台股走勢上揚，到了2009年1月M1b突破M2，呈現黃金交叉，表示金融市場有大筆定存解約轉往活期存款，伺機進入股票市場，台股也呈現亮麗的走勢。

貨幣流量趨緩，不利股市

國內股市歷經1985年至1990年的大多頭行情後，由於台幣升值已達一定程度，外資紛紛撤離轉向其他國家。房地產價格則因過度飆漲，加上政府刻

報你知

什麼是準貨幣

我們常聽到的準貨幣，依央行現行定義：M2=M1b＋準貨幣。準貨幣（Quasi-money）是指可無條件立即按等價兌換成狹義貨幣的貨幣性資產，例如定期性存款、外匯存款、郵政儲金等，其流動性較狹義貨幣低，多以價值儲藏為目的；惟受金融自由化與國際化影響，部分準貨幣資產與狹義貨幣間的區分已日趨模糊。各國因金融制度不同，準貨幣所涵蓋的資產亦不盡相同。（資料來源：中央銀行）

意打壓，反轉下挫，建商紛紛倒閉關門。由於建築業大多以不動產向銀行抵押借款，使得企業呆帳暴增，引起金融體系混亂，股市也由12,000多點崩盤下跌，此時國內景氣低迷，整體資金

表5-3-2 貨幣供給額年增率統計表

月份	M1B（%）	M2B（%）	差距（百分點）	月底加權指數（點）
2019 / 12	7.44	4.12	3.32	11,997.14
2020 / 01	7.61	4.60	3.01	11,495.10
2020 / 02	7.00	4.35	2.65	11,292.17
2020 / 03	7.02	4.42	2.60	9,708.06
2020 / 04	7.50	4.21	3.29	10,992.14
2020 / 05	7.81	4.18	3.63	10,942.16
2020 / 06	9.90	5.42	4.48	11,621.64
2020 / 07	10.30	5.89	4.41	12,664.80
2020 / 08	10.96	6.69	4.27	12,591.45
2020 / 09	12.10	7.15	4.95	12,515.61
2020 / 10	12.85	7.05	5.80	12,546.34
2020 / 11	14.30	7.60	6.70	13,722.89

需求跌到谷底。這種情形從1991年一直持續到1996年，股價指數也由1990年2月的12,682點一路下挫，最低降到2,458點。2020年11月已超過13,000點，打破12,682近30年高點。

　　央行為改善國內景氣低迷情況，曾於1995年9月份透過公開市場操作與調降存款準備率，營造資金寬鬆局面，前後共釋出了3,800多億元。雖然大量釋金，但貨幣供給成長下降的局面仍未見改善，主要原因是當年7、8月底的金融事件，如彰化第四信用合作社擠兌事件、國際票券公司弊案、中壢農會超貸案等，再加上中共軍事演習，使M_2成長趨緩。2008年美國發生次貸危機，引發全球連動債的重挫，投資人恐慌性的將資金撤離資本市場，轉入定存。2008年7月M_{1b}甚至到-5.77％，顯示當時股市偏空心態明顯。2009年美國FED為了挽救

低迷的景氣將利率降到0％，並推出貨幣寬鬆（QE）政策，美元大幅貶值，國際資金流向新興市場，包括台灣，台灣的貨幣供給額開始緩步推升。加上馬英九調降贈與稅到10％，台商資金大筆匯回台灣，造成台幣升值，台灣貨幣供給額爆衝，資金轉往股市和房地產，股市進入12年大榮景。

　　貨幣供給額與經濟成長是相互影響的，M2年增率持續走低，顯示國人對新台幣需求減弱，也表示實質經濟活動趨緩。股市投資人可以關注M1b萬一到15％以上，表示資金面過熱，股市可能會在高檔盤整或是下滑。當M1b跌破M2，則表示在股市投資人的股票呈現套牢或虧損，因此把資金由股市中退出，轉往活期存款，甚至轉存定期存款，此時，資金大幅度的退潮，形成資金面的死亡交叉。

名目貨幣（Normal Money）

是指貨幣單位的數額，如＄100、￥100等，而實質餘額（Real Balance）則指一定數額的貨幣購買力，等於名目貨幣除以物價水平。一般而言，個人或其他經濟單位所感興趣的是實質餘額，而非名目貨幣。若物價上漲一倍，而所有實質財富不變，則實質餘額需求量應該保持不變，而名目貨幣需求量應該增加一倍。

5-4 台幣匯率升貶與股市漲跌

　　台幣的升貶代表台幣對美金的價格，不但影響到國際資金的流向，也關乎台灣企業在國際的競爭力，進而影響到上市櫃公司的營收與獲利。因此股市的投資人要隨時掌握台幣匯率的走勢，來判定股市漲跌和個別公司的營收和獲利。1981年間，由於台灣對美國的貿易一直處於出超狀態，加上當時美國國內經濟呈現極端不景氣，因此美國政府企圖迫使美元貶值來增加出口競爭力，首當其衝的便是對美出超的大國，如日本、韓國、台灣。

　　當時台幣承受升值壓力，因此國外資金源源不斷匯入台灣，台幣的貨幣供給額年增率節節攀升，最高曾達50%。這些投機性的游資在國內金融市場流竄，最後流向房地產與股票市場，不僅造成房地產狂飆，也使得國內股市由1985年的600多點暴漲到1990年的12,000多點。台幣也由42元一路挺升到24元兌1美元，這就是台灣經濟史上的泡沫經濟期。

　　國際收支是指中央銀行準備資產變動的情形，負數為逆差，表示資金淨流出；正數是順差，表示資金淨流入。台灣是屬於海島型的貿易國，國內景氣旺盛，出口量大增，資金便流入國內，造成國內資金充沛。國內股市因為資金充裕和景氣繁榮而呈多頭走勢，行情看漲。從1985年的例子來看，在台幣從42元一路升值的過程當中，大家的財富水漲船高，台灣進入錢淹「腳目」的時代。而台幣當時所走過的路，到了2000年發生在人民幣身上，中國因為外匯存底世界第一，加上年年貿易順差，人民幣一直存在升值壓力。

　　台幣當時之所以會創造一個大發財的機會，就是因為當時大家認為台幣如果快速升值，台灣將失去出口競爭力，因此當時的中央銀行總裁俞國華，就採取讓台幣一天升一分緩升的作法，造成台幣成為全世界的明牌，全世界的錢都跑來台灣，因此才會造成台灣錢淹腳目的局面。而台灣錢由淹腳目到淹膝蓋、淹肚臍之後淹鼻孔，最後股票從一萬點暴跌的那個時代就結束了。

1990年由於國民黨內主流與非主流政爭，引發政治上的不安，資金大舉外流，促使股市崩盤，一路猛跌到10月的2,485點。1991年政爭結束後，外出避險的資金漸漸回流，國際收支由負轉正，國內股市才再度出現生機，反轉直上。1997年台灣面臨亞洲金融風暴，外資撤離亞洲，**對沖基金**狙擊台灣金融市場，台幣由28元狂貶到35元；隨著亞洲金融風暴的結束，亞洲地區政經穩定，資金又回流亞洲，台幣也慢慢升值到30元，此後台幣歷經Y2K高科技泡沫化危機，2008年美國次級房貸風暴，台幣都在34元到29元中盤整，到了2011年歐債危機，台股也受到波及，台幣又回到30元左右，2020年突破28.5的彭淮南防線。

　　外資在台股的份量愈來愈重要，外資的進出能左右本土資金的流向，而外資在台股的進出首重台幣匯率的升貶。當台幣貶值，外資就會從台灣撤守，先在股票市場出售台股，並賣出台幣，造成台股下跌；反之亦同。當台幣升值，以出口為主的電子產業，因為應收帳款為美元，當美元貶值，我們不但出口競爭力會衰退，同時也會有匯兌損失，無法獲利；相反的以進口為主的傳統產業，如食品、塑化就會有匯兌利得。

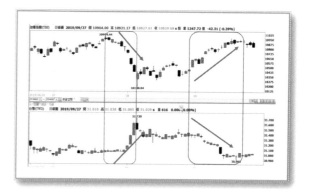

圖5-4-1　台幣升值台股大漲、台幣貶值台股大跌

這個名詞怎麼解釋

對沖基金 (Hedge Fund)

是指由金融期貨、金融期權等金融衍生工具（Financial Derivatives）與金融組織結合後，用高風險投機為手段，而以盈利為目的的金融基金。人們把金融期貨和金融期權稱為金融衍生工具，它們通常被利用在金融市場中做為規避風險的手段。因此在金融市場上，部分基金組織利用金融衍生工具採取多種以盈利為目的的投資策略，這些基金組織便被稱為對沖基金。

5-5 物價指數與貨幣政策

物價指數代表一國的物價水準，若物價波動激烈，則對工業造成不良影響。若波動過大，通貨膨脹率高，則資金易流向股市與黃金市場，而銀行也會以調高利率的手法來促使資金回流。所以一般工業國家都會以控制物價做為首要的目標。如果通貨膨脹的水準超過了銀行利率，例如銀行年利率為3%，而通貨膨脹率達到2.5%，導致投資人定存效益僅達0.5%，在一年的實質利率幾乎等於零的情況下，將造成原本在銀行內存放的資金流到市場上，形成資金亂竄現象。

當通貨膨脹率高的時候，就有利於資金流向股票市場、黃金市場，而由於各國的利率水準不一，往往在一個國家出現高通貨膨脹率時，都會採取以調高利率的方式促使資金回到銀行體系，以免因為過多的貨幣流通在外。但是這樣的措施對於國外的熱錢來說，卻是一個極佳的套利機會，因此也會使得一些熱錢湧向該國的外幣市場。

物價指數

一國物價指數的衡量標準有CPI、WPI與PPI，所謂CPI是指消費者物價指數，為消費者購買商品的物價水準；WPI是指躉售物價指數，為大盤商進貨的物價成本；PPI是指生產者物價指數，為生產者購入原物或生產要素的成本。另外，也有核心CPI，是指CPI扣

圖5-5-1 國際主要央行的貨幣政策

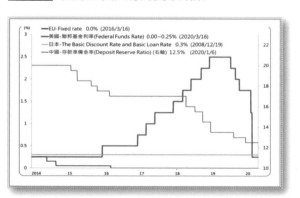

除變動比較大的糧食、季節性蔬果、燃料等。當物價指數往上，表示消費者或生產者的成本加重，如果上漲過多就形成通貨膨脹。

　　通貨膨脹是指商品或是勞務的物價水準持續上漲的現象。而通貨膨脹的導因不一，包括需求拉動的通貨膨脹、成本推動的通貨膨脹、**結構性通貨膨脹❶**、預期通貨膨脹心理和**輸入性通貨膨脹❷**。通貨膨脹對於經濟體是好是壞，端看經濟體因應調整的幅度和速度快慢而定，只要通膨發生時，薪資等所得也能相應提高，就不致於使消費者蒙受損失。不過不管消費者是否已有預期通貨膨脹，都會導致社會上的財富重新分配，預期外的通膨衝擊尤其重大，可能嚴重到導致社會失序，像印尼受到亞洲金融風暴衝擊引爆的動亂即是。

　　2011年全球原物料狂飆，無論是金屬的黃金、白銀、銅；糧食的玉米、小麥；燃料的石油、煤皆創下歷史新高價，導致全球物價指數竄高，尤其是新興市場國家，2011年3月中國的CPI高達5.4%，越南更高達17.2%。

央行的貨幣政策與股市漲跌

　　物價的高低影響央行的貨幣政策，而貨幣政策又直接牽引著股市資金的運動，進而左右股市漲跌。當物價上漲，通膨嚴重，央行會採取緊縮的貨幣政策，調高利率或存款準備率，進而收縮市場上的資金，造成股市動能不足，股價下跌。相反的，當物價平穩，景氣衰退，央行會採取寬鬆的貨幣政策，調降利率或存款準備率，進而到市場上撒錢，使得資金過剩，過多的錢往股市跑，造成股市上漲。所以說央行的貨幣政策，深深的影響到股市的趨勢與方向。

　　央行的貨幣政策有：調整存款準備率、調整重貼現率、調整基本放款利率、公開市場操作和道德勸說。嚴格地說，中央銀行調整存款率可產生兩項具體效果：影響貨幣供給量以及影響銀行利潤。

❶ 影響貨幣供給量

　　先就影響貨幣供給量來說，因為調整存款準備率不但影響商業銀行的超額準備，而且也影響商業銀行貨幣創造乘數的大小。例如，若商業銀行有存款10億元，當存款準備率為25%，商業銀行就有2.5億元需要留在銀行，只能貸放出去7.5億元。若中央銀行將存款準備率降為20%，商業銀行只需保留2億在銀行體系，可貸放出去8億的資金，這比原先的多了0.5億，故存款準備率政策對貨幣供給量之影響至深且鉅。

❷ 影響銀行利潤

　　銀行存款準備金是一項呆存、最不具流動性，又不產生收入的資產。存款準備率的高低，乃透過對銀行可運用資金比例的升降，而影響銀行資金成本的升降，進而影響銀行的利潤。例如，若銀行存款利率為10%，在存款準備率為10%的場合，可運用資金比例為90%，故銀行的實際資金成本為11.11%。

　　在存款準備率為20%的時候，可運用資金比例為80%，銀行的實際資金成本就提升到12.5%。假若其他情形不變，實際資金成本的上升仍會表現在利潤下降，這就可以說明銀行家們為何常會持反對存款準備率提高的態度。

　　從1990年至1998年，央行存款準備率調降十四次，結果調降後一個月加權股價指數漲、跌變化中，有八次上漲、六次下跌，顯示一個月的觀察期仍不容易看到資金寬鬆效果。從1992年以後，調降九次存款準備率，結果除了1992年1月9日那一次，定期、活期各調降0.375%，半年後，加權股價指數反而下跌10.39%外，往後的八次，縱使像1997年10月處在亞洲金融風暴、新台幣大幅貶值的壓力下，央行調降存款準備率後，約半年左右，加權股價統統呈現上漲。

　　在加權股價指數於底部橫盤階段，調降存款準備率的調降幅度大一點，通常助漲的效果特別明顯，例如1993年9月17日、1996年3月8日調降存款準

備率，都是在加權股價指數已經在底部區整理時，因此一調降存款準備率，經過3～6個月產生資金寬鬆效果後，半年內加權股價指數各漲了33.85%以及33.92%。在央行過去的紀錄中，連續性的調降屢見不鮮，像1997年亞洲金融風暴時，即在9月、10月各調降一次存款準備率，從1991年9月11日到1992年1月9日，連續調降四次存款準備率，其中1991年9月的11、21日兩次只相隔10天就調降兩次。再看1995年到1996年，由於中共飛彈演習，因此從1995年8月12日到1996年8月24日央行連續五次調降存款準備率。

再看2001年全球Y2K高科技泡沫化，全球景氣進入蕭條期，各國央行也以降息因應。到了2008年美國發生次貸風暴，美國引領全球央行再次降息，美國甚至推出QE1、QE2❺的量化寬鬆政策，把利率壓到0～0.25%的史上超低水準，2019年後FED調降主地板利率。2011年由於全球原物料暴漲，中國CPI達5.4%，中國人民銀行只得採取緊縮的貨幣政策，多次調高利率和存款準備率，以防止惡性通貨膨脹，大陸股市也因為緊縮的貨幣政策而沒有什麼表現；但在此同時，美國的利率仍處在低檔，資金充沛，股市則表現亮眼。這就是貨幣政策與股市漲跌的相關性。

調降存款準備率對股市有絕對正向效果，不過央行調降存款準備率後，必須有其他的行庫配合調降存、放款利率，才能產生資金寬鬆效果，而這些寬鬆後的資金，流到民間、企業，回流銀行之後，才會漸漸投入股市，所以勢必有些時間上的落差。另外，還必須沒有其他不利的因素沖銷資金寬鬆效果，及配合大環境的景氣榮枯。至於股市短線的效果如何，則與市場資金、籌碼的供求相關，因此，調降準備率絕非激勵短市的萬靈丹。

這個名詞怎麼解釋

❶ 結構性通貨膨脹

指物價上漲是在總需求並不過多的情況下，而對某些部門的產品需求過多，造成部分產品的價格上漲的現象，如鋼鐵、豬肉、房屋、食用油等，如果結構性通脹未經有效抑制，就會演變成成本推動型通脹，造成全面通脹。

❷ 輸入性通貨膨脹（Imported Inflation）

指的是輸入性的物價上漲。當一國的貨幣相對於他國的貨幣貶值時，也就是一單位的該國貨幣只能換到較少的他國貨幣，此時從他國輸入到該國的商品價格就會上漲，也就是進口商品價格變貴了，這就是從他國輸入了物價上漲的因素。所以一國對很多國家的貨幣都貶值的話，那麼不管從哪個國家輸入的商品價格都會上漲，輸入性通貨膨脹的壓力就愈大。

❸ 貨幣乘數（Money Multiplier）

中央銀行所發行的貨幣總量，無論是流通在社會大眾手中的通貨，或是留在銀行體系當做準備金的通貨，都叫做準備貨幣，而商業銀行可以根據準備貨幣，創造出倍數的貨幣供給，其中準備貨幣和貨幣供給之間的倍數關係，被稱為貨幣乘數。

❹ 引申存款

是指銀行利用其存款負債，並將這些貨幣貸款給借款人或投資生利資產，以換取借款人或出售者未來償還對等債務的承諾。亦即商業銀行藉由放款、或投資行為所創造的存款貨幣，可稱之為引申存款。

❺ QE2（Quantitative Easing 2）

是指美國聯邦準備理事會Fed在2010年10月公布的「第2輪量化寬鬆」貨幣政策，當時釋出6000億美元買回國債，計畫在2011年6月前逐月彈性執行完畢，結果推升美國經濟成長率在2011年下半年回升至3%。

第五站

5-6 非財經事件對股市的影響

　　股票市場是經濟的櫥窗，影響股價漲跌的主要因素是財經現況與指標，但是參與股市的投資人也會因為非財經因素，而影響他們進出股市的判斷與意願，這其中包括了政治因素，例如選舉的結果、政局的安定與否、兩岸關係，也包括政府對股市的看法，同時國際局勢也會對台股產生一定程度的影響。由於這些非財經因素影響到的是投資人的信心，因此在短線上會造成相當大的波動，但在長線上股價走勢仍要回歸基本面。

股市不佳，政府護盤

　　台灣地區與政府證券市場護盤措施扯上關係，可追溯到1947年，由於當時上海股市投機盛行，漲跌幅又沒設限，國民政府主席蔣中正為防範上海股市崩盤，特別指示行政院擬定「政府對今後股票市場應有之措施」，搭配當時所頒布的新經濟政策等利多，希望能維持股市行情穩定。而措施之一正是計畫在台灣等地成立證券集中交易市場，以期分散股市投機風險。

　　至於1962年才正式開業的台灣證券集中交易市場，則有著更多元化的護盤之道，諸如後來投資人組織建議的休市措施，早在1964年8月及1965年6月，當時還隸屬經濟部的證管會就曾經仿照日前紐約股市辦法，採取休市行動。尤其是1965年因為台糖股崩盤事件衝擊，休市時間長達十天之久，但結果卻是導致投資人更加恐慌，開市後繼續補跌。此外，當時政府也曾經推出「當前證券市場改進八項原則」，試圖以停止套利交易，停徵證交稅，將崩盤禍首台糖股、台電股終止上市等措施救股市，最後甚至演變成證管會主委林崇鏞遭到撤換的下場。

　　1971年政府還處於威權時代之際，政策面對規模迷你的台灣股市自然有左右功能，諸如隨時可視政策需要，縮小股市的單日跌幅，漲幅則通常不相對做

調整；每逢節慶、國家重大變故發生時，則索性指示場內人員不得接受賣單。1981年台股又遭逢兩伊戰爭衝擊之際，蔣經國總統在當年則是採取較具劃時代意義的措施挽救股市，諸如證管會改隸財政部，使事權從此歸於統一、指示財政部促使資本市場穩定、研議開放投信公司設立等護盤策略，都對往後證券市場發展形成重大影響。

　　1988年9月24日爆發的證所稅恢復課徵事件，曾導致大盤無量崩盤十九天，出現歷年來最嚴重的短期動盪走勢。政府當時採取的挽救股市八大措施，其中就包括：1. 暫時不出售公營事業股票；2. 停止融券、融資期限延長為一年；3. 證交稅減半徵收；4. 盤點上市公司董監事、大股東持股等。近期投資大眾耳熟能詳的政府護盤措施，顯示目前政府慣用的護盤政策模式應該是在當年正式成形。此外，當時證交所總經理趙孝風更曾經破天荒地主動邀請雷伯龍、阿布拉、三光翁、威京小沈、榮安邱等市場主力大戶聚餐，呼籲主力能進場護盤，隔日也確實發揮使股市止跌回穩的功能。

　　從此每逢股市重挫到相當嚴重的程度時，相關管理單位藉著餐敘機會，道德勸服大戶進場護盤，就已成為市場一項慣例。諸如之前證交所連續兩度，總計邀請三十家以上的上市企業集團負責人聚餐，便是如出一轍的老把戲，所不同者，只是目前台灣股市在國際化程度日益提升後，已非當年幾位主力大戶就能呼風喚雨，主宰行情起伏的年代了。

　　1990年台股飆過頭的行情，出現泡沫經濟效應，加權股價指數由12000多點展開崩跌走勢後，當時財政部長王建煊就相當擅長以諸如「手中有股票，心中無股價」等精神講話，用以振奮市場人心。之後，面對當年伊拉克侵入科威特所引發的波灣戰爭，又使台股重挫至2000多點的淒慘市況，政府護盤措施則是首度推出勞退基金、郵儲金進場買股票政策。之後，每逢台股發生重挫之際，勞退基金、郵儲金就會在場邊待命，進場護盤。就中長期角度觀察，多半

是大盤波段相對低點的位置，自然勞退、郵儲金也就成為台股多頭生力軍的重要參考指標之一。

　　進入1992年，由於台灣股市逐漸走向國際化、自由化，因此政府護盤措施也自然得因應世局，以加強開放外資、增加投信法人投資比重等策略，達到引進資金活水替台股護盤的目的；至於其他方法，則多半與70年代大同小異。而法人護盤措施方面，則是在1996年3月時出現集其大成的作法。由於當時台股面對中共文攻武嚇，國家已經進入存亡絕續關頭，基於防範台股受到非經濟因素衝擊所可能出現的崩盤效應，勢必會加深國人信心危機。

　　因此由政府出面邀集金融、保險業者，結合勞退等黨政法人資金進場護盤，組成國內史無前例、陣容空前龐大的護盤隊伍，替國內股市打氣。雖然基金號稱有數千億元規模，但實際上還是由郵儲金、勞退基金擔綱，總計不過砸下數百億元資金，台股就已順應時勢趨於穩定局面，展開另一波大多頭行情。

　　2000年發生全球Y2K高科技泡沫化危機，台灣身為全球科技產業的代工國，也不能倖免於難，台股由10393點狂洩而下，當時適逢政黨輪替，民進黨第一次執政，因此不熟悉股市運作。雖然政府四大基金與國安基金進場護盤，仍不敵賣壓，最後跌到3411點。2008年美國發生次級房貸風暴，亦逢國民黨再次取得政權，股市雖有政府進場護盤，但由於國際金融局勢混亂，整體而言，股價還是不可擋地由9859點跌到3955點。到了2011年歐債危機引發台股重挫，且因總統大選在即，當時行政院長陳冲就下令國安基金進場護盤。2015年美國債信危機，2020年新冠肺炎疫情都有國安基金進場護盤。

　　景氣不佳將引發股市盤跌，站在政府的立場，為使景氣活絡，必會提出一連串的振興措施來挽救經濟上的危機。台灣如此，先進國家美日亦是如此。在股市崩跌時，財政部、經濟部甚至中央銀行，都會先後發布利多方案；但是依

過去的經驗，這些刺激措施並不能馬上使股市反彈回升。一般而言，這些措施都有其時效上的落差，短則一個月，長則半年，但終究會促使股市止跌反彈。

　　股票市場是投資市場，也是投機市場，更代表一國國民對國家前景及政府當局信心的重要指標。因此，每當股市遭到經濟或非經濟因素打擊而大幅下挫時，政府官員都會研商對策加以挽救。政府四大基金：勞退、勞保、公務人員基金和郵政儲金，平常都有在市場上運作。當台股出現非經濟因素所造成的股市崩盤，國安基金就會出手相救。一般而言，當台股指數跌到10年線時，就是國安基金進場護盤的時機。

選舉與股市走勢

　　一國的經濟與政治有著密不可分的關係，惟有在政治安定的前提下，經濟才有可能穩定成長，股市才能真正反映企業的經營績效。股市是經濟的櫥窗；選舉是民主國家的重要政治活動，股市和選舉自然存有密切關係。台灣安定的最大變數就是中共的威脅，兩岸的關係足以影響台灣股市，當兩岸關係處於緊

表5-6-1　危機入市有利可圖

歷次重大危機台股落底＆後市進場之報酬率（％）					
重大事件	台股落底指數	1個月	3個月	6個月	1年
1997年亞洲金融風暴	6129.89（1998/9/1）	5.79	12.11	-0.36	30.60
1998年LTCM倒閉	5422.66（1999/2/5）	16.59	38.31	27.12	80.03
1999年921大地震	4555.91（2000/12/28）	21.31	21.31	-0.60	12.53
2000年科技泡沫	3446.26（2001/10/3）	16.20	62.50	82.65	18.27
2002～2003年SARS	4004（2003/4/28）	8.09	31.70	46.77	58.83
2007～2009金融風暴	4328.05（2009/3/3）	24.67	55.41	54.18	76.25

張時刻，必然使投資人裹足不前，股市成交量萎縮，當股市失去動能後，股價指數必將走低。

　　台灣選舉的過程與結果一直影響著股市，因為它關係著執政黨與在野黨勢力的消長，也決定台灣在政治上、經濟上的走向。選前執政黨必定大放股市利多消息，不僅希望抓住股市投資者的選票，同時也藉以表現經濟上欣欣向榮的景象，最重要的是，執政黨常藉由股市操作獲取選舉經費。以1996年3月的總統大選為例，執政黨早在1995年下半年由中央銀行宣布調降重貼現率與存款準備率，企圖營造資金寬鬆局面。財政部證管會更是大幅開放外國法人、自然人來台投資股市，並安排勞工退休基金、郵政儲金進場護盤。最後在1996年2月分由政府主導，集合證券業、銀行業、壽險業、勞退基金等共同組成股市穩定基金，促成股市穩定上揚。但效果仍有待商榷，因為在選舉前，投資人大都選擇退場觀望。

　　觀察1989年的立委、縣市長、省市議員選舉至今，可以發現選舉與股市漲跌是有相關性的。選後股市漲幅一般大於選前，若是執政的國民黨勝選則情況愈好，選後股市的表現通常也愈亮麗。例如1991年的國大代表選舉，股價指數由4,448.04點躍升到一個月後的5,102.64點，漲幅為14.71%。1993年的縣市長選舉也是在國民黨獲勝的情形下，由選前的4,163.99點上衝到二個月後的6,845.50點，漲幅高達40.38%。

　　選前一週的股價走勢，反映出股市投資人對選舉結果的預期，假定投資人預期執政黨將獲勝，則會在選前進場，此時股價會有小波段的上揚。例如1994年的省市長選舉，國民黨獲得壓倒性的勝利，股市早在選前一週就止跌回升。1995年12月2日的立委選舉，新黨揚言三黨不過半，但股價指數在選前一週就止跌反彈，上漲了4.87%，選舉結果是國民黨勉強過半。1996年3月的總統大選，由於海峽兩岸關係不穩，加上中共不斷進行軍事演習，同時四組總統候選

人激烈較勁，使得股價指數愈盤愈低。對台股而言，總統選舉的選舉行情是比立委或是縣市長選舉更有看頭，因為執政與否關係到黨派的勢力消長，執政黨和在野黨也都會奮力一搏，甚至連對岸的共產黨也會來插一腳。2008年以後的總統選舉，投資人在選前反而是採取觀望態度，所謂「選舉行情」，常常讓投資人失望。

選舉行情可分為三個階段，分別為：選舉前一年的選舉經費籌資行情，選舉前一個月的選票行情，選舉後一個月的謝票行情。由於民主選舉需要用到大筆的選舉經費，無論是執政黨或在野黨皆是如此，而這些經費絕大部分是由財團提供，因此兩黨皆希望製造利多使股票上漲，才能提供財團拉股票換鈔票的機會。因此從2000年以來，每次總統選舉前一年起都有所謂的「選舉經費的籌資行情」。

在股民和選民的印象中，股價指數與執政績效是掛在一起的，當股價上漲，大家覺得政績不錯，票就投給執政黨；反之，如果股價下跌，大家財富縮水，選票就投給在野黨，這種邏輯深深影響政府政策的運作。因此選前放利多，刺激股市大漲來贏得選票，似乎是大家的共識。但是這不一定每次都這樣，也要觀察國際金融局勢和選舉前的政局變化。有時候選前因變數太多，投資人反而退場觀望，呈現盤整行情，甚至下跌。選後情勢明朗，股市行情回歸基本面。若是政黨輪替，因為大家對執政的團隊較缺乏信心，財團也會先退場觀望，如執政黨持續執政，則較有可能出現謝票行情。

6-1 技術分析概論

K線圖　　　　當日走勢圖　　　　威廉指標

> 能研究好圖形當然有加分，但對於剛開始買股票的人，建議別太依賴圖形喔！建議先從K線開始～

> 人家都說有圖有真相。但圖形這麼多，到底要怎麼看才好？

　　以統計學為基礎的**技術分析❶**，主要是根據過去股票市場循環與波動的軌跡，將成交價、成交量或成交值，以線路圖形方式衡量供需（買賣）雙方力量的強弱，並由這些線路圖形中，尋找過去發生過的某些特定股票價格發展形態，預測未來價格變動的趨勢。

　　投資人經由技術分析方法，研判不同期間內股票價格走勢的強或弱，在高價時賣出股票，低價時買進股票，以達獲利之目的。當然，報酬與風險是相對的，有報酬就有風險，如何將風險降到最低，報酬提升到最高，則有賴投資人靈活運用技術分析。近幾年來，技術分析之所以大行其道，主要原因在於它跳脫繁瑣的基本分析，直接在圖形上找答案。當然，圖形人人會看，但解說則各家不同。因此，即使技術分析學派林立，但基本上仍脫離不了技術圖形學派與

技術指標學派。

技術圖形學派

　　所謂技術圖形學派是依據過去股價的走勢，來判定未來股價的走向及買賣點，在學習技術圖形分析之前，必須先學K線圖。換句話說，K線圖是技術圖形分析的基礎。

　　技術圖形又可分為上升趨勢、下降趨勢、區間整理、三角形、旗形、W形、M形和三重形等，以下將會詳細說明。在技術圖形學派中，有一個很重要的理論就是「艾略特波浪定律」。艾略特認為，任何一種股票在運動時都呈現上升五波段、下降三波段的方式進行。因此，投資者可以在波段中找出適當的買點或賣點。

技術指標學派

　　運用統計方法將市場的狀況數值化，便是可以提供投資人做為技術分析的工具。大部分技術指標都是根據最高、最低、開盤、收盤價等，以不同的方式計算出來的。因此，基本上它們皆為價格的附帶工具，也就是說價格高低影響技術指標的高低很大，而技術指標的高低對於價格的影響則相對地沒有那麼大。必須強調的是，不要依據技術指標的高低來做為買進賣出的唯一策略，因為技術指標只能當做投資策略的參考。將形態分析（特別是波浪理論）與技術指標相互搭配運用，交易或投資的成功機率就可提高。技術指標可分為二種：

　　一、趨勢指標：指可以用來判斷市場趨勢的指標，如MACD❷（聚散指標）、MA❸（移動平均線）、DMI❹（方向移動指標）等。

　　二、非趨勢指標：它是衡量市場買、賣雙方力道與人氣過盛或虛弱的指

標。因此，它在於表現市場為買超或賣超，而非判斷價格漲跌的工具，如RSI（相對強弱指數）、KD值（隨機指標），W%（威廉氏指標）。

這個名詞怎麼解釋

❶ 技術分析 (Technical Analysis)

是源自於由Charles Dow在十九世紀初發明的杜氏理論。利用價格圖表或走勢圖，透過歷史價格來預測未來價格的走勢。技術分析適用於所有受著供求關係影響的金融產品，如股票、期貨、商品、指數及外匯交易市場。杜氏理論可直接廣泛地適用於道瓊工業平均指數。即使是長線投資者，以基本分析方法選擇了投資對象後，也要面對何時入市的問題：現價買入，還是等待一個更低的價錢買？這時技術分析也許可以提供投資人一個較滿意的答案。

❷ MACD (Moving Average Convergence Divergence)

也稱移動平均聚散指標，是Geral Appel於1979年提出的，由一快及一慢指數移動平均（EMA）之間的差額計算出來。能夠明白的表示目前是屬於多頭行情或空頭行情，是不少技術分析者所採用來當做中長期投資的技術指標之一。

❸ MA (Moving Average)

在葛藍碧八大法則的運作中，利用價格與其移動平均線的關係做為買進與賣出訊號的依據。認為價格的波動具有某種規律，但移動平均則代表著趨勢的方向。因此當價格的波動偏離趨勢時（即價格與移動平均的偏離），則未來將會朝趨勢方向修正，所以發生偏離時，是一個買賣訊號。我們將目前價格與均線的差距稱為乖離（bias），即bias=price-MA。其中MA為移動平均。當乖離越大時，價格修正的可能性就越高，但另一方，若趨勢在加速發生時，亦可預期未來乖離將會擴大。

❹ DMI (Directional Movement Index)

DMI原文的意思是「方向移動」指標，顧名思義就是可以讓你直接看出股價變動方向的指標。此指標是由J. Welles Wilder提出的得意之作，普遍受到技術分析師的好評與肯定，不過這也是一個計算步驟極為繁複的指標。

6-2 K線圖

　　一般所說的K線圖，就是用圖表示股票每日，每週，每月的開盤價、收盤價、最高價、最低價等升跌情況，充分反映股價的變動方向。從K線圖中，可以明顯地看出買賣雙方力量的消長，股價的升跌情況。根據K線圖，可以分析判斷股價未來的發展趨勢，進而把握買進或賣出的時機。K線圖經許多專家統計、分析、整理後，已形成了一套完整的股價分析理論，當出現某些典型圖形後，就可以預測出未來股價的漲落。

　　K線圖是以縱軸表示價格及成交量，橫軸表示時間（一日、一週或一個月），橫軸若以日為單位稱為日線，以週為單位稱為週線，以月為單位稱為月線。依照圖形畫法的不同，又可分為「點線」、「棒線」、「十字線」、「陰陽線」。

　　1.「點線」是將最終收盤價（日線為當日收盤價、週線為週末的最後收盤價，月線為月末最後收盤價）以點記入方格紙內，再將各點連接起來成一條線狀的圖形。

　　2.「棒線」是指將一天、一週、一個月等一定期間內的最高價至最低價，以棒線連接而成的圖形。

　　「點線」的優點是容易判讀，卻過於簡單，無法表現價格的波動情形，因此多用於了解短期內股價的大致方向。比起「點線」來，「棒線」則能夠看出最高價、最低價，因而利用價值較高；也可根據棒的長短了解股價波動的幅度。但是，「棒線」無法顯示開盤價、收盤價，因此，比較適用於長期間的月線、年線等。

　　3.「十字線」是在棒線上加上開盤價、收盤價，將盤中波動情形顯示出來，並將漲跌的情形以箭頭表示。

圖6-2-1 陰線、陽線、十字線讀法

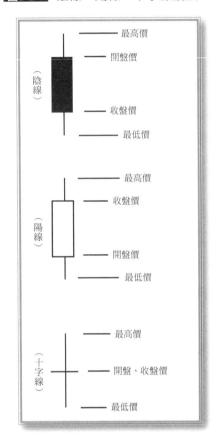

4.「陰陽線」與「十字線」一樣，均能表示股票的開盤價、最高價、最低價、收盤價，只不過陰陽線表示的方法並非以箭頭，而是以黑白格為代表。

當開盤價比收盤價高時，就將開盤價與收盤價之間塗黑，並連接最高價與最低價，稱做「陰線」，代表行情下跌。連接最高價或最低價的線稱為「上影線」、「下影線」。當收盤價高於開盤價時，就將開盤價與收盤價之間留白，再連接最高價與最低價，稱為「陽線」，代表行情上漲。

一般所稱的K線，主要就是指陰陽線。K線圖分日本式及美國式，美國是以十字線為主流，歐洲以點線為中心，日本則以陰陽線為主。畫出K線圖形後，就可根據圖形判斷股價的走勢。

一般來說，陽線表示市場上購買力強，賣方較弱。黑體（或陰線）表示市場上賣方較強，出售量大，購買力則較弱。上影線愈長，表示賣壓愈強，下影線愈長，表示市場回落承接力愈強。

6-3 上升與下降趨勢線

在技術分析的理論中,將股價的運動區分為上升、下降及盤整三種。上升運動代表股價不斷以大漲小回的方式創新高;下降運動是股價不停的以大跌小漲的方式創新低;盤整則是在一固定區間內來回運動。

在圖形中,很容易找出上升趨勢線,只要找出每一波段的低點,畫上連接線即可。股價在上升的過程中,是沿著上升趨勢線不斷挺進的,當股價回檔到上升趨勢線時,常反彈向上;一旦跌破上升趨勢線,則運動的方向改變。同樣的,畫出下降趨勢線只要找出每一波段的高點,將每一個高點用直線連接即可。在股價下跌的過程中,常沿著下降趨勢線不停下滑,當股價小幅度反彈到下降趨勢線時,又反轉下挫;若股價配合大成交量一舉突破下降趨勢線時,格局因而改觀。

可以說上升趨勢線就是向上傾斜的**支撐線❶**;下降趨勢線就是向下傾斜的**壓力線❷**。我們常可在圖形上找到上升區間與下降區間,在支撐線處買入,在壓力線處賣出股票。

圖6-3-1 上升趨勢線股價呈大漲小回

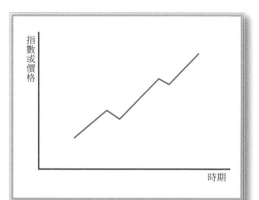

圖6-3-2 下降趨勢線股價呈大跌小漲

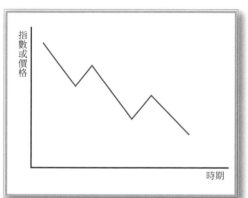

圖6-3-3 下降趨勢線實例　　　　　　**圖6-3-4** 上升趨勢線實例

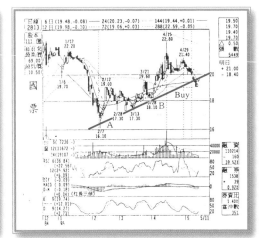

這個名詞怎麼解釋

❶ 支撐線（Support Line）

又稱為抵抗線、或支撐區，是圖形分析的重要方法，是指當股價跌到某個價位附近時，股價停止下跌，甚至有可能還有回升，這是因為多方在此買進股票造成的。支撐位可做為股票買進的參考點。只要把每一次的低點相連，即可形成其支撐線。

❷ 壓力線（Resistance Line）

是圖形分析的重要方法，當股價上漲到某價位附近時，股價會停止上漲，甚至回落，這是因為多方在此獲利了結，空方在此放空股票造成的。壓力線產生阻止股價繼續上升的作用，這個阻止或暫時阻止股價繼續上升的價格就是壓力線所在的位置。

6-4 支撐、壓力與整理區

　　在圖形上，支撐與壓力是一個相當明顯的買點與賣點；支撐代表買盤的接手區，壓力代表賣盤的放空區或獲利區。

　　如何預測支撐線與壓力線呢？投資人可由過去的歷史資料得到答案。當股價在下跌或盤整的過程中，遇到特定的價位，股價即反轉或反彈向上，即為支撐線（支撐區）；當股價在上漲或盤整的過程中，遇到特定的價位，股價即反轉或拉回向下，即為壓力線（壓力區）。支撐與壓力有互換的特性，一旦突破壓力線，將來股價回檔，這條線會變成支撐線；一旦跌破支撐線，將來股價反彈，這條線會變成壓力線。

圖6-4-1 整理區

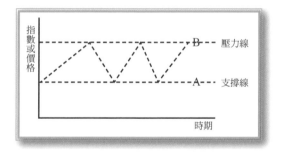

　　要評估支撐、壓力線是否穩固，可觀察成交量。當股價到達壓力線或支撐線時，成交量持續放大，表示此區堅固，不易被突破；反之，自然容易被突破。時間愈長，支撐與壓力作用愈弱；時間愈近，支撐或阻力較強。若圖形中上有壓力線，下有支撐線，股價在此兩線中盤整，即構成整理區。投資人可以在壓力線附近設賣單，在支撐線附近設買單，來回操作，賺取價差利潤。

6-5 雙重頂與雙重底

雙重頂形與雙重底形皆屬於反轉形態。雙重頂通常出現在高檔震盪時，雙重底則出現在底檔作底時，兩者的圖形正好相反；在判定雙重頂或雙重底時，必須考慮價量配合。

雙重頂即一般慣稱的M形頭。當股價漲升到一定價位時，多空雙方在此處交戰，由於力道不相上下，因此形成盤整格局；如賣方壓力加強，而買方信心不足，很容易跌破頸線，轉多為空。

由圖形中可以發現，股價由A點上升到B點時，遇到壓力線而下跌到C點，多方雖然奮力一搏，挺升到D點，但仍不敵賣方壓力，反轉下挫，並跌破**頸線**的E點。此時，投資人應該賣出股票。

雙重底即一般慣稱的W形底。當股價下跌到一定程度盤底時，最常見的方式就是雙重底。雙重底在盤整時必須符合價跌量縮，價漲量增的原則，尤其在

報你知

M形頭的特色

M形頭又稱為雙重頂，它代表著股價將要開始下跌了，它是技術分析線圖形的一種。也就是說它是股價指數或個股股價的線形，因為它的走勢型態像極了英文字母「M」，又是技術型態中的頭部，因此稱之為M形頭。當M形頭處在高位，前期上漲的幅度越大，後市下跌幅度會越深，但在高位出現M頭，宜賣出股票。一、如果M形頭出現在低價位，不能按頂部反轉信號進行操作，應按其他形態對待；二、M形頭的兩個頭部大致處在同一水平線，兩頂高度落差不超過3%；三、M形頭出現的時機較多，一般的整理階段或是多頭行情的末升段；四、M形頭的左頭成交量一般都會比右頭的成交量大。

圖6-5-1 頸線

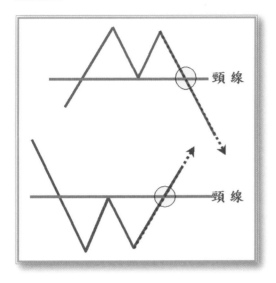

突破頸線時更需要大量配合。

　　無論是雙重頂或雙重底，都必須在跌破或突破頸線時才告成立。因為在圖形尚未完成時，沒有人能斷定是W形底或M形頭。因此，投資人必須耐心等待時機，再作買入或賣出的決策。

圖6-5-2 雙重頂

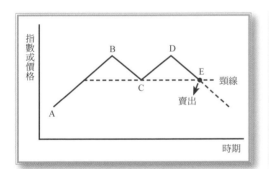

圖6-5-3 雙重底

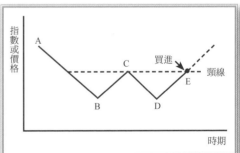

圖6-5-4 雙重頂實例   **圖6-5-5** 雙重底實例

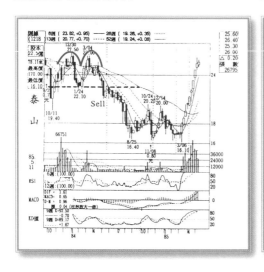   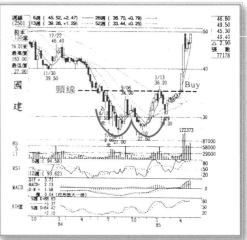

這個名詞怎麼解釋

頸線

在日K線圖裡，底部形態確立的情形有W底、三重底等，突破W底會回測W底的最高點，最高點連接W底的三個高點的連線，叫做頸線。一般突破頸線會回測頸線的支撐力道，獲得支撐，會向上再走一大段。股票高檔作M頭或頭肩頂的時候也是一樣。

6-6 頭肩頂與頭肩底

　　頭肩頂形與頭肩底形皆屬於反轉形態，頭肩頂形為高檔震盪反轉；頭肩底則屬於低檔反轉。頭肩頂形或頭肩底形都不常出現，投資人發現這種圖形時，應該毫不猶豫的買進或賣出，以免錯失良機。

❶ 頭肩頂形

　　典型的頭肩頂形態，包含下列各項因素：

　　① 很強的上升趨勢，至少有一段上升距離，成交量很大，接著是個次級下跌，成交量比上升到頂點時要少得多，這是「左肩」A。

　　② 另一個高成交量推升股價到比左肩頂點還高的水準，然後另一個成交量較小的下跌使股價接近前一個下跌的底部水準。有時高些，有時低些，但無論如何，總是低於左肩頂點，這是「頭」B。

　　③ 第三次上升，成交量比左肩和頭部都少，無法在另一個下跌產生之前達到頭部的水準，這是「右肩」C。

　　④ 最後，在第三次下跌時穿過頸線D，而且收盤價在此線下的距離大約市價的3％，這是跌破頸線，也是形態的完成。

圖6-6-1 頭肩頂

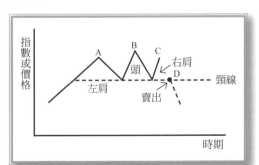

圖6-6-2 頭肩底

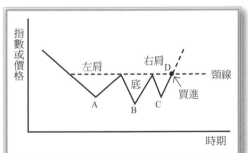

❷ 頭肩底形

典型的頭肩底形態，包含下列
各項因素：

① 一個大幅下跌趨勢，成交
量大增，跟著是成交量比最後幾天
的下跌和底部少的次級上升，形成
「左肩」A。

② 另一個下跌，股價跌到比
左肩低的地方，成交量比前一個回
升稍有增加，但是通常比形成左肩
下跌時的成交量小；接著發生的是超過左肩最低點的回升，成交量比成左肩時
多，這是「底」B。

③ 第三個下跌，成交量明顯少於左肩和頭部，在跌到頭部的價格水準之
前即回升，這是「右肩」C。

④ 最後一個大成交量的上升穿過頸線D，並且以距頸線是3%的價格收
盤。完成突破後，可待放量上攻。

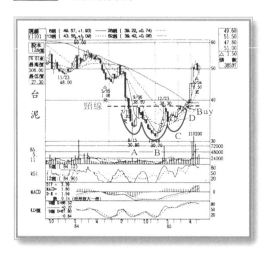

圖6-6-3 頭肩底實例

6-7 旗形整理

　　旗形是圖形中比較常見的整理形態，多在行情急速上升或下跌之後發生，可分為上升旗形與下降旗形兩種。當行情急速上升，由於獲利回吐的賣壓湧現，而手上沒有股票的人卻勇於進場買進，這時就會形成所謂的**良性換手**。於是多、空雙方激戰的結果，就在圖面上形成一個向下傾斜的整理區間，稱為下降旗形。此時價格在一平行區域中波動，圖形走勢雖向下滑落，但最後價格突破上方的壓力線，逐步向上攀升。當然在股價突破壓力線時，必須有較大的成交量配合。原先急速上升的幅度稱為旗桿，通常一個旗形完成後，繼續上升的行情，等於旗桿的長度。

　　而當行情急速下跌時，由於空手者見股價已下跌一大段而進場承接，而套牢者在此停損賣出。因此圖形上形成一個向上傾斜的整理區間，稱為上升旗形。此時價格在一平行區域中波動，圖形之走勢雖向上延伸，但最後價格跌破下方之支撐線，逐步向下滑落。原先急速下跌的幅度稱為旗桿，通常一個旗形完成後，繼續下跌之行情，等於旗桿的長度。

　　有時候不容易判斷在價格反轉時為旗形整理，因此，投資人應耐心等待價格突破壓力線或支撐線後，才進場操作。

這個名詞怎麼解釋

良性換手

在艾略特波浪理論中指出，股市的發展依五個上升波、三個下降波定律構成一個完整的週期，即多頭市場「五個上升波」與空頭市場「三個下降波」兩部分。在多頭市場「五個上升波」中，第二波和第四波走勢常是大幅回檔，洗掉大半第一波和第三波所獲的利潤，第一波和第三波的獲利者此時出場，另一批投資人接手，是一種良性換手，而非經由市場主力操作的正常性換手。

圖6-7-1 下降旗形

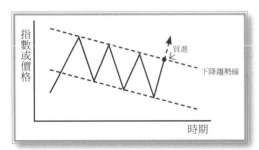

圖6-7-2 上升旗形

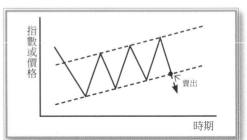

圖6-7-3 上升旗形整理實例

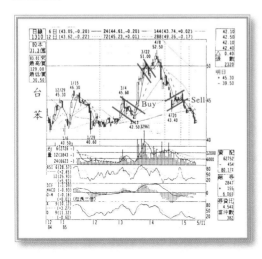

圖6-7-4 下降旗形整理實例

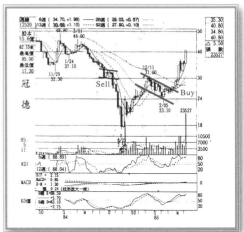

6-8 三角形整理

三角形整理分為：對稱三角形、上升三角形和下降三角形三種。

❶ 對稱三角形

　　它的下斜頂線與上傾底線角度大約對稱，成為銳角三角形。對稱三角形是經常出現的反轉形態之一，不過在未突破之前我們無法知道股價究竟往哪個方向變動，必須衡量大勢，參考其他股票在同時間的走勢，才能下定論。對稱三角形經常出現在中途整理形態，代表上升（或下跌）趨勢暫時停止而準備下一步的大量同方向變動。反轉形態的機會約為四分之一。

圖6-8-1 對稱三角形

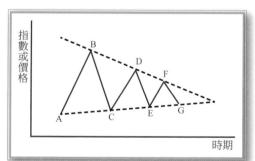

圖6-8-2 上升三角形

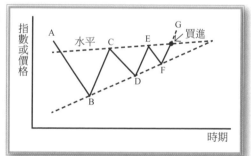

❷ 上升三角形

　　若頂線水平，表示各次波動的高點均在某一價位附近；而底線從左下向右上傾斜，表示各次波動的低點漸漸上升，此為上升三角形。

❸ 下降三角形

　　若頂線由左上向右下傾斜，表示各次波動的高點漸漸下降；而底線水平，表示每次波動的低點均在某一價位附近，此為下降三角形。

319

上升三角形所顯示的是上漲趨勢，下降三角形則代表下跌趨勢。但上升的突破必須有大成交量配合才能確認，否則往往是一種假突破，只在高價虛晃一下，即又退回整理。

圖6-8-3 下降三角形

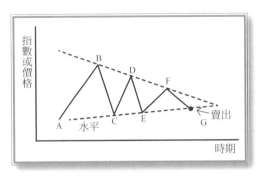

圖6-8-4 下降三角形實例

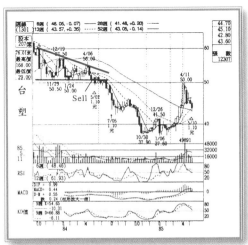

圖6-8-5 對稱三角形實例

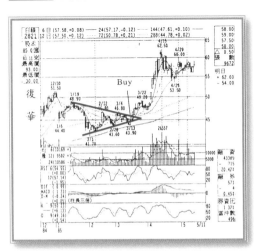

圖6-8-6 上升三角形實例

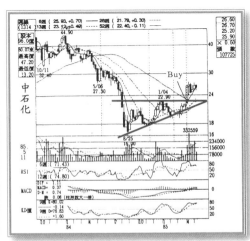

6-9 反轉型態－島狀、圓弧、潛伏底

在圖形上，股價的反轉形態有三種：島狀反轉、圓弧形反轉和潛伏底。每一種反轉形態皆有其特色與時機，價量的配合亦是觀察重點。

圖6-9-1 島狀反轉實例

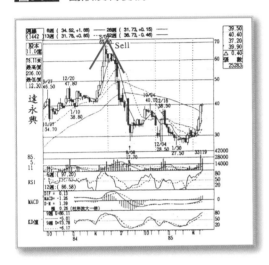

圖6-9-2 圓弧反轉實例

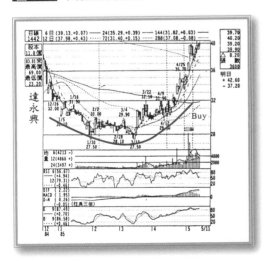

❶ 島狀反轉

這是急速上升或下跌的強勢行情結束時，比較常見的一種股價反轉形態。其特徵是當股價進入加速上升或下跌時，不斷跳空，常伴隨著一個「**竭盡缺口**」，而後造成一天反轉，反轉形態急速完成，反轉之後的走勢也是急劇的。這是投資人短期獲利的最佳契機，最值得投資人把握。

❷ 圓弧反轉

這也是股價反轉的基本形態之一，無論圓弧頂或圓弧底，其反轉的趨勢在由上而下或由下而上時都是緩慢的形成弧形走勢。在反轉突破時，通常會出現短暫的激升或劇降，然後再繼續其緩慢變動的股價趨勢。

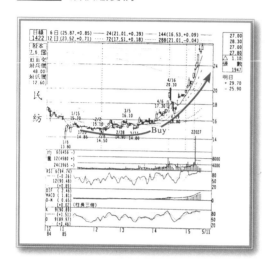

圖6-9-3 潛伏底實例

❸ 潛伏底

是一種特殊的底部形態，只有在少數市場流通籌碼不多的股票才會出現，但常隱含日後大漲的訊息，威力相當驚人。其特徵是，即使在市場交易活絡時，一天也難得成交幾千股，有時頂多一、二筆，甚至不成交，股價持續一段期間毫無動靜。此後，終有一天會出現一個突出的大成交量，引發股價大漲，接著緩慢小回幾天，緊跟而來的就是大漲行情的發動，正式展開劇烈上升。

這個名詞怎麼解釋

竭盡缺口（Exhaustion Gaps）

此缺口代表一個走勢的末端，趨勢力道衰竭的象徵。一般而言，跳空缺口是市場力道的展現，尤其是帶量的跳空缺口。然而，在缺口發生後如果無後繼之力，走勢為之停頓時，則顯示這個缺口是市場的最後一道力量，之後市場已無動能再維持原有的趨勢了。因此最後這道將市場動能全部耗盡的缺口，所顯示出來的意思就是，盤勢進入整理或反轉的可能性大增。

6-10 缺口圖形

　　所謂缺口就是一般所說的「跳空」行情。當股價以多頭走勢持續上揚，由於投資者看好後市而積極追價，此時股價急拉，形成跳空的現象。一個強而有力的跳空行情，對日後股價發展的趨勢具有決定性的影響力。

　　缺口發生在股價漲升初期，跳空開出的開盤價，高於前一個營業日的收盤價。若能配合大成交量，通常會有一大波段的上漲行情，此時缺口將不只一個。根據經驗，缺口通常有三個：突破缺口、逃逸缺口、竭盡缺口。

❶ 突破缺口

　　當股價在整理形態完成或在反轉形態確認後，股價跳空向上並放量突破，形成第一個缺口，稱為「突破缺口」，例如突破頭肩底形的頸線、三角形的水平線、旗形的下降壓力線等。此時為強烈的買進訊號，投資人應勇於買進。關於突破缺口的技術性分析，下列三點須予以考量：①向上突破須有大成交量配合，而且成交量必須繼續擴大；②通常突破缺口三天內不會被封閉；③缺口愈大，力道愈強。

❷ 逃逸缺口

　　逃逸缺口通常發生在股價上升到波段的中點，此時，部分投資人將獲利了結，退出觀望。由於股價持續上升，因此仍吸引空手者進入市場，稱為良性換手。由於成交量不見放大，理性的投資人應準備隨時出場。

圖6-10-1　缺口圖形

323

❸ 竭盡缺口

　　股價再怎麼強勢，漲幅再怎麼大，都有停止、反轉下挫的時候。當股價出現第三個跳空缺口，也就是「竭盡缺口」，表示趨勢將反轉下挫，是行情結束的信號。投資人遇到竭盡缺口，應出脫手中持股，甚至可以反手作空。

　　國內流行一種說法：「缺口必須封閉」、「一個缺口不在三天內封閉，必將在三個星期內封閉」。就技術性來說，竭盡缺口的封閉，表示整個上升行情結束，投資人宜賣出股票。但完整的缺口圖形並不容易出現。一旦投資人發現缺口時應及時把握進出時點，才能在股市中獲利。

6-11 艾略特波浪理論

艾略特潛心研究市場價格行為的循環特性，歸結出股市價格係呈波浪狀波動，其波動方式具有可驗證的特質，可以應用在價格移動的預期上。艾略特的波浪理論，在上升波包括了五個價格波段，這五個價格波段中的三個表示主要價格趨勢的方向，另外兩個則屬於價格回檔形成的逆勢或折返；在下跌波有三個價格波段，這三個價格波段中的二個表示主要價格趨勢的方向，另外一個為反彈波。

各階段波浪特點

股票價格宛如波浪起伏般行進，為一種人性心理的反映。投資人心情由樂觀至悲觀再轉回樂觀的現象，彷彿依循著同樣的過程，在波浪趨勢中反映出相對的線路位置。每一個不同級數的週期，波浪程度的大小，均可驗證當時的市場心理現象，市場的辨認也可由波浪的特徵尋出痕跡，從而導引投資者面對後市的發展採取該有的策略。艾略特將五段上升波及三段下降波組合而成的股市週期特點歸納如下：

圖6-11-1 波浪理論基礎結構圖

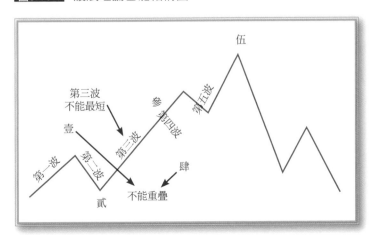

❶ 多頭市場第一波

一半左右的第一波發生在多頭市場築底的過程中。由於大勢走高意向尚未明朗，空頭市場是否近尾聲尚無法確定，所以常常帶來大的反壓。多頭市場的第一波是股市展開五波攻擊形態的契機，但並不表示一定成功，有時候因主客觀因素無法配合，而成為下降趨勢的失敗形態。

❷ 多頭市場第二波

第二波走勢常大幅度回檔，洗掉大半在第一波所獲的利潤，這是屬於一種良性換手，也就是說，第一波的獲利者出場，由另一批新手入場。由於是屬多頭走勢，當第二波價量穩定後，是伺機買入的時機。回檔的最低點，通常是在第一波的1/3或2/3處。

❸ 多頭市場第三波

邁入第三波時，走勢上升意圖明顯，呈現強而有力的勁道，產生大成交量及股價大幅度漲升現象。以五波段為走勢的延伸波常會在這時產生，延伸波中的第三波也會昂揚進行，因此多頭市場中的第三波交投熱絡，包括技術上的跳空、突破、成交量的擴大以及攻勢的延長等情況，常常在圖形上顯現搶眼的走勢。由於第三波具備上述現象，因而可輔助我們界定五段趨勢的架構。

❹ 多頭市場第四波

第四波常是可以預測得到的。依照互變定律，在相同的股市波浪級數中，第四波與第二波皆為回檔修正波，但複雜程度剛好相反。一般而言，第四波的行進步調較為複雜，形成日後第五波的底部基礎。一些條件較差的股票，受到第三波主升段的帶動而攀升，將在第四波作頭回跌。這些體質不佳的投機股在第三波嶄露頭角，隨著第四波的開始而反轉下挫，說明市場已漸脆弱，榮面期已有限。

❺ 多頭市場第五波

此段走勢的潛在勁道並非如一般所料的雄厚，也沒有第三波主升段熱絡，在第五波的進行中，市場中為一片極樂觀的看法，投機股與績優股的日成交量均不斷放大，次優級的股票因大眾廣泛參與而走高，股價指數不斷創新高，但是漲幅皆不大。此時市場沒有空頭陰影的存在，致使投資大眾逐漸失去戒心。

圖6-11-2 艾略特波浪理論34波

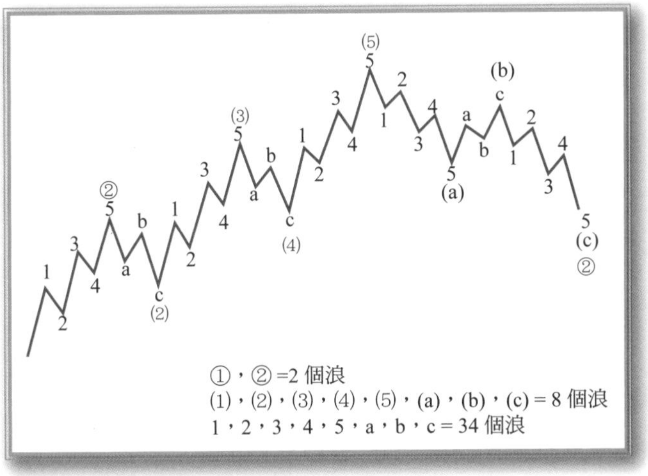

❻ 空頭市場第a波

當市場處於這段走勢時，投資人大都認為只是一小段的拉回整理，多頭局面尚未消逝，其實整個大多頭走勢已經結束。依互變定律來看，a波形成的架構，可透露出b波的未來走勢。例如a波段呈平台形波浪，b波段會是向上的鋸齒形走勢；若a波段呈現下降鋸齒形，b波段會是平台形架構。

❼ 空頭市場b波

b波段常常會出現一些假象，製造多頭陷阱，投資人會誤認為多頭市場將再來臨而大舉加碼買入，最後是慘遭套牢的厄運，此時市場走勢多為投機性的情緒化表現。從技術上而言，其結構顯得脆弱，且成交量不會太大，此時為出清持股的最佳時刻，因此b波段又稱為逃命波段。

❽ 空頭市場C波

　　C波段為一種壓倒性的空頭優勢，由於C波屬於空頭市場第三波走勢，所以是空頭的主跌段。在a波或b波中，市場所存在的一些多頭幻想會在C波中完全消失，此波段瀰漫著恐慌的賣壓和不安的心理，一連串的跌勢造成C波段的慢性盤跌。

波浪理論與成交量

　　對於股價運動中的成交量，艾略特並沒有詳細描述其特性。他將成交量視為對波段之定位，及未來走勢發展可能性的一種輔助工具。艾略特認為，在一個五波段多頭走勢中，成交量會自然地和走勢相稱而擴張或緊縮。成交量在第一、三波的推動類波浪會增加，而在第二、四波的修正類波浪會少，至於第五波的成交量則不宜減少，以維持推動力量。如果第五波呈現量縮價升現象，通常意味市場反轉的信號，整個大盤將下挫。

　　在修正波的走勢中，量縮的現象反映出賣壓減低了，為下一波的走勢做準備。在市場行進期中，成交量縮小表示市場方向會有轉折。艾略特指出，如果第一和第三波的行進長度相等，第五波發生延伸波走勢之機率，會因第五波的量等於、或大於第三波的量而大大提高。

圖6-11-3 艾略特理論之完整市場形態

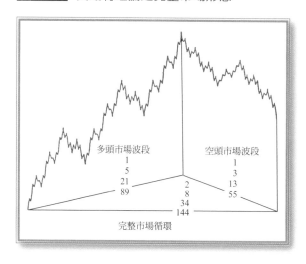

多頭市場波段
1
5
21
89

空頭市場波段
1
3
13
55

2
8
34
144

完整市場循環

328

波浪理論與新聞評斷

　　多頭與空頭市場，艾略特認為將依一定步伐前進，而市場對於新聞形態的反應，因市場的階段而表現出適當的程度。有些時候會有一些意想不到的事發生，如地震。只是這類天然事件無論程度大小，很快就不具影響，並不會改變既有的市場趨勢。艾略特認為將新聞視為股市的原動力是不合理的。造成股價運動形態的並不是新聞本身，而是股價所處的階段。同樣的，新聞對股市榮面或蕭條時期之影響層面各自不同。當市場行進方向和一般預期不同時，新聞對股市之關係程度端視此時的市場心理。靠新聞來操作股票的人，無異是靠運氣來測試他的成功。

　　在某時段，當市場走向為新聞所影響時，後市發展卻會背道而馳，一些利多或利空的出現，市場走勢並不如一般所認為的那樣。例如，在多頭市場中的第一波，各類報紙報導的多半是悲觀的論調，而此時市場卻已露出多頭走勢的徵兆。在第三波及第五波的揚升期，利多的持續出現只是榮面中的一部分現象，可視為偶然的錦上添花而已。

　　當市場走向第五波的多頭末升段時，由於利多消息出盡，已可感覺趨勢有反轉味道。儘管市場仍散布著樂觀看法。在波浪理論中，艾略特認為利多消息

表6-11-1　艾略特各波浪理論說明表

波形 波數	多頭市場波浪數	空頭市場波浪數	完整股市波浪形
Cycle Waves循環波	1	1	2
Primary Waves基本波	5	3	8
Intermediate Waves中型波	21	13	34
Minor Waves小型波	89	55	144

的出籠往往會在多頭市場中的第三段，和以延伸波出現的第五段中之第三波，以及空頭市場以五波走勢出現b段之第五波。而當多頭市場中第二段觸底完成後，市場此時均確認基本面已獲改善，多頭市即將展開攻勢。總合而言，艾略特認為股市活動能提早反映社會的可能變遷，市場基本上會製造新聞，而非由新聞來創造股市榮枯。

表6-11-2 艾略特波浪等級名稱表

波浪等級名稱	上升五波代號	下跌三波代號
Girnad Supercycle 超大循環波	沒有實質上的代號	
Super Cycle 大循環波	（1）至（V）	
Cycle 循環波	I 到 V	ABC
Primary 基本波	1到2	(a) (b) (c)
Intermediate 中波形	1到5	(a) (b) (c)
Minor 小型波	1到5	abc
Minate 細波	i到v	---
Minuerte and Sub Minucrte 微波和最細波	沒有實質上的代號	

圖6-11-4 艾略特波浪理論實例

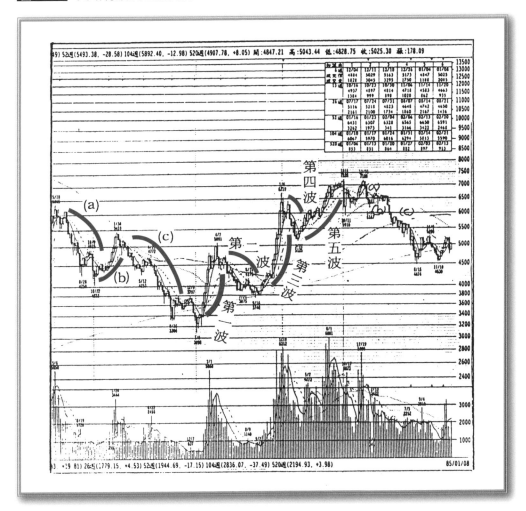

6-12 移動平均線

移動平均法是最常見的趨勢分析工具，尤其在電腦化技術性指標中是最被廣泛應用的分析方法。移動平均代表的是市場價格在最近一段期間的平均水準，其平均處理的目的，在於抹平不正常、暫時性的價格波動後，較為真實且符合常軌的價格走勢，亦即較合理的價位趨勢。本質上移動平均線往往落於行情之後。移動平均期愈短，對價位變化的敏感度愈高；移動平均期愈長，對價位變化的敏感度愈低。

移動平均法之計算方法有：1. 簡單移動平均法；2. 幾何平均法；3. 加權平均法；4. 指數加權平均法等四種。簡單平均法使用方便，幾何平均法取得的數值保守，加權平均法賦予較近日期之價位較大權數，而指數加權平均法的權數係由指數基礎所建立，較為客觀，目前國內的移動平均線都是採用簡單移動平均法。

不一樣的K線圖必須搭配不一樣的移動平均線，來代表一週、一月、一季、半年、一年的市場平均價，以下就是市場慣用的移動平均線。

1. 以日K線而論：5日移動平均線代表週線，10日移動平均線代表 2 週線，20日移動平均線代表月線，60日移動平均線代表季線，120日移動平均線代表半年線，240日移動平均線代表年線。

2. 以週K線而論：4週移動平均線代表月線，13週移動平均線代表季線，26週移動平均線代表半年線，52週移動平均線代表年線，104週移動平均線代表 2 年線。

3. 以月K線而論：6個月移動平均線代表半年線，12個月移動平均線代表年線，60個月移動平均線代表 5 年線，120個月移動平均線代表10年線。

行情研判

　　1. 當K線圖在最上方，短天期的移動平均線大於長天期的移動平均線，且由上而下排列，屬於多頭排列，為漲勢行情。

　　2. 當K線圖在最下方，長天期的移動平均線大於短天期的移動平均線，且由上而下排列，屬於空頭排列，為跌勢行情。

　　3. 當K線與移動平均線糾結在一起，屬於盤整行情。

買賣時機

　　1. 當短天期的移動平均線突破長天期的移動平均線，且兩條線上揚，且成交量放大，為黃金交叉，是買進訊號。

　　2. 當短天期的移動平均線跌破長天期的移動平均線，且兩條線下彎，為死亡交叉，是賣出訊號。

實例說明

圖6-12-1 多頭走勢：當K線圖在最上方，短天期的移動平均線大於長天期的移動平均線，且由上而下排列，屬於多頭排列，為漲勢行情。

圖6-12-2 空頭走勢：當K線圖在最下方，長天期的移動平均線大於短天期的移動平均線，且由上而下排列，屬於空頭排列，為跌勢行情。

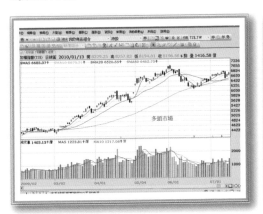

圖6-12-3 盤整走勢：當K線圖與移動平均線糾結在一起，屬於盤整行情

圖6-12-4 買點：20日移動平均線反轉向上，突破60日移動平均線呈黃金交叉

圖6-12-5 賣點：20日移動平均線反轉向下，跌破60日移動平均線呈死亡交叉

圖6-12-6 買點：13週移動平均線反轉向上，突破26週移動平均線，呈黃金交叉；賣點：13日移動平均線反轉向下，跌破26週移動平均線，呈死亡交叉

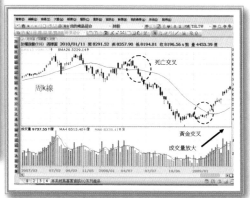

6-13 葛藍碧移動平均線八大法則

　　美國投資專家葛藍碧依據移動平均線與K線圖之間的關係形態，訂出的股市進出原則相當具有參考價值。葛藍碧八大法則的運作，是利用價格與其移動平均線的關係，做為買進與賣出訊號的依據。他認為價格的波動具有某種規律，但移動平均則代表著趨勢的方向。因此當價格的波動偏離趨勢或是接近趨勢時，則未來將會朝趨勢方向修正，當修正發生時，就會有買賣訊號的產生。

行情研判

　　・日K線圖搭配20日移動平均線，依據葛藍碧法則，判定買賣時點。
　　・週K線圖搭配13週移動平均線，依據葛藍碧法則，判定買賣時點。

買賣時機

❶ 買進時機

　　・①點（圖6-13-3）：價格向上突破移動平均線，且移動平均線翻揚向上，代表原有趨勢開始反轉向上，因此這個黃金交叉為波段的買進訊號。

　　・③點：股價漲高，回檔整理接近但沒有跌破移動平均線，移動平均線仍然上揚，為買進訊號。該點為初升段的修正波段，因股價沒有跌破移動平均線，顯示趨勢持續加速發展。

　　・②點：上升段中的急跌，股價回檔跌破移動平均線後的反彈點，均線仍處於上升階段，顯示後勢仍具行情，因此急跌後的反彈為買進訊號。

　　・④點：價格自高點跌破移動平均線，且移動平均線下彎，股價持續下跌，此時價格偏離平均線太遠乖離過大，股價將反彈修正，為買進訊號。

❷ 賣出時機

‧⑧點：雖然處於上漲階段，但價格短線漲幅過大，以致於與移動平均線的偏離過大，預期短時間內將會有獲利，賣壓湧現，價格將有所修正，因此為賣出訊號。

‧⑤點：移動平均線已向下，且價格由上向下跌破移動平均線，表示趨勢發生反轉，這死亡交叉為波段的賣出訊號。

‧⑦點：股價跌深反彈，接近移動平均線，且移動平均線下彎，此時反彈接近滿足點為賣出訊號。

‧⑥點：價格發生突破後迅速拉回，即為假突破訊號，為趨勢持續的意義，並且此時移動平均線仍然向下，為賣出訊號

圖6-13-3 葛藍碧移動平均線八法則

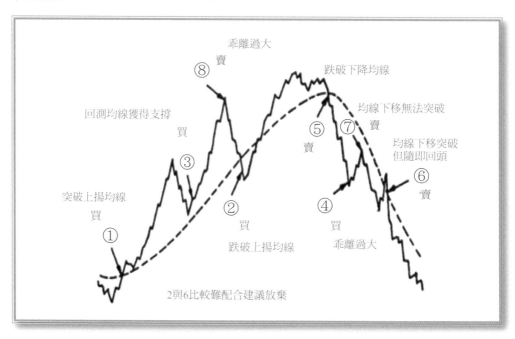

圖6-13-4 日K線搭配20日移動平均線，運用葛藍碧八大法則①②③為買點

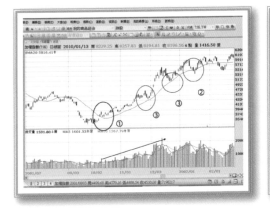

圖6-13-5 日K線搭配20日移動平均線，運用葛藍碧八大法則⑤⑥⑦為賣點

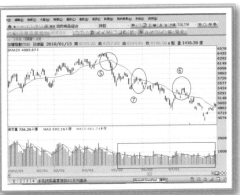

圖6-13-6 週K線搭配60日移動平均線和葛藍碧法則①②為買點，⑤⑥為賣點

6-14 隨機指標：KD

為美國George Lane在1957年首先發布原始公式，而於1986年提出修正公式。他觀察股價上漲時，當日收盤價總是朝向當日價格波動的最高價接近；反之，當股價下跌時，當日收盤價總是朝向當日價格波動的最低價接近的原理。隨機指標KD改善移動平均線反應遲鈍的缺點，將每日盤勢的開高低收透過計算而表達在該項指標中，並發展出新的交易策略。其計算公式及步驟如下：

> - RSV＝（今日收盤價－最近9天的最低價）÷
>   （最近9天最高價－最近9天最低價）×100
> - 當日K值＝（前日K值×2＋當日RSV）÷3
> - 當日D值＝（前日D值×2＋當日K值）÷3

行情研判

1. 當D＞50為多頭佔上風；當D＜50為空頭佔上風；當D＝50為多空勢均力敵。

2. 當K值大於D值時，市場屬漲勢行情，作多較有利；若K值小於D值，係為跌勢行情，空手觀望或作空較為適宜。

3. D＜20進入超賣區，隨時可能出現反彈或回升，可伺機買進。

4. D＞80進入超買區，隨時有可能出現回檔或下跌，可伺機賣出。

買賣時機

1. K線自上往下跌破D線，為賣出訊號，若D＞80時可積極賣出。

2. K線自下向上突破D線，為買進訊號，若D＜20時可積極買進。

3. K線自上往下跌破D線，且20日移動平均線向下，為強烈賣出訊號。

4. K線自下向上突破D線，且20日移動平均線向上，為強烈買進訊號。

5. 股價與KD線呈高檔背離：股價創新高，KD沒有創新高，為賣出時機。

6. 股價與KD線呈低檔背離：股價創新低，KD沒有創新低，為買進時機。

圖6-14-1

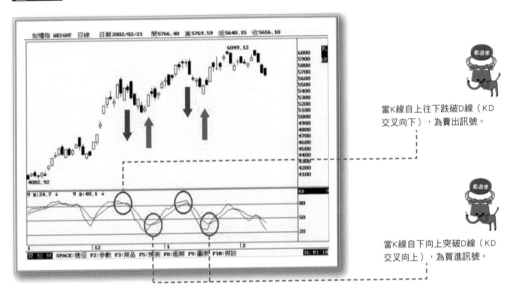

當K線自上往下跌破D線（KD
交叉向下），為賣出訊號。

當K線自下向上突破D線（KD
交叉向上），為買進訊號。

注意事項

1. 可配合波浪理論對上升波浪之一、三、五上升波加以確認。

2. 短期超買或超賣較RSI準確，可以提示明確的買賣點。

3. 易於大波段行情中過早出場。

4. 可能出現多次交叉騙線而增加交易成本。

5. KD在高檔，且股價持續上漲，KD容易產生高檔鈍化，失去指標功能。

6. KD在低檔，且股價持續下跌，KD容易產生低檔鈍化，失去指標功能。

實例說明

圖 6-14-2

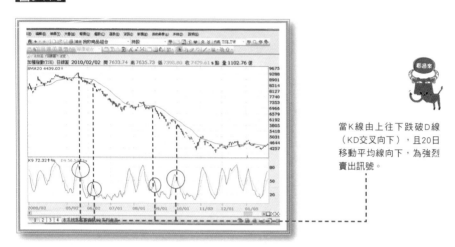

當 K 線由上往下跌破 D 線
（KD 交叉向下），且 20 日
移動平均線向下，為強烈
賣出訊號。

圖 6-14-3

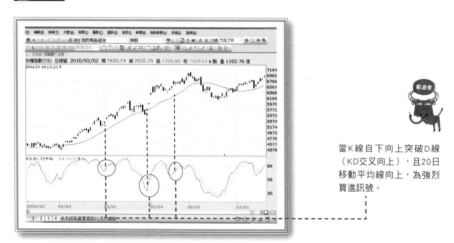

當 K 線自下向上突破 D 線
（KD 交叉向上），且 20 日
移動平均線向上，為強烈
買進訊號。

圖6-14-4

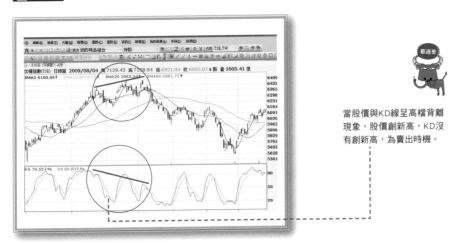

看過來

當股價與KD線呈高檔背離現象，股價創新高，KD沒有創新高，為賣出時機。

圖6-14-5

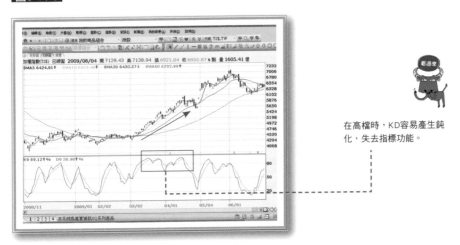

看過來

在高檔時，KD容易產生鈍化，失去指標功能。

圖6-14-6

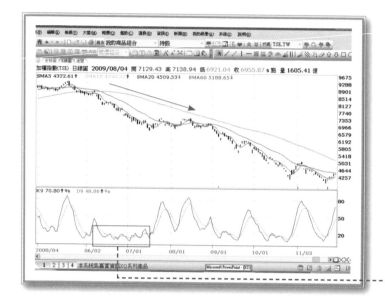

在低檔時，KD容易產生鈍
化，失去指標功能。

6-15 平滑異同平均線MACD

　　MACD是由二位美國學者艾培爾與希斯勒所提出，利用快速和慢速的平滑移動平均線（EMA）計算兩者之間的差離值（DIF），再利用差離值與差離值平均值（DEM）的收斂（交會）與發散（分離）的徵兆，來研判股市買進或賣出的時機。一般多採用12日與26日的平滑平均值，以及9日MACD值。

　　MACD是國內投資人運用極為廣泛的技術分析工具。它不僅可以測定股價走勢的方向，在股價盤整時亦能發揮預警的功效。MACD值大於0，表示股價呈多頭走勢；MACD值小於0，表示股價呈空頭走勢。由於MACD的運動速度較慢，在同一期間出現買賣訊號的次數比KD來的少，因此他的準確度比KD或RSI來的高，適合中長期操作的投資人使用。

行情研判

　　1. 當MACD與DIF值皆為正數，此時為多頭行情。
　　2. 當MACD與DIF值皆為負數，此時為空頭行情。

買賣時機

　　1. DIF向上穿越MACD（DIF、MACD交叉向上）時為買進訊號。
　　2. DIF向下穿越MACD（DIF、MACD交叉向下）時為賣出訊號。
　　3. DIF轉折向上買進，DIF 0軸以上轉折向上強烈買進。
　　4. DIF轉折向下賣出，DIF 0軸以下轉折向下強烈賣出。
　　5. 柱狀體由正轉負賣出，柱狀體由負轉正買進。
　　6. 指數逐漸升高，但MACD的高點卻一波比一波低時，形成高檔背離現象，未來行情大跌的機率高。

7. 指數不斷創新低，但MACD的低點卻不斷升高時，稱為低檔背離，未來行情大漲的機率高。

注意事項

1. MACD為中長期指標，不適合於短線操作。

2. MACD的買賣訊號通常較大盤的高低點落後。

3. MACD可以減少52%移動平均線頻頻出現假突破的買賣點，減少無效的交易次數而提高獲利能力。

4. 波段行情之後，MACD與DIF經常「糾纏不清」，買進訊號變差，此時不宜使用。

實例說明

圖6-15-1

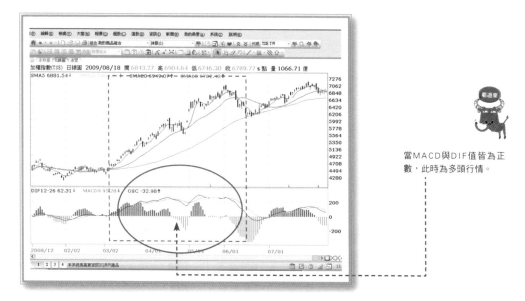

當MACD與DIF值皆為正數，此時為多頭行情。

圖6-15-2

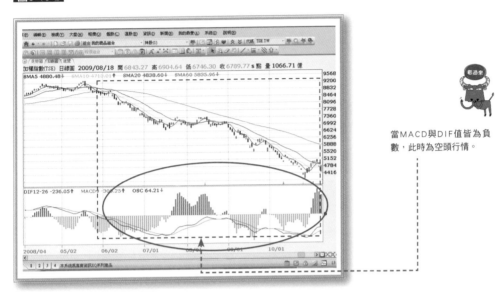

當MACD與DIF值皆為負
數，此時為空頭行情。

圖6-15-3

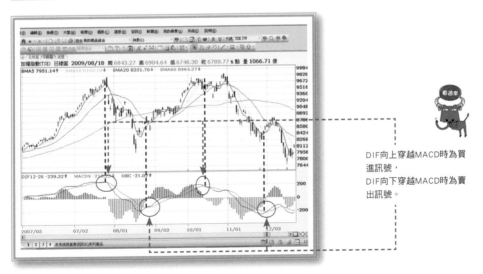

DIF向上穿越MACD時為買
進訊號，
DIF向下穿越MACD時為賣
出訊號。

圖6-15-4

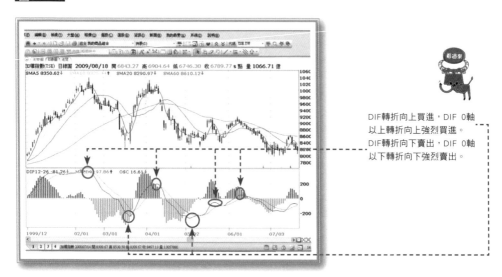

DIF轉折向上買進，DIF 0軸以上轉折向上強烈買進。
DIF轉折向下賣出，DIF 0軸以下轉折向下強烈賣出。

圖6-15-5

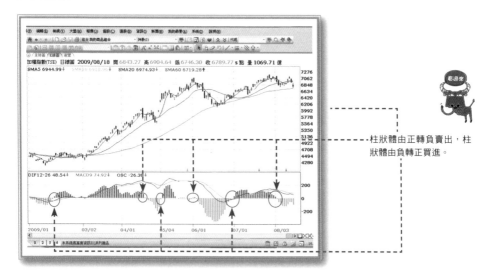

柱狀體由正轉負賣出，柱狀體由負轉正買進。

圖6-15-6

指數逐漸升高，但MACD的
高點卻一波比一波低時，形
成高檔背離，未來行情跌的
機率高。

圖6-15-7

指數不斷創新低，但MACD
的低點卻不斷升高時，稱為
低檔背離，未來行情大漲的
機率高。

作者：徐國華
定價：320元

100張圖學會期貨交易

交易醫生聰明打敗投資風險
從零開始期貨初學入門指南

本書由什麼是期貨開始，介紹如何選用下單軟體（至少要有停損、停利、鍵盤下單、變形功能），更向讀者介紹大量的操作方法（日內波段交易、剝頭皮交易、削到爆交易法）。而如果你用日內波段交易，有幾個重點：一天只做一個方向、用5分鐘K線、每天出手在3至5次之內。明確的說明，減少你迷途的時間。

很多人提出操作方法，但是到底有沒有用？以現在的科技，每天每種投資標的變動都被記錄下來，而作者充分的運用這項工具，對他提出的「意見」提供量化的績效評估。你看到的不是「好運」帶來的結果，而是經過資料庫核實的事實。

作者：外匯聖盃團隊
定價：320元

100張圖學會外匯操作

「聖盃戰法」每年交易三次
新手也可以年賺20%
從開戶到投資策略，全部搞定

炒股不如炒匯！為什麼？
台股有1,700檔股票，但全球不過194個國家，
而且不是每個國家都有自己的貨幣，研究起來，省事。
24小時都可以操作，不會與你的工作衝突。
更不必擔心遭到股市「主力坑殺」，外匯市場幾乎無人可以撼動！
你只要學會判斷一國貨幣的走勢強弱，就可以賺到錢。
而且一國的貨幣，基本上不會變成壁紙，
若不幸大跌，終會反轉，和股票可能不去一返不同。

一次就到位！

作者：陳榮華
定價：250元

100張圖學會股市當沖

最嚴謹SOP
9:15上班前搞定，安心工作輕鬆賺

投入10萬，每月加薪5000元。

本書作者過去幾年以來，每天晚上由上櫃公司中挑出3支股票，以一定步驟，研判第二天的走勢，並決定好進場點及出場點。第二天看期貨的走勢，如果和昨天判斷的相符就下單，否則就放棄操作，專心去上班。

由於選擇的條件很嚴格，這樣3支股票往往多數會符合預期賺錢，而少數看錯的，因為停損設定，往往也不會拖累賺錢的部位。作者操作的方法為當沖。基本上今日事，今日畢。不會留著股票過夜，倒也輕鬆自在。而作者的操作績效，由於勝多敗少，相抵之後，每個月可以有5到7%的獲利。一般年輕人如果資金少，選股受限制，投入10萬元，每個月加薪五、六千元可期。

重要的是，上班完全不用看盤，不會影響你事業的發展。

作者：方天龍
定價：399元

100張圖學會K線精準判讀

神準天王方天龍
「股市生命線」大公開

三天看懂K線，讓你6天30萬變75萬。

作者本是一個知名大報的資深主編，一夕之間報社結束，父母又陸續謝世。了無支撐及牽掛的他，「愛」上了股票的起伏波動。於是有10年的時間，獨處異地，每天花十數小時，以K線為基礎，觀察股市的漲跌。他保留了當記者的習慣，用錄影、筆記，留下了大量個股波動的紀錄。讓他可以印證他的預測，也為這本著作，留下大量的柴火。如今，他分享K線運用的心得，這曾經被他視為生命線股關注的線體，也不斷以暴利來回應他。往往幾天，甚至幾個小時，就可以賺進以往報社高階主管幾個月的薪水。

台灣廣廈 國際出版集團
Taiwan Mansion International Group

國家圖書館出版品預行編目（CIP）資料

股票買賣初學入門（暢銷修訂版）
/張真卿著． -- 初版 . -- 新北市：財經傳訊，2021.2
面；　公分 . -- (through ; 22)
ISBN 9789869951890(平裝)
1.投資理財　2.股票投資　3.證券分析

563.53　　　　　　　　　　　　　　　　110002230

財經傳訊
TIME & MONEY

股票買賣初學入門（暢銷修訂版）

作　　　者／張真卿

編輯中心／第五編輯室
編 輯 長／方宗廉
封面設計／十六設計
製版・印刷・裝訂／東豪・弼聖・秉成

行企研發中心總監／陳冠蒨　　　線上學習中心總監／陳冠蒨
媒體公關組／陳柔彣　　　　　　數位營運組／顏佑婷
綜合業務組／何欣穎　　　　　　企製開發組／江季珊、張哲剛

發 行 人／江媛珍
法 律 顧 問／第一國際法律事務所 余淑杏律師・北辰著作權事務所 蕭雄淋律師
出　　　版／財經傳訊
發　　　行／台灣廣廈有聲圖書有限公司
　　　　　　地址：新北市235中和區中山路二段359巷7號2樓
　　　　　　電話：（886）2-2225-5777，傳真：（886）2-2225-8052

全球總經銷／知遠文化事業有限公司
　　　　　　地址：新北市222深坑區北深路三段155巷25號5樓
　　　　　　電話：（886）2-2664-8800，傳真：（886）2-2664-8801
郵 政 劃 撥／劃撥帳號：18836722
　　　　　　劃撥戶名：知遠文化事業有限公司（※單次購書金額未達1000元，請另付70元郵資。）

■出版日期：2021年3月　　　■初版9刷：2024年4月
ISBN：9789869951890　　　版權所有，未經同意不得重製、轉載、翻印。

台灣廣廈有聲圖書有限公司

23586 新北市中和區中山路二段359巷7號2樓

財經傳訊 編輯部 收

讀者服務專線：(02) 2225-5777

through 22

股票買賣初學入門

股友族 MUST BUY 薪水就能致富

暢銷修訂版

財經傳訊 🅹 讀者回函卡

親愛的讀者：

　　感謝您購買本書，雖然我們很謹慎地推出每一本實用的工具書，以落實社會大眾能擁有正確的投資理財觀念。相信在浩瀚無垠的投資理財書籍當中，與其要從眾多的資訊或書海中辛苦的搜尋，倒不如將寶貴的意見毫不吝嗇的告訴我們，期盼您能將以下資料填妥後寄回本公司，讓我們能製作出更多輕鬆讀、看得懂、簡單學的實用投資理財相關書籍，非常感謝您！

1. 您最想獲得的新書資訊 □新手理財 □新手投資 □達人操作技巧 □其他 _____

2. 您最想蒐集的投資、理財情報優先順序是：（請依順序填寫）

   □股票 □基金 □房地產 □保險 □黃金 □財務規劃 □財會 □情報統計 □節稅 □世界經濟
   □理財趨勢 □其他 _____

3. 在有限的預算中，您購買投資、理財類書籍規劃的優先順序是：（請依順序填寫）

   □專家分析 □部落客心得分享 □圖解分析 □按步驟演練 □小說情節融入投資理財方法 □其他 _____

4. 專家分析，你偏好哪個地區的專家與配合主題

   □國內專家 主題____ □大陸專家 主題____□日本專家 主題____□韓國專家 主題____□歐美專家 主題____

5. 請問您的性別：□女 □男

6. 您的年齡：□20歲以下 □20～30歲 □30～40歲 □40歲～50歲 □50歲～60歲 □60歲以上

7. 您的職業：

   □學生 □上班族 □家庭主婦 □軍警/公教 □金融業 □傳播/出版□服務業 □自由業 □銷售業 □製造業
   □其他 _____

8. 如果方便，請留下您的電子信箱，我們會不定期提供最新出版訊息給您：

   E-mail：_____

9. 您從何處得知本書出版訊息：

   書店 □報紙、雜誌 □廣播 □電視 □親友介紹 □其他 _____

10. 您對本書的評價（請填代號1.非常滿意 2.滿意 3.普通 4.有待改進）

    □書名 □內容 □封面設計 □版面編排 □實用性

11. 您希望我們未來出版何種主題書，或其他的建議是：（請以正楷詳細填寫，以便使您的資料完整登錄）

    姓名 /_____ 電話 /_____ 手機 /_____
    地址 / 郵遞區號□□□

財經傳訊將陸續推出實用性最高的精彩好書！

如有任何疑問，讀者服務：〈02〉22255777 轉311 投稿信箱：TaiwanMansion@booknews.com.tw